高等职业教育国际贸易类专业系列教材

外贸跟单实务

李浩妍　主编

孙春媛　吴琼芳　副主编

葛　丹　高文雅　叶　丹

张　苏　吴倩倩　沈春芳　支程光　参编

科学出版社

北京

内 容 简 介

本书以"项目引领、任务驱动"为特色,以服装跟单为主线,以职业岗位能力培养为核心,在内容设计上安排了八个项目:选择生产企业、样品制作与寄送、原材料采购、生产进度跟进、出口包装与运输跟单、来料加工业务跟单、进料加工业务跟单和一般贸易进口跟单。本书不但涵盖了外贸跟单员的整个工作流程,而且增加了来料加工业务跟单、进料加工业务跟单和一般贸易进口跟单环节等内容。

本书既可作为高职高专院校和中职院校外贸跟单实务课程教材及外贸跟单在职人员的参考用书,又可供相关培训机构参考。

图书在版编目(CIP)数据

外贸跟单实务/李浩妍主编. —北京:科学出版社,2013
(高等职业教育国际贸易类专业系列教材)
ISBN 978-7-03-037747-0

I. ①外… II. ①李… III. ①对外贸易-市场营销学-高等职业教育
-教材 IV. ①F740.4

中国版本图书馆 CIP 数据核字(2013)第 121404 号

责任编辑:田悦红 / 责任校对:柏连海
责任印制:吕春珉 / 封面设计:东方人华平面设计部

科学出版社 出版

北京东黄城根北街 16 号
邮政编码:100717
http://www.sciencep.com

北京中科印刷有限公司 印刷

科学出版社发行 各地新华书店经销

*

2013 年 7 月第 一 版 开本:787×1092 1/16
2021 年 8 月第四次印刷 印张:18 3/4
字数:455 500
定价:47.00 元

(如有印装质量问题,我社负责调换〈中科〉)

销售部电话 010-62134988 编辑部电话 010-62138978-2020(VF02)

版权所有,侵权必究

前　　言

　　跟单员是国际贸易专业部分学生今后就业要从事的基础工作岗位。本专业学生在外贸企业会有更为广阔的职业生涯发展空间，如业务员、销售主管等，而跟单员岗位是其获得进一步发展的基础。

　　本书确立了以订单、产品、单据等为载体的项目设计思路。编者在设计项目时紧紧围绕跟单员岗位的典型工作任务选择相关内容，能更有效地培养学生实际工作的能力，提高本书内容的实用性，以及与工作任务的相关性。从接到订单到确认订单再到完成订单是一个比较复杂而且周期较长的过程，涉及的环节繁多，跟单员需要做的工作也很烦琐。经过对跟单员工作的调研和分析，编者将跟单员的工作分解为外贸订单条款分析、转化生产订单、制作生产计划、跟踪订单进程、控制产品质量、备货发货、交付单据等具体的工作内容，并将各工作内容，根据课程目标的需要加以改造和组合，从而成为适合于培养学生所需的内容。

　　此外，本书针对近年来我国外贸结构的转型升级，为弥补其他教材所缺失的进口与加工贸易跟单内容，增加了来料加工、进料加工与一般进口贸易跟单环节，为培养合格乃至优秀的外贸跟单员奠定了良好的基础。

　　本书的特点如下：各项目与工作流程相对接；教材结构与职教理念相对接；教材内容与工作内容相对接。本书以《国家中长期教育改革和发展规划纲要》的精神为指导思想，力图探索职业教育与行业职业资格的深度融合。

　　本书共分八个项目，其中项目一、项目二由宁波城市职业技术学院李浩妍编写；项目三、项目四由宁波城市职业技术学院吴琼芳编写；项目五～项目七由宁波城市职业技术学院孙春媛、浙江商业职业技术学院高文雅及宁波广播电视大学余姚学院叶丹编写；项目八由温州职业技术学院葛丹编写。宁波城市学院张苏负责全书的校对。此外，宁波鄞州国绵服饰有限公司吴倩倩、宁波富亚达服饰有限公司沈春芳、宁波元亨物流有限公司支程光均为本书的编写提供了相关资料和咨询服务。同时，编者在编写本书的过程中借鉴了大量相关资料，在此一并向以上人员及所参考资料的作者与提供者表示诚挚的谢意。

　　由于时间所限，书中不足之处在所难免，恳请广大读者不吝指正。

编　者

2012 年 4 月

目　录

项目一　选择生产企业

　　外贸公司、生产企业、境外机构驻国内外办事处的跟单员，在工作中都会遇到选择产品供应商（生产企业）的问题。外贸公司（或境外机构办事处）在收集产品样品（本）、落实外销合同时，需要寻找合适的供应商（生产企业）；外贸公司承接大型设备、成套设备、船舶等出口时，需要寻找有实力、上规模的生产企业；生产企业在接到订单后，也会遇到外协、外包、采购原材料等情况，都需要寻找合适的供应商（生产企业）。选择合适的供应商（生产企业）非常重要，有的企业因供应商选择不当，造成本企业重大损失，甚至破产。可以说，它是决定一个企业成败的关键因素。本项目将以工作任务为导向，指导跟单员解决如何找到合适的供应商（生产企业）以按时、按质、按量完成订单；如何在已有的供应商中择优合作；如何避免或降低本企业的经营风险等问题。

　　李玮（英文名 Ruby）是宁波诚通进出口贸易公司（Ningbo Chengtong Import & Export Trading Company）一名新招聘来的外贸跟单员。该公司是一家综合型的外贸进出口公司，具体信息如下。

　　宁波诚通进出口贸易公司成立于 2000 年，产品远销欧洲、亚洲、拉丁美洲及其他各地。公司拥有 40 多个国内外专业公司的稳定客户，旗下现有 3 家工厂，是一家信誉卓著、朝气蓬勃、富有活力的工贸型企业。公司通过了 SGS 认证及 ISO 9001：2000 认证体系，并严格按照体系进行管理、生产。公司经营的产品包括服装、箱包、日用品、礼品等上百种产品。

　　公司网址：http://www.chengtong.com

　　公司联系电话：+86-574-27780626/27882700

　　传真：+86-574-87305068/87305028/28822830

　　公司地址：浙江省宁波市鄞州区姜山镇茅山工业区　邮编：315193

　　公司 E-mail：sales@chengtong.com 或 chengtong@vip.163.com

　　Ruby 被该公司的外贸部经理指派到主要服装业务 1 部负责服装产品的跟单工作。Ruby 在刚开始工作的一个月里熟悉了公司的相关产品。接下来，Ruby 要针对业务部门的客户订单谨慎选择合作的企业。为了达到这个目标，Ruby 应该掌握相关的跟单知识并具备相应的操作能力。

　　1．掌握核实企业法人登记注册情况的要点。

　　2．掌握供应商、生产企业财务审计报告的解读方法。

　　3．掌握分析企业生产经营能力及经营条件的方法。

　　4．掌握测算供应商生产能力的方法。

　　5．了解国际主要管理标准，熟悉寻找合格供应商的途径。

能力目标

1. 能够选择合适的生产供应商。
2. 能在实地考察供应商的基础上制作验厂报告。

素质目标

培养认真细致、观察细微、考虑周全、顾全大局的职业素质。

任务分解

任务一　确定企业选择标准
任务二　寻找符合资质的待选企业
任务三　确定重点考察对象
任务四　实地考察验厂
任务五　签订加工合同

任务一　确定企业选择标准

【操作步骤】
1. Ruby 仔细翻译国外客户订单的条款。
2. Ruby 筛选出主要条款，确定选择合作对象的标准。

【操作分析】

一、分析订单条款

业务 1 部业务员 Sammi 与美国 PR Textiles 公司成功签订了一笔订单，产品和订单具体内容如图 1-1 和图 1-2 所示。

图 1-1　产品

PR Textiles, llc

Address: 1313 Missouri St.

South Houston, TX 77587

USA

Tel: 713-947-8044

Fax: 713-947-8842

Web: www.prtextiles.com

PURCHASING ORDER

Order No.:TX9086

Date:10 Mar,2010

We hereby place an order with NINGBO CHENGTONG IMP.&EXP. CO.LTD. of the products as follows:

Commodity Name	Style no	Quantity	Unit price	Amount
MEN'S YARN DYED GREY L/S SHIRT WITH LEFT CHEST HAVING EMB LOGO	DN32	10000pcs		FOB NINGBO
				USD350, 000.00
	DN15	10000pcs	USD35.00/pc	USD350, 000.00
Total		20000pcs		USD700,000.00

Main label: PR Position; center neck back

Care label: with correct composition and detailed washing instruction at left side seam 7cm up from hem.

Hang tag: PR hangtag with PR logo; Position: through main label.

Price ticket: Detailed information will be advised later by buyer.

Style NO. & Size	S	M	L	XL
DN32	2500PCS	2500PCS	2500PCS	2500PCS
DN15	2500PCS	2500PCS	2500PCS	2500PCS

Total qty:20000pcs.

Packing: Each to be packed in a polybag, 4pcs with assorted sizes in a small box and then 5 boxes to an export carton, please lay paper of silk at the back of the shirt.

Sample lead time: within 1 month after the receipt of this order.

Delivery time: within 2 months after the seller receives the approval of the buyer to agree with production.

Latest date of shipment: within 60 days after the seller receives the 30% payment by T/T.

Terms of payment: Upon receipt from the Sellers of the advice as to the time and quantify expected ready for shipment, the Buyers shall open, 20days before shipment, with the Bank acceptable for seller an irrevocable Letter of Credit in favor of the Seller payable by the opening bank against sight draft for the balance。

Port of loading: Ningbo

Port of discharge: Boston

Sample requirement:

Handloom: before MAR.31, 2010 in our office

Approval samples:3 pcs size M before APR.10,2010 in our office

图 1-2 订单

Pre-production samples:3 pcs size M before APR.15,2010 in our office

Shipping samples for all size, each for one piece before MAY.31, 2010 in our office

Accessories for our approval before APR.20, 2010.

For detailed packing instruction, pls follow our separate instruction.

EMB colour,pls refer to our artwork.

All the fabric and EMB should be AZO free. The products must get through SGS certification.

Measurement chart in cm.

Description/size	S	M	L	XL
Chest	80	90	100	110
Neck width	39	40	41	42
Sleeve length	59	60	61	63
Collar height	10	10	10	10
Fabric/Construction	50% linen&50% cotton 12×12　　52×52			

PR Textiles, llc

Kewin

图 1-2　订单（续）

Ruby 为了能够准确把握订单要求，认真仔细地将订单的条款逐一进行了翻译，译文内容如图 1-3 所示。

品名	货号	数量	单价	金额
男式灰色织长袖衬衫 左胸带有绣花标志	DN32	10 000 件	每件 35.00 美元	FOB NINGBO 350 000 美元
	DN15	10 000 件	每件 35.00 美元	350 000 美元
总计		20 000 件		700 000 美元

主标：PR 位置；后颈中

洗标：显示正确成分和洗涤说明

吊卡：PR 位置打在主标上；位置：左摆缝下摆朝上 7 厘米处

价格牌：详细资料另外告知

货号&尺寸	S	M	L	XL
DN32	2 500 件	2 500 件	2 500 件	2 500 件
DN15	2 500 件	2 500 件	2 500 件	2 500 件

总数量：20 000 件

包装：每件装入一个塑料袋，4 件混码装入一个小盒，5 盒装入一个出口纸箱，请在衬衫背面放入衬纸。

样品生产时间：在收到此订单后 1 个月内。

交货时间：收到卖方同意生产的通知后 2 个月内。

最迟的装运时间：卖方收到 30%前 TT 货款后 60 天内装运。

付款条件：卖方在收到具体的装运指示前 20 天，买方应通过卖方能够接受的银行开立一份以卖方作为受益人的不可撤销的信用证凭证金额为 70%货款的即期汇票付款。

装运港：宁波

卸货港：波士顿

样品要求：

机织样：2010 年 3 月 31 日前送达我方办公室

确认样：M 尺码 3 件，2010 年 4 月 10 日前送达我方办公室

产前样：M 尺码 3 件，2010 年 4 月 15 日前送达我方办公室

齐码船样：每码 1 件，2010 年 5 月 31 日前送达我方办公室

所有辅料 2010 年 4 月 20 日前寄送我处确认

有关详细包装指示另告。

绣花色请按我方提供的图稿。

所有面料、绣花色不能含有偶氮。产品应能通过 SGS 认证。

规格表如下：

规格/尺码	S	M	L	XL
胸围	80	90	100	110
颈宽	39	40	41	42
袖长	59	60	61	63
领高	10	10	10	10
面料与规格	50%亚麻和 50%棉　　12×12　　52×52			

图 1-3　译文内容

二、确定合作企业的选择标准

Ruby 确认订单条款翻译无误后，开始拟订与本公司合作供应商的选择标准。主要包括以下几方面：①有能力生产藏青色织长袖衬衫；②生产的衬衫可以进行电脑刺绣；③面料与绣花色均不能含有偶氮而且产品应能通过 SGS 认证；④生产的产品具体规格能符合订单中规格表的要求；⑤1 个月内能够完成各类样品的生产任务；⑥60 天内能够完成 20 000 件产品的生产量；⑦能够接受 30%定金，余款装货后 2 个月结清的条件；⑧各种标志的位置与显示内容要符合订单要求；⑨包装条件能符合客户特定要求；⑩供应商所在的地理位置尽量离宁波近。

 理论概述

一、外贸跟单员概述

外贸跟单员岗位的出现是我国外贸企业在新的经营环境下，经营管理人才的重新分工和调整，也是外贸经营管理模式的创新和完善，它适应了外贸企业管理的内在需求和外贸人力资源开发的新趋势，具有客观的必然性和良好的发展前景。

（一）外贸跟单员的概念

1. 外贸跟单员的含义

外贸跟单员是指在进出口业务中，在贸易合同签订后依据相关合同或单证对货物生产加工、装运、保险、报检、报关、结汇等部分或全部环节进行跟踪或操作，协助履行贸易合同的外贸从业人员。"跟单"中的"跟"是指跟进、跟随，跟单中的"单"是指合同项下的订单。而外贸跟单中的"单"，则是指企业中的涉外合同和信用证项下的订单。

外贸跟单员一词的英文表述有多种，最常使用"order supervisor"或"quality controller"

两种表述，其中"quality controller"常见于报纸杂志和人才招聘会的启事中，简称"QC"。

2. 外贸跟单员的定位

外贸跟单员是协助外贸业务员（或经理）开拓国际市场、推销产品、协调生产和完成交货的业务助理，是连接外贸公司内各部门之间、外贸公司与生产企业、外贸公司与客户、生产企业与客户的桥梁。

（二）外贸跟单的类型

1. 按业务进程划分

外贸跟单按业务进程可分为前程跟单、中程跟单和全程跟单三大类。

前程跟单是指"跟"到出口货物交到指定出口仓库为止；中程跟单是指"跟"到装船清关为止；全程跟单是指"跟"到货款到账，合同履行完毕为止。

2. 按企业性质划分

外贸跟单按企业性质可分为贸易型企业的跟单和生产型企业的跟单。

贸易型企业跟单是指外贸企业根据贸易合同的品质、包装和交货时间的规定，选择生产企业，进行原料、生产进度、品质、包装的跟单，按时、按质地完成交货义务。

生产型企业跟单是指拥有外贸进出口经营权的生产企业根据贸易合同规定的货物品质、包装和交货时间等有关条款，进行原料跟单、生产进度跟单、品质跟单、包装跟单，按时、按质地完成交货义务。

3. 按货物流向划分

根据货物的流向，外贸跟单还可以分为出口外贸跟单和进口外贸跟单。出口外贸跟单是由出口商对出口贸易合同的履行进行部分或全部的跟踪或操作。进口外贸跟单是由进口商对进口贸易合同的履行进行部分或全部的跟踪或操作。

（三）外贸跟单员的工作范围

外贸跟单员的工作范围涉及非常广泛，既涉及企业（外贸公司和生产企业）生产过程和产品质量控制的事宜，也涉及与外贸业务有关的其他相关部门（如海关、检验检疫、货物运输）等的事宜。在协助外贸业务员的磋商谈判（报价），以及与客户签订合同后的确认样的制作、生产过程、报检报关、理赔索赔、争端解决、仲裁诉讼等阶段都会有外贸跟单员的身影。

（四）外贸跟单员的工作性质

1. 外贸跟单员是业务员

外贸跟单员的工作不仅仅是被动地接受订单，而且要主动地进行业务开拓，对准客户实施推销跟进，以达成订单为目标进行业务跟单。因此，跟单员要做到以下几点。

1）寻找客户。通过各种途径寻找新客户，跟踪老客户。

2）设定目标。主体目标：主要客户和待开发的客户。任务目标：工作着重点及分配的工作时间。

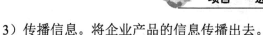

3）传播信息。将企业产品的信息传播出去。

4）推销产品。主动与客户接洽，展示产品，以获取订单为目的。

5）提供服务。提供产品的售后服务及对客户的服务。

6）收集信息。收集市场信息，进行市场考察。

7）分配产品。产品短缺时先分配给主要客户。

2. 外贸跟单员也是业务助理

跟单员在许多时候扮演业务经理助理的角色，他们协助业务经理接待、管理、跟进客户，因此跟单员要做到以下几点。

1）函电的回复。

2）制作报价单。

3）验签订单。

4）填对账表。

5）目录和样品的寄送与登记。

6）客户档案的管理。

7）客户来访接待。

8）主管交办事项的处理。

9）与相关部门的业务联系。

3. 外贸跟单员还是协调员

跟单员要对客户所订产品的交货进行跟踪，即进行生产跟踪。跟踪的要点是生产进度、货物报关与装运等。因此，在小企业中，跟单员身兼数职，既是内勤员，又是生产计划员、物控员，还可能是采购员。在大企业中，跟单员则代表企业的业务部门。

（五）外贸跟单员的工作特点

外贸跟单员的工作是建立在订单与客户基础上的。订单是企业的生命，没有订单，企业无法生存；客户是企业的上帝，失去了客户，企业就不能持续发展。而订单项下的产品质量，是决定企业能否安全收回货款、保持订单连续性的关键。因此，执行好订单，把握产品质量需要跟单员的敬业精神和认真负责的态度。

二、外贸跟单员的基本素质

（一）职业素质

外贸跟单员的职业素质主要包括以下方面：热爱社会主义祖国，自觉维护国家和企业的利益，关注国内外的政治经济形势，能正确处理好国家、集体和个人之间的利益关系，为对外经济贸易事业勤奋工作；遵纪守法、廉洁自律，不行贿、索贿和受贿，在对外经济交往中珍视国格和人格；严守国家机密和维护商业机密，自觉遵守外事纪律，遵守企业的各项规章制度；对本职工作认真负责，忠于职守；努力学习，勇于实践；积极开拓，锐意进取。

（二）能力素质

外贸跟单员的能力素质主要包括以下几方面：①综合业务能力；②市场调研和预测能

力；③推销能力；④语言文字能力和口头表达能力；⑤社交协调能力。

（三）知识素质

知识素质是指外贸跟单员做好本职工作所应具备的基础知识与专业知识。

1．外贸跟单员的基础知识

1）了解我国对外贸易的方针、政策、法律和法规及有关国别（地区、外贸政策）。

2）了解商品销往国家或地区的政治、经济、文化、地理及风俗习惯、消费水平。

3）具备一定的文化基础知识。一般要求具有高中（包括中专、技校、职校）以上学历，具有一定的英语基础，会使用计算机常用软件。

4）具有一定的法律知识。了解合同法、票据法、经济法、外贸法律法规等，以及与外贸跟单员相关的法律知识，做到知法、懂法和用法。

2．外贸跟单员的专业知识

1）掌握商品学的核心知识，熟悉所跟单的产品的性能、品质、规格、标准（生产标准和国外标准）、包装、用途、生产工艺和所有原材料等知识。

2）了解本公司商品在国际市场上的市场行情，以及该项商品主要生产国和进出口国家或地区的贸易差异，及时反馈信息给国内厂商，指导其生产。

3）熟悉国际贸易理论、国际贸易实务、国际金融、生产营销学及国际商务法律法规和有关国际惯例等专业知识；熟悉商检报关、运输、保险等方面的业务流程。

（四）管理素质

管理出生产力，管理出效益。良好的管理水平在很大程度上是衡量外贸跟单员是否称职的重要内容。外贸跟单员既是跟进订单的专职人员，也是业务员或经理或企业负责人的助手。因此，外贸跟单员应具备一定的管理素质和能力，即具备良好的合作意识，具有一定的组织、协调与决策能力。

三、跟单员跟单工作流程

（一）外贸公司跟单工作流程

外贸公司跟单工作包括选择生产企业、签订收购合同、筹备货物、进程跟踪、商检（客检）、订舱装船、制单结汇等几个步骤。具体如表1-1所示。

表1-1　外贸跟单业务流程

流程		步骤		办理时间	相关单据/表格
①	前期接触	T/T 付款方式	L/C 付款方式		
		报价		收到询价即时	《报价单》
		还盘（如工艺要求复杂，填写《内部沟通单》请其他部门配合再报价，如情况特殊需向领导报告）		收到还盘即时	《内部沟通单》《报价单》

续表

	流程	步骤		办理时间	相关单据/表格
②	成交	做形式发票（简称P/I），交上级审核，让生产部清楚工艺要求与下单版面。交货期需与生产部门沟通后确定再答复客户。做《订单确认表》			形式发票《订单确认表》
		传《订单确认表》至客户签字确认			
		确认后复印/打印交调度员留底		确认后即时	《订单确认表》复印、打印件
③	催定金	根据P/I的付款条件催定金			
		T/T：催客户汇出定金	L/C：催客户开具信用证		
		收到客户银行水单	L/C：副本		《银行水单》或L/C：副本
		交财务或进出口公司查款并做合同	传进出口公司查L/C	收到水单或L/C副本即时	水单/或L/C副本
		收到收款确认函	进出口公司 L/C复印件		收款确认函/L/C复印件
④	下单生产	根据客户《订单确认表》，填写《业务员外接单申请表》，一并给调度员审核并制作工单		收到收款确认函或L/C复印件即时	客户《订单确认表》、《业务员外接单申请表》
		《业务员外接单申请表》与客户《订单确认表》一并交市场经理审核签字			
		调度员下《生产任务单》		部门经理与业务员签字确认即时	《生产任务单》
⑤	生产过程（生产进度跟进）	生产部制订《生产进度计划》及《日生产进度质检报告》提交市场部。非正常情况及时通知市场部处理			《生产进度计划》，《日生产进度质检报告》，确保速度与质量都有保障
		业务员制作中英文《生产进度表》给客户			《生产进度表》
⑥	出货	质检部或客户委托方验货并出验货报告		验收后即时	验货报告
		订舱			填写《订舱确认书》给货代与提供货物重量信息给货代
		准备并填写出货单证一套			报关单证一套（装箱单/形式发票）
		由市场部向生产部下出货通知单（工厂交货情况下）			货代信息、车牌号及司机身份证复印件、联系信息、拖货时间确定、到厂时间、离厂时间、到港确认
		送货			空运入仓单与仓库地图联系方式
		报关			装箱单与形式发票
		提单副本给客户			提单副本
		告诉客户航班/轮船信息/订仓号给客户			订仓号

续表

	流程	步骤		办理时间	相关单据/表格
⑦	收尾款/放单	货代提交提单正本文件给出口公司	由进出口公司提交正本文件至银行		提单正本文件
		传真至客户催收尾款	向进出口公司跟进收款状况		
		收到客户水单	进出口公司传真划账水单		
		交财务查款	收到财务收款确认函		
		放提单	登记收款时间		全套提单正本文件
⑧	核销单	跟进核销单返回情况		报关后20~30天内	核销单

（二）生产企业跟单工作流程

具备对外进出口经营权的生产企业是我国外贸进出口的主体之一。随着我国加入世界贸易组织（World Trade Organition，WTO）和《中华人民共和国对外贸易法》的实施，具有外贸经营权的生产企业越来越多，许多国际买家也热衷于直接从这些生产企业采购商品。

"工厂跟单"实质上属于生产型企业的内部跟单。其一般流程如下：推销公司产品、签订外销合同、筹备货物、商检（客检）、订舱装船、制单结汇等。

四、出口贸易一般流程

（一）选择供应商或生产企业

外贸公司选择国内合作的供应商或生产企业时，须注重考察生产企业的资信，考察其是否具有生产能力；能否保证质量，保证按期交货；产品是否有对外贸易的竞争力等。

（二）生产企业推销本企业产品出口

这一过程中，跟单员的主要工作内容如下。
1）了解目标市场的需求特点和客户采购偏好。
2）了解并掌握公司产品的主要性能、工艺、质量标准、原材料构成、生产周期等。
3）了解并掌握公司产品的包装材料和包装方法。
4）了解并掌握公司产品的装箱率、集装箱可装数量。
5）掌握公司产品的价格和相关原材料价格。
6）了解近期本币对外币的兑换价格及变化趋势，即汇率和变化趋势。

（三）建立对外业务关系，确定出口贸易对象

建立业务关系可以通过信函、电子商务、电子邮件、传真、参加国内外各种交易会和

展览会、我国驻外的使领馆、商会、企业名录、报纸杂志上的广告等途径搜寻或结识国外客户。

（四）洽谈业务

洽谈业务是指买卖双方就某一种商品进行洽谈，内容包括价格及价格条件、货物的技术规格、包装、货款的支付方式和时间、运输方式、争议的解决方式和地点、货物数量、交货时间、保险、货物的检验标准和地点等。洽谈业务可以通过信件、传真、电子邮件等不见面的洽谈方式，也可以采用与客户见面洽谈的方式。在洽谈业务前必须事前做好充分准备。

（五）签订对外合同

跟单员在这个阶段，通常是辅助外贸业务员做好以下主要工作。
1）整理双方达成的事项内容。
2）将客户的工艺单和要求转换为本公司的制造工艺单。
3）落实生产企业（车间），并完成确认样。
4）检查确认样，将符合工艺单要求的样品寄送客户，等待确认消息。
5）根据客户的确认意见，改进确认样，直至客户再次确认样品。
6）做好合同项下订单生产前的一切准备工作等。

（六）买方开立信用证或支付定金

外贸合同中若确定是以信用证方式结算货款，卖方（出口方）在签订外贸合同后，应及时将"开证资料"（内容主要有出口方的开户银行名称、地址、SWIFT 号码等资料）通知买方（进口方），买方应严格按照合同的各项约定按时开立信用证，这也是买方履约的前提。

卖方在收到买方开立的信用证后，首先要根据合同审核信用证。在确认信用证中没有不可接受的条款后，开始投料生产。另外，卖方也可以在收到客户支付部分货款（通常是合同金额的 20%～30%）定金后，投料生产。

（七）签订内贸收购合同

在确定生产企业后，需要对某个商品的生产规格、价格、数量、交货期、付款时间等做出具体的约定，并以书面形式记载。由生产企业（供货方）和收购方（外贸公司）的法人或法人授权代表在合同上签字并加盖公章，以示合同生效。

（八）履行合同

这一期间跟单员需要做的主要工作有测算企业实际生产能力、原材料采购、生产进度跟踪、产品包装、生产质量检验等。

（九）商检、客检与报关

当货物生产完成时，对于法定商检的货物，在备妥货物后，跟单员应在报关前提向产地商检局预约安排商检。只有持有经商检局签发的检验合格证书（一般是纸质的《出境货物通关单》和通过商检网络传输的《出境货物换证凭条》），海关才放行。凡检验不合格的货物，经返修后仍不合格，则不得出口。

除国家商检外，还有客户到生产企业进行检验（简称客检）。对于合同约定由买方（客户）检验的，要提前联系买方，确定具体的检验日期。一般而言，经客检合格的商品，买方会出具"客检证"。不论是国家商检，还是客检，都是在生产完成并包装入箱后进行的。

（十）安排运输与保险

跟单员在这个阶段，必须做好以下主要工作。

1）物流运输的跟踪。在订单完成后，经过检验、报关等环节，货物按预定的舱位装船起运。由于货物运输多数是依靠集装箱运输的，跟单员必须了解集装箱尺寸，合理估算集装箱内货物装载量。

2）报告最终可出口产品数量（包括外箱等包装数量）、体积、重量等数据，配合其他部门（如单证部、储运部）办理租（配）船订舱工作和保险事宜。

3）如果是全程跟单，则须向货运代理或船务代理办理租（配）船订舱，并在运输工具启运前完成保险事宜。在货船离港后，须向货运代理或承运人取得符合要求的运输单据。

（十一）制单结汇

在这一阶段中，跟单员必须了解交单议付所需单证的种类，从哪里能得到这些单证。有了单证之后，还需要对单证进行整理，为正确及时制作结汇单证创造条件。

（十二）外汇核销与出口退税

按照国家的有关外汇管理规定，出口企业在货物出口和收汇后，必须办理出口收汇核销手续。而出口退税是指一个国家或地区对已报送离境的出口货物，由税务机关将其在出口前的生产和流通的各环节已经缴纳的国内税金（增值税、消费税）等间接税税款退还出口企业的一项税收制度。出口退税的主要单证有出口报关单（出口退税专用联）、出口收汇核销单、增值税发票、出口销售发票。各种单证的内容（如商品品名、数量、计量单位等）要相互一致，不矛盾，并在规定的时间内向税务机关（国税）办理退税手续。

任务二　寻找符合资质的待选企业

【操作步骤】
1. Ruby 明确主要的供应商选择标准。
2. Ruby 通过各种渠道寻找潜在供应商。

【操作分析】

一、分析主要的供应商选择标准

在任务一中 Ruby 已经通过翻译订单的条款拟定了与本公司合作供应商的选择标准，但是其中有一些标准是举足轻重的。因此，Ruby 又筛选出了重要的几个选择标准：①有能力生产藏青色织长袖衬衫；②生产的衬衫可以进行电脑刺绣；③面料与绣花色均不能含有偶氮，而且产品应能通过 SGS 认证；④生产的产品具体规格能符合订单中规格表的要求；⑤1 个月内能够完成各类样品的生产任务；⑥60 天内能够完成 2 000 件产品的生产量；⑦能够接受 30%定金，余款装货后 2 个月结清的条件。而其他的几个标准均被 Ruby 定位为次要标准。

二、寻找潜在的合作企业

掌握了供应商的合作资质及生产能力等要求后，Ruby 开始寻找国内符合要求的生产供应商。对于寻找供应商，Ruby 通过了以下途径进行搜寻。

1. 通过有合作关系的企业推荐

1）向长期有业务合作关系的企业了解打听。假如长期业务合作的企业能够接单，那将是最理想的，因为彼此相对了解，对各自的产品特色、优势也较容易把握，同时日后的交货、付款等都能较顺利地完成。因此 Ruby 首先联系了诚通进出口贸易公司的长期合作伙伴象山国棉服装厂。但象山国棉服装厂因为近期接单太多，产能不足，无法按期完成如此大批量的订单，同时象山国棉服装厂坦诚表示没法达到国外客户所要求的资质，因而没能接单。但幸运的是在接洽过程中象山国棉服装厂向 Ruby 推荐了符合资质要求的宁波浩辰服装厂，并提供了宁波浩辰服装厂的联系方式及相关信息，因此 Ruby 将宁波浩辰服装厂作为待选企业。

2）询问有一定业务联系或曾经有意向合作的企业。Ruby 整理了几家以前有过接洽但还未合作过的企业。发现宁波象山丹红服装有限公司已经与公司的业务部接触了很长一段时间，对方也相当有诚意，只是还没有机会合作。在了解到对方公司的产品质量比较过硬及生产条件还不错后，Ruby 决定把该公司也作为待选企业。

2. 通过媒体搜索

国内纺织服装业影响比较大的报刊杂志有《中国纺织报》、《服装商报》及《中国服饰报》等，这些报刊杂志汇集了丰富的信息资源。互联网更是当今信息搜索的重要途径，特别是各行业都有自己的专门网站，国内纺织服装的主要网站有中国纺织网(http://www.texnet.com.cn)、阿里巴巴（http://www.china.alibaba.com）、中国服装网（http://www.efu.com.cn）环球资源网（http://www.globalsources.com）、中国制造网（http://cn.made-in-china.com）等。为此，Ruby 也花费了许多时间通过这些报刊杂志及网络平台进行企业信息的收集和查询。

3. 寻求货代业务员的帮助

一直以来，诚通贸易公司与宁波元亨货代公司建立了稳定的合作关系，而该货代公司的业务员小支与 Ruby 有业务上的往来，因此，Ruby 向小支寻求帮助。货代业务员接触很多的外贸公司和生产企业，其中不乏合作对象。而小支经手的服装产品出口业务非常多，所以，小支向 Ruby 提供了好几家服装厂的联系方式和相关信息，后经 Ruby 逐家比较和筛选，最终将杭州市斯曼服装厂列为考察对象。

4. 通过专业论坛发帖

外贸行业有很多专业论坛为从事外贸业务的专业人士提供便利和帮助。为此，Ruby 向很多专业论坛发了寻求合作对象的帖子，包括东方热线外贸论坛、福步外贸论坛、贸易人论坛等。此后有不少服装厂都回复了 Ruby 的帖子。

通过以上方法，Ruby 在较短的 3 天时间内就在浙江及周边地区初步找到了 4 家符合要求的服装生产供应商，分别是宁波浩辰服装厂（象山国棉服装厂介绍），象山丹红服装有限公司（整理有合作意向企业获得），杭州斯曼服装厂（询问货代业务员获得）和宁波富亚达服饰有限公司（通过在福步外贸论坛张贴合作信息的回复获得）。

 理论概述

外贸跟单员通过各种方式寻找到潜在客户以后，应该及时将客户的信息通过某些外贸管理软件（如"我的外贸通"、"德利客户跟单"等软件）进行保存及整理。这样，一方面有利于提高工作效率，另一方面有利于创造潜在的贸易机会。下面以"我的外贸通"管理软件为例，简单介绍建立新客户档案的方法。

一、"我的外贸通"软件下载及功能

"我的外贸通 V3.05"是一种可以通过百度搜索引擎随时下载的免费软件。该软件系统的开发目标是提高综合业务管理能力，为业务中烦琐且易错的事务提供非常高效的解决方案，从而大大节约用户的宝贵时间，全面提升用户在业内的竞争力，同时使公司的管理更加规范和高效。"我的外贸通 V3.05"系统主菜单如图 1-4 所示。

图 1-4　"我的外贸通 V3.05"系统主菜单

"我的外贸通 V3.05"系统的主要功能如下。

1．报价单管理

报价单管理包括对客户报价记录的创建、更新或删除的管理，报价单的打印或 Excel 导出，直接将报价单按指定格式的附件发送给客户，同时还可以自动导出并生成客户合同或工厂合同，在自动导出时可以进行多报价单的合并处理。

2.　客户合同管理

客户合同管理包括创建、更新和删除客户成交记录的管理，形式发票、发票、装箱单、订舱委托书、产地证明等报表的打印或 Excel 导出，同时还可以自动导出并生成工厂合同。另外还可以通过一次客户合同进行分批出货后的剩余出货量的管理。

3.　工厂合同管理

工厂合同管理包括创建、更新和删除工厂合同资料的管理，工厂合同报表的打印或 Excel 导出等功能。

4.　业务状况管理

业务状况管理是对公司的出口业务进行统一管理，通过业务状态管理器，用户可以一目了然地看到每笔业务的进展状况，配合软件的自动备忘提醒功能，用户可以很清楚地知道什么时候需要处理什么事务。另外通过业务状态管理，可以查看出货及未出货货物清单及出货后的与客户的对账单。

5.　传真资料管理

用户可以通过传真管理器来创建、更新和删除传真资料，高效的查询能让用户快捷地查到所需要的资料。通过传真的打印功能，用户可以打印出非常规范的传真文本，能有效地节约用户创建传真资料的时间。

6.　备忘录管理

备忘提醒功能能够让用户非常清楚地知道何时您需要处理什么事务。业务中的许多地方都与备忘提醒进行了自动关联，如用户创建或更新客户合同后，软件会自动创建与合同签订日期有关的"订金或信用证"提醒、与装船日期有关的"出口交货"日期提醒、"余款"日期提醒、"退单"日期提醒等；在创建或更新工厂合同后，软件会自动创建与每一货物有关的"工厂交货"日期提醒、"订舱"日期提醒等。

7.　收付款管理

用户通过登记各次收付款的款项就可以实时查询指定条件范围内的实收、实付、应收、应付款额的统计。

8.　企业邮件管理

通过邮件管理系统，用户可以进行常规的邮件收发，也可以进行跟业务系统关联起来的邮件分发、邮件备注资料添加、邮件地址簿管理及客户邮件自动归档管理。另外还可以进行邮件的群发操作。

9.　工厂资料管理

工厂资料管理包括完备的工厂资料的创建、更新、删除，高效地工厂资料的查找，工厂生产货物情况的一览，工厂交易情况的统计，与工厂发送传真情况的一览，以及与相应工厂的来往邮件的列表等。

10. 客户资料管理

客户资料管理包括完备的客户资料的创建、更新和删除，高效地客户资料的查找、与客户进行报价记录的一览、与客户成交记录的一览、与客户交易结果的统计、与客户发送传真情况的一览，以及与相应客户来往邮件的列表等。

11. 船务资料管理

船务资料管理包括完备的船务资料的创建、更新和删除，高效地船务资料的查找、与客户进行报价记录的一览、与客户成交记录的一览、与客户交易结果的统计、与客户发送传真情况的一览，以及与相应工厂的来往邮件的列表等。

12. 货物资料管理

货物资料管理包括完备的货物资料的快速创建、更新和删除管理，高效地货物资料的查找、工厂报价情况列表、与客户进行报价时的记录一览、与客户成交时的记录一览，以及与工厂进行采购的记录一览等。

13. 基础数据管理

基础数据管理功能是对一些基础数据，如货币单位、重量单位、数量单位、货柜资料、货物类别、国家、港口及 HS 编码的管理。这些资料基本是系统自带的，如果用户仍感不足，可以进行自行添加或修改。

14. 用户管理

用户管理指给用户建立不同权限、不同客户资源，从而使业务分工更加明确，更能有效地控制数据的安全。

15. 数据库管理

数据库管理包括数据库备份、数据库恢复、数据库优化及数据库的初始化等。

16. 单证中心

单证中心包括各类报价单、客户合同、形式发票、发票、箱单、订舱委托书、原产地证明及购货合同、生产通知单等。

二、"我的外贸通"客户资料管理功能的使用

1. 功能说明

功能说明包括完备的客户资料的创建、更新和删除，高效的客户资料的查找，与客户进行报价的"报价信息"的一览，与客户成交记录的"合同信息"一览，与客户发送传真情况的"传真信息"一览，与客户的"来往邮件"一览，以及与客户交易结果的统计等。

2．操作说明

1）新建资料：根据界面内容，填写客户的相应信息—单击"添加"按钮进行数据保存，其中客户编号和公司名称为必填项目。

2）修改资料：将需要修改的资料调出—修改需要修改内容—单击"更新"按钮进行资料的更新保存。

3）删除资料：将不需要的资料调出—单击"删除"按钮，在删除前，系统会弹出确认消息框。

4）查找资料：查询界面中的每一个项目都可以进行模糊查询或精确匹配查询，这样能快速查询到用户需要的资料。

任务三　确定重点考察对象

【操作步骤】

1．掌握待选企业详细信息。

2．分析比较待选企业。

【操作分析】

一、搜集待选企业详细信息

对于这4家基本符合资质的生产供应商，在决定最终供应商企业前，Ruby专门做了信息的收集和调查。

宁波浩辰服装厂由象山国棉服装厂推荐并提供了联系方式，为此，Ruby首先通过电话联系，请对方提供相关的公司基本信息，此外，Ruby还登录对方网站，查询了解到如下信息。

1）宁波浩辰服装厂基本信息如表1-2和图1-5所示。

表 1-2　宁波浩辰服装厂基本信息

公司名称	宁波浩辰服装厂	经营范围	各类服装生产与加工
企业类型	私营独资企业	经营模式	生产型
注册资本	100 万元	公司注册地	浙江省宁波市
员工人数	100～200 人；用工遵守《中华人民共和国劳动法》，符合国际劳工标准	公司成立时间	2002 年
法定代表人/负责人	赵儒辰	主要客户	进出口公司和贸易公司
年营业额	人民币 600 万～800 万元	主要经营地点	宁波市奉化工业园区 188 号
主要市场	大陆　港澳台地区　日韩　东南亚地区	质量控制	内部；通过 ISO9001 认证和 SGS 认证
年出口额	人民币 300 万～500 万元	研发部门人数	6～9 人
厂房面积	10 000 平方米	月产量	10 000 件

图 1-5　宁波浩辰服装厂

　　除宁波浩辰服装厂以外,Ruby 还通过登录公司网站和电话询问等方式收集到了象山丹红服装有限公司、杭州斯曼服装厂和宁波富亚达服饰有限公司的基本信息。

　　2）象山丹红服装有限公司基本信息如表 1-3 和图 1-6 所示。

表 1-3　象山丹红服装有限公司基本信息

公司名称	象山丹红服装有限公司	经营范围	各式服装及辅料生产加工及出口
企业类型	私营有限责任公司	经营模式	生产与贸易型
注册资本	人民币 500 万元	公司注册地	浙江省宁波象山市
员工人数	200～300 人；用工遵守《中华人民共和国劳动法》,符合国际劳工标准	公司成立时间	1999 年
法定代表人/负责人	吴倩倩	主要客户	国内外贸公司；欧美客户
年营业额	人民币 2 亿元以上	主要经营地点	浙江
是否提供OEM代加工	是	质量控制	内部；通过 ISO9001 质量体系认证与 SGS 认证
研发部门人数	20～30 人	年出口额	人民币 1 亿元以上
月产量	30 000 件	厂房面积	60 000 平方米

图 1-6　象山丹红服装有限公司

　　3）杭州斯曼服装厂的基本信息如表 1-4 和图 1-7 所示。

表 1-4 杭州斯曼服装厂基本信息

公司名称	杭州斯曼服装厂		
主营产品	各式服装生产加工和销售	主要客户	国内品牌服装生产商，欧美客户，东南亚客户和中东地区客户
企业类型	私营有限责任公司	法定代表人/负责人	卢华
注册资本	人民币 600 万元	公司注册地	浙江萧山
员工人数	600～700 人；用工遵守《中华人民共和国劳动法》，符合国际劳工标准	公司成立时间	1997 年
年营业额	人民币 2 亿元以上	主要经营地点	浙江
主要市场	大陆 北美洲 西欧 东欧 日本 韩国 新加坡	质量	内部；通过 ISO9001 质量体系认证与 SGS 认证
年出口额	人民币 2 亿元以上	研发部门人数	25～40 人
厂房面积	66 000 平方米	月产量	100 000 件以上

图 1-7 杭州斯曼服装厂

4）宁波富亚达服饰有限公司的基本信息如表 1-5 和图 1-8 所示。

表 1-5 宁波富亚达服饰有限公司的基本信息

公司名称	宁波富亚达服饰有限公司		
主营产品	各式服装生产加工和销售	主要客户	品牌服装生产商，国内各贸易公司，纺织品进出口公司
企业类型	中外合资企业	法定代表人/负责人	陈旭峰
注册资本	人民币 200 万元	公司注册地	浙江宁波
员工人数	200～300 人；用工遵守《中华人民共和国劳动法》，符合国际劳工标准	公司成立时间	1990 年
年营业额	人民币 8 000 万～9 000 万元	主要经营地点	浙江宁波
主要市场	大陆 北美 南美 西欧 东欧	质量	内部；通过 ISO9001 质量体系认证与 SGS 认证
年出口额	人民币 6 000 万～8 000 万元	研发部门人数	10～20 人
厂房面积	30 000 平方米	月产量	20 000 件

（a）

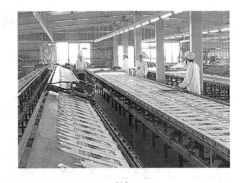
（b）

图 1-8 宁波富亚达服饰有限公司

二、认真分析待选企业各项指标

掌握了以上 4 家服装供应商的基本信息后，Ruby 开始着手比较分析各待选企业的相关指标，具体如下。

首先，从注册资本分析，宁波浩辰服装厂只有 100 万元人民币，而象山丹红服装有限公司和杭州斯曼服装厂均超过 500 万元人民币，宁波富亚达服饰有限公司为 200 万元人民币。从资本角度来看，后三者实力明显要比宁波浩辰服装厂强。

其次，从年营业额、厂房面积及工人数量等指标看，宁波浩辰服装厂也明显比不上象山丹红服装有限公司、杭州斯曼服装厂和宁波富亚达服饰有限公司。

再次，虽然宁波浩辰服装厂距离较近，且由象山国棉服装厂推荐，据介绍，其资信良好，但其全部的生产能力仅有 10 000 件/月，而诚通进出口贸易公司要 20 000 件衣服在 2个月内完工，也就是要求月产能达到 10 000 件。这就要求宁波浩辰服装厂达到最大生产量，如果出现停工或临时插单等情况，宁波浩辰服装厂即使加班加点开足马力也极有可能完成不了 20 000 件服装的生产。鉴于此，Ruby 决定放弃对宁波浩辰服装厂的考虑。至于象山丹红服装有限公司、杭州斯曼服装厂和宁波富亚达服饰有限公司，三者从生产能力上来看除杭州斯曼服装厂规模更大，月产量更高外，象山丹红服装有限公司和宁波富亚达服饰有限公司可谓旗鼓相当。但宁波富亚达服饰有限公司距离诚通进出口贸易公司较近，联系方便。同时宁波富亚达服饰有限公司成立已近 20 年。一般而言，年限越长，积累的经验越多，内部管理机制就越健全，另外富亚达服饰有限公司系中外合资企业，主要出口欧美，对欧美订单应该更加熟悉。综合以上考虑，Ruby 决定放弃象山丹红服装有限公司，把富亚达服装有限公司和杭州斯曼服装厂作为重点考虑对象，进行进一步筛选。为此 Ruby 做了一份对比情况表向诚通贸易公司业务 1 部经理作了汇报。对比情况如表 1-6 所示。

表 1-6 待选企业对比情况

项目 公司	公司资本 实力/元	产能 /（件/月）	来回车程 /小时	欧美订单 熟悉程度	经营时间/年	结论
宁波浩辰服装厂	100 万	10 000	2	不熟悉	9	把富亚达服装有限公司和杭州斯曼服装厂作为重点选择合作企业
象山丹红服装有限公司	500 万	30 000	5	熟悉	12	
杭州斯曼服装厂	600 万	100 000	4	熟悉	14	
宁波富亚达服饰有限公司	200 万	20 000	1.5	熟悉	21	

业务经理同意 Ruby 的选择，但业务经理特别提醒 Ruby：因为两家都是从未合作过的供应商，应该进行实地验厂，以便核实信息是否属实，慎重选出最适合的企业并与之进行合作。此外，在验厂前应采取各种手段了解这两家企业的登记注册情况。

 理论概述

核实企业法人登记注册情况，任何个人组织都能到当地工商注册管理部门查询。跟单员要十分重视这项基础工作，掌握被调查企业特别是初次打交道企业的工商注册登记情况，这对于真实了解初次打交道企业的现状，核定其业务规模，降低经营风险等是非常必要的。

一、核实企业法人名称

从名称上判断企业的要点如下。

1）鉴别名称中的行政区划。例如，浙江宁波××有限公司，表明该公司在宁波市注册，但如果该企业地址不在宁波而在杭州市，跟单员就得注意，需要到工商部门了解真伪，以防上当。

2）鉴别名称中的行业、经营类型。一般可根据企业名称判断其是生产型企业还是贸易型企业。如果在名称中列明"中大"、"东方"等中性内容的，跟单员需要认真了解该企业内部具体经营商品的内容，以防止与不熟悉产品的企业开展经营活动。

3）鉴别名称中的组织形式。"集团公司"一般规模大于"实业公司"，"实业公司"一般规模大于"有限公司"，"分公司"不是独立法人企业，其需要由上一级法人企业授权经营等。

二、核实企业注册的公司住所

经工商部门登记注册的公司住所只有一个。但是如果出现以下几种情况，跟单员就应该注意了。

1）营业执照企业注册地址与经营办公地址不一致。

凡出现不一致的，需要跟单员认真查明原因。例如，有的企业近期搬新址，还来不及进行工商变更；再如，有的企业违法经营，有意搬离注册地等。因此需要跟单员认真核实。

2）对企业改变地址的要查明原因。

企业改变地址主要包括 3 种情况：①场地改变，条件改善，这种情况说明企业经营较好，想加快发展，扩大规模；②场地改变，规模缩小，这表明企业前一时期经营情况不好，正在进行规模收缩，对这类企业需要注意；③场地规模扩大，跟单员不能被大规模投资的表象所迷惑，应认真评估该企业搬入新址的资金投入对企业正常经营所带来的资金压力。

三、核实法定代表人、授权委托人

经工商管理部门登记注册的代表企业行使职权的主要负责人，是企业法人的法定代表人。外商投资企业的董事长是法定代表人。法定代表人是代表企业法人根据章程行使职权的签字人。法定代表人的签字包括符合企业法定代表人身份的承诺签字；企业文件、证件真实性的承诺签字；董事长成员、经理、监事任职证明的亲笔签字；产权人的签字；被委托人的签字；企业提交股东会议决议、董事会决议、章程修正案等。每一项签字都很重要，并且必须真实有效，并承担相应的法律责任。

跟单员在工作中对于合同、订单等重要经营性文件的法定代表人或授权委托人的签字需做到以下几点。

1）企业重要的经营性文件需要法定代表人签字及加盖公章。不是法定代表人签字的，要由法定代表人的授权委托人签字并加盖公章。

2）法定代表人变更时，要注意变更前后任法定代表人的有效签字权限及授权委托人签字权限，防止出现各种问题。

3）对业务中首次出现的合作企业法定代表人等有效签字印鉴，需做好复印、留底、备查工作。因重要文件中签字不一致，可能会对本公司造成不可挽回的损失，需跟单员特别注意。在以后业务中，每次业务往来需核对印鉴，以防风险。

4）认真对合同、订单等重要经营性文件的对方法定代表人或被委托人的签字笔迹真实性进行审查。对于同一次提交的文件、证件上的同一签字不一致，同一份文件中几个人的签字笔体都一样，同一姓名的不同文件的签字不一致等，需要认真与印鉴留底核对，查清原因，以避免因此产生问题。

四、核实注册类型

核实供应商或生产企业注册类型是很重要的，与不同注册类型的企业合作，如果出现各类经营问题，所采取的措施是不同的。因为企业性质不同，对债务承担的责任不同。例如，股份有限公司，每个股东以其所认缴的出资额对公司承担有限责任，公司以其全部资产对其债务承担责任，而私营独资企业投资者对企业债务承担无限责任。

五、核实经营范围

跟单员需要关注该企业经营范围涉及的经营项目。如果该企业没有经有关部门"许可经营项目"批准，或超一般经营项目范围开展业务，就不能与该企业从事未经许可经营项目和超一般经营项目范围的业务。

六、核实注册资金与注册资本

注册资金是企业实有资产的总和，注册资本是出资人实缴的出资额的总和。注册资金随时由资金的增减而增减，注册资本则反映的是公司法人财产权，所有的股东投入的资本，一律不得抽回，由公司行使财产权。跟单员在核实注册资本时需要注意：①严格核实其注册资本；②严格核查虚假出资企业；③分析判断能否与其开展业务。

七、核实成立时间

通常企业注册成立时间越早，经营的年限越长，积累的经营经验就越丰富，就越值得信赖。

八、核实经营期限

经营范围属"许可经营项目"的，有关批准部门有经营期限限制的，跟单员要核实其经营是否在期限之内。

九、核实营业执照

工商管理部门每年都要对营业执照进行年检年审，加贴年检标签。如果跟单员在查看营业执照时发现没有工商部门的年检标签，应当查明原因。

十、核实联系方式

企业的联系方式包括长途区号、电话号码、分机号、手机、传真号码、邮政编码、电子信箱和网站地址等。跟单员在核实时要注意以下几点。

1）查找企业在网上披露的所有信息。在网站上搜索到的企业信息相对集中和单一，表明这家企业相对稳定。因为每家企业需要宣传推广本企业产品，目前都会采用网上低成本发布信息这一手段。如果网上查询没有这家企业的任何信息或记录，原则上不宜与其开展业务。

2）核实企业联系方式是否过去被其他单位或个人使用过，以查询了解企业成立或变更情况。

3）用好互联网搜索查询功能，直接输入"企业名称"或"区号加电话号码（如0574-12345678）"或"区号加传真号码（如 0574-87654321）"或"企业地址"等，分别搜寻网页相关内容，并逐条进行仔细查看，认真寻找疑点。需要注意：采用多个网上搜索系统查询，有时会出现不同的情况。

任务四　实地考察验厂

【操作步骤】

1．实地核实企业注册情况。

2．考察待选企业生产经营条件。

3．掌握待选企业生产能力。

【操作分析】

一、实地考察富亚达服饰有限公司情况

1．核实企业注册情况

Ruby 遵循就近原则，首先赶赴富亚达服饰有限公司进行实地考察，并准备重点核实以下几个方面：核实企业法人登记注册情况；了解企业生产与经营条件；测算企业实际生产能力；了解企业产品特色、生产能力。

Ruby 到富亚达服饰有限公司注册地宁波鄞州区后，核实了其《企业法人营业执照》，从营业执照上显示的信息与其提供的信息及网站信息完全一致，并且营业执照上加贴了宁波市工商局该年的年检标签。此外，Ruby 之前已经通过向宁波市工商局查询，证实了富亚达服饰有限公司是经注册的合法公司。

2. 考察生产经营条件

因为国外客户要求生产企业经过 SGS 认证,为此 Ruby 要求查看富亚达服饰有限公司的 SGS 证书,而后富亚达服饰有限公司出示了由通用公证行(Societe Cenerale de Surveillance S.A.,SGS)颁发的 SGS 认证证书,如图 1-9 所示。

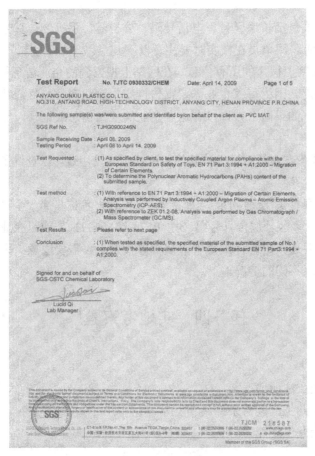

图 1-9   SGS 认证书

由于富亚达服饰有限公司还通过了 SA8000 劳工标准,为此 Ruby 对富亚达服饰有限公司的员工进行了访谈。访谈内容包括工资工时、工作生活环境、人权保障等各方面。了解到富亚达服饰有限公司一周正常工作时间为 5 天,每天工作 8 小时,不存在使用童工,强迫劳动,各种形式的歧视或经常性加班且不给加班工资等现象。Ruby 同时向富亚达服饰有限公司财务部门索取了工人的工资记录表,发现最低工资在 1 200 元以上,达到宁波地区最低工资标准。并对厂房、安全消防设施等也进行了仔细的排查,发现该公司完全符合 SA8000 关于为员工提供良好安全的工作环境的标准。在调查核实的策略上,根据业务经理的指示,Ruby 对富亚达服饰有限公司的调查在未通知其具体时间的情况下突然进行,以便得到真实可靠的信息。

3. 掌握企业生产能力

富亚达服饰有限公司在接待 Ruby 时表示公司目前同时在做好几个订单,考虑到是新客户,为长远合作着想,可以腾出一半的车间来做诚通进出口贸易公司的订单,如果发生意外情况可以暂时停做其他订单,保证按期完工。

通过核实富亚达服饰有限公司服装生产车间的生产设备及员工人数,以及富亚达服饰有限公司的自我介绍,Ruby 估算富亚达服饰有限公司一半生产车间的产能大概在平均每工时 50 件左右。富亚达服饰有限公司的员工人数一天可排两个班次,一周常规的工作时间是 5 天,每天每个班次工作 8 小时。按照以往经验数据工作时间目标约为 90%(有效工作时间),产品合格率按经验为 95%。为此,Ruby 计算了该公司的理想产能、计划产能和有效产能以分析其是否具备在 8 周内生产完成 20 000 件衣服的生产能力。

富亚达服饰有限公司的理想产能,按每个班次工作 12 小时,每周工作 7 天来算:

富亚达服饰有限公司的理想产能=12×2×7×8×50=67 200(件)>20 000 件(订单数量)

富亚达服饰有限公司的计划产能,按每个班次工作 8 小时,每周工作 5 天来算:

富亚达服饰有限公司的计划产能=8×2×5×8×50=32 000(件)>20 000 件(订单数量)

富亚达服饰有限公司的有效产能,按每个班次工作 8 小时,每周工作 5 天来算,同时考虑工作时间百分率和产品合格率:

富亚达服饰有限公司的有效产能=8×2×5×8×90%×95%×50=27 360(件)>20 000 件(订单数量)

显然,富亚达服饰有限公司的有效产能是可以满足生产需求的。此外,富亚达服饰有限公司另外一半车间还存在生产弹性。因此就产能而言,富亚达服饰有限公司符合诚通进出口贸易公司的要求。

4. 了解公司产品特色与生产工艺

为了保障工厂所生产的产品与诚通进出口贸易公司所采购的产品完全一致,Ruby 准备重点查看富亚达服饰有限公司的产品特色和生产工艺。因此,在富亚达服饰有限公司业务员的带领下,Ruby 参观了富亚达服饰有限公司的样品陈列室,对其以前生产的服装留样进行查看。Ruby 发现富亚达服饰有限公司生产的外贸服装以针织与梭织类的衬衫、裤子居多,与此次采购的产品非常对口。另外,从留样来看,做工和材质都比较令人满意。

5. 制作富亚达服饰有限公司验厂报告

通过以上工作,Ruby 从法人登记注册信息、公司资本实力、生产经营能力、生产环境、员工待遇及生产资质等方面对富亚达服饰有限公司进行了全面而深入的分析,在实地考察的基础上制作了如表 1-7 所示的验厂报告以供业务经理参考。

表 1-7　富亚达服饰有限公司验厂报告

公司名称	富亚达服饰有限公司		
企业类型	中外合资企业	法定代表人/负责人	陈旭峰
注册资本	人民币 200 万元	公司注册地	浙江省宁波市
员工人数	200~300 人	公司成立时间	1990 年
年营业额	人民币 8 000 万元~9 000 万元	主要经营地点	浙江省宁波市
主要市场	大陆 北美 南美 西欧 东欧	质量	内部;通过 ISO9001 质量体系认证与 SGS 认证
年出口额	人民币 6 000 万元~8 000 万元	研发部门人数	10~20 人
厂房面积	30 000 平方米	月产量	20 000 件左右
联系电话	0574-88122230	传真	0574-88122231
地址	浙江宁波市鄞州区机场路 228 号	邮编	315000
主营业务	各类服装的生产加工和销售	专营	服装生产加工
服装生产设备	200 套（自动裁床、缝纫机、整烫设备等）	设备使用时间	2007 年新设备投入使用，维护良好
雇员管理情况	1. 是否雇佣童工、强迫性劳动		否
	2. 是否按国家法律或地方法规规定付给员工工资，并高于最低生活保障		是
	3. 是否有 3 个月所有员工的工资记录		有
	4. 是否有近 3 个月所有员工的工卡记录		有
	5. 工作时间		5 天/每周 8 小时/每天
	6. 是否存在男女工同工不同酬		否
	7. 加班是否有加班工资		有
	8. 是否有正规的请假制度，是否有请假记录		有
生产安全防范情况	1. 是否有有效的消防设备及逃生防护设备		有
	2. 是否有紧急疏散指示灯及应急照明灯		有
	3. 是否有最近一年期限内由消防部门颁发的消防审核证书		有
	4. 工厂每层楼两端是否都有紧急逃生出口		有
	5. 全部灭火器是否都在有效期内		是
	6. 工厂是否干净清洁		是
	7. 工厂是否有足够的通风设施		是
生产计划与控制	1. 生产排期表（未来 6 个月的接单明细表）		有
	2. 各部门的生产日报表		有
	3. 各工序的生产计划表		有
品质管理情况	1. 有无质量检验部门，是否按规定执行质检工作		有，在执行
	2. 有无质检总监负责质检部门全部工作		有
	3. 产品质量检查是否随机抽样		是
	4. 工厂是否有区分颜色的灯箱		有
	5. QC（质量控制员）数量比例占整个工厂工人总数的比例为多少		10%
	6. 是否有做断针检测和记录		有
	7. 有无产前测试报告及成品批验测试报告		有
	8. 对进来的布料是否抽查，片子是否全部检查，是否有书面记录，衣片和布抽查比例是否大于 10%		有，是
	9. 拉布是否有专门设备		有

2010 年 3 月 12 日　李玮

二、实地考察斯曼服装厂情况

Ruby 又奔赴杭州，实地考察了杭州斯曼服装厂。考察情况如下。

Ruby 同样对企业法人登记注册情况、企业生产经营能力、实际生产能力，以及产品特色、生产工艺等方面进行了核实，对公司的各项硬件指标都比较满意。但由于该公司的规模较大，各项成本费用相对较高，另外他还了解到该公司近期的订单量都比较大，担心该公司的工价会比较高，也担心会有临时插单等现象出现。同样，Ruby 根据实际情况制作了验厂报告，并把自己的想法与业务经理进行了沟通。Ruby 制作的验厂报告如表 1-8 所示。

表 1-8　杭州斯曼服装厂验厂报告

公司名称	杭州斯曼服装厂		
企业类型	私营有限责任公司	法定代表人/负责人	卢华
注册资本	人民币 200 万元	公司注册地	浙江省杭州市萧山
员工人数	600～700 人	公司成立时间	1997 年
年营业额	人民币 8 000 万～9000 万元	主要经营地点	浙江省杭州市
主要市场	大陆 北美洲 西欧 东欧 日本 韩国 新加坡	质量	内部：通过 ISO9001 质量体系认证与 SGS 认证
年出口额	人民币 2 亿元以上	研发部门人数	25～40 人
厂房面积	66 000 平方米	月产量	100 000 件以上
联系电话	0571-65789000	传真	0571-65789009
地址	浙江杭州市萧山区白云路 101 号	邮编	
主营业务	各类服装的生产加工和销售	专营	服装生产加工
服装生产设备	1 000 套（自动裁床、缝纫机、整烫设备等）	设备使用时间	2005 年新设备投入使用，维护良好
雇员管理情况	1. 是否雇佣童工、强迫性劳动		否
	2. 是否按国家法律或地方法规规定付给员工工资，并高于最低生活保障		是
	3. 是否有 3 个月所有员工的工资记录		有
	4. 是否有近 3 个月所有员工的工卡记录		有
	5. 工作时间		6 天/每周 8 小时/每天
	6. 是否存在男女工同工不同酬		否
	7. 加班是否有加班工资		有
	8. 是否有正规的请假制度，是否有请假记录		有
生产安全防范情况	1. 是否有有效的消防设备及逃生防护设备		有
	2. 是否有紧急疏散指示灯及应急照明灯		有
	3. 是否有最近一年期限内由消防部门颁发的消防审核证书		有
	4. 工厂每层楼两端是否都有紧急逃生出口		有
	5. 全部灭火器是否都在有效期内		是
	6. 工厂是否干净清洁		是
	7. 工厂是否有足够的通风设施		是
生产计划与控制	1. 生产排期表（未来 6 个月的接单明细表）		有
	2. 各部门的生产日报表		有
	3. 各工序的生产计划表		有

续表

品质管理情况	1. 有无质量检验部门，是否按规定执行质检工作	有，在执行
	2. 有无质检总监负责质检部门全部工作	有
	3. 产品质量检查是否是随机抽样	是
	4. 工厂是否有区分颜色的灯箱	有
	5. QC（质量控制员）数量比例占整个工厂工人总数的比例为多少	10%
	6. 是否有做断针检测和记录	有
	7. 有无产前测试报告及成品批验测试报告	有
	8. 对进来的布料是否抽查，片子是否全部检查，是否有书面记录，衣片和布抽查比例是否大于 10%	有，是
	9. 拉布是否有专门设备	有

2010 年 3 月 13 日 李玮

 理论概述

跟单员在了解企业生产经营能力及经营条件时，会遇到收集被调查企业内部真实情况、资料的困难，也会遇到被调查企业提供片面情况的误导等问题。在商务情报有限的情况下，如何正确判断一个企业的真实经营情况，落实好订单，保证按时、按质交货，对企业来讲就更显重要。

一、分析待选生产企业的基本方法

选择合适的生产企业有着不同的方法，我国中医在诊断病情中有"望"、"闻"、"问"、"切"的过程，这种科学的诊断方法对跟单员判断合格的生产企业具有同样的效用，也非常可取。

1. 望

"望"主要是看供应商、生产企业的背景。一是通过"望"可掌握企业的基本信息。例如，核实生产企业法人登记注册信息。任何个人或组织都能到当地工商注册管理部门查询企业法人登记注册情况，这样可获得较为全面、真实的情况。二是通过"望"分析生产企业的产能。跟单员通过实地考察可以判断生产企业的规模、生产企业的机器设备、工厂的管理、厂房的面积及安全情况等是否达到出口商品的生产能力，是否符合外国客商的评估要求。三是解读生产企业的财务会计审计报告。财务会计审计报告由会计报表、会计报表附注、财务情况说明书 3 部分组成。跟单员可以通过分析财务会计审计报告，判断供应商、生产企业的经营风险。

2. 闻

"闻"主要是了解供应商、生产企业的实力，从各个方面了解企业处于行业中的何种地位，企业产品是成熟产品还是刚研制出来的新产品，企业在消费者中的口碑如何，企业的内部管理是否完善，企业的产品受市场欢迎程度如何，企业员工的精神面貌如何，企业管理层变更情况等。在信息非常发达的今天，企业无法完全垄断信息，跟单员可以通过当地新闻、广播、报纸、互联网等各种媒体及周边企业了解这家企业的经营情况。

3. 问

"问"主要是调查供应商、生产企业的管理水平。询问的对象可以是生产企业的业务员、管理人员、生产员工，也可以是企业管理的高层或其他相关部门。向其了解企业发展目标（战略目标），看企业制定的发展目标是否符合国家的产业政策，是否符合企业的实际情况；了解企业投资策略，看企业投资业务是否过于分散，投资业务比重是否过大，是否过度大规模扩张等。

4. 切

"切"是判断。跟单员在选择生产企业的过程中，还要运用"切"这个手段来进行最后的补充，在"望"、"闻"、"问"的基础上做出一个正确的判断，"切"尤为重要。例如，跟单员在解读企业的营业执照、财务会计审计报告、损益表、资产负债表等财务报表和在实地了解生产企业经营条件的基础上，可做出正确的判断。再如，跟单员通过对生产企业的实地了解，可以测算生产企业实际生产能力，这对外贸公司保证按时、按质交货，显得尤为重要。

二、核实企业生产经营条件

1. 核实企业生产设备

生产设备包括各类生产设备数量，生产用工模具、夹具、机架数量，运输装卸工具数量，使用及保养记录等。

2. 核实经营场地

经营场地主要包括总面积、建筑面积、生产厂房面积、仓库面积、其他辅助用房面积等。

3. 核实从业人员

从业人员指在本企业工作取得劳动报酬的年末实有人员数。跟单员需要了解以下情况。①生产员工人数，其中半熟练工人多少，熟练工人多少，技术工人多少等。②工人工资待遇，工人的最低工资是否高于当地政府规定要求，在当地的工资待遇水平属于高还是低；工人加班是否有合理的工资报酬；工厂规定每周工人的工作时间是否符合政府要求；工人最低年龄是否符合国家法律要求法定年龄，是否存在童工问题；工厂是否提供一定数量的职工集体宿舍（10%～20%职工比例）等。

4. 核实质量管理情况

质量管理情况包括以下几方面：①有无质量检验部门，检验、测量、测试设备仪器及检验标准情况；②有无质检总监，能否对产品质量独立行使职权；③有无独立行使职权的质量控制人员，其人员数量占所有工人数量的比例；④有无计量证书及实验室环境记录；⑤有无 ISO 证书及其他认证证书（如 UL 认证证书、CE 认证证书、SGS 认证证书等；⑥有无产品产前测试报告及成品批验测试报告；⑦质检程序文件是否完善，是否包括生产机器、设备管理、供应商评估、采购控制，有无物料进出控制，客供物料控制，仓库物料管理，设计控制，来料、制程、成品品质控制，不合格品控制质量记录控制，质量手册及年度审评记录等。

5. 核实交通与水电气热供应情况

交通运输条件指距航空港、铁路、公路、水运等的距离远近，运输成本如何。

电力供应条件指电力供应能否保证企业用电需求；电力不足的问题能否得到解决；不能保证时，有无自备发电机。

供水、供气、供热情况指是否能保证供水，供水量是否会因季节不同而变化，供水是否符合标准，供气是否能够保证工厂满负荷工作，供热不足的问题是否能得到解决。

6. 了解环保与安全情况

环保设施是否符合要求；生产、排污过程中环保是否符合要求；厂区附近是否有干扰型企业，如食品厂附近有无工厂、农药厂等；有无消防安全制度；消防设施是否齐备有效；疏散通道是否畅通；生产车间发生意外（如起火等），职工能否安全逃生。

7. 了解企业内部经营管理情况

企业内部经营管理主要包括内容：物料采购单及供应商来料质量、数量、交货期历史记录；仓库物料收发货记录，出入账本，物料定期盘点记录及客供物料记录；生产总计划、各工序生产计划、生产日报、生产周报及生产周会记录；产品设计会议，设计、设计评审、设计确认及设计更改记录；产品生产流程图，生产指导书、试产后（产前）评审记录及生产绩效记录；来料、过程、最终检验指引及报告，来料、过程、紧急放行及成品仓定期巡查记录；不合格品记录或检验报告，停产记录及不合格品处理记录，纠正及预防措施记录，等等。

三、测算企业实际生产能力

跟单员应学会分析计算企业的生产能力（以下简称产能），检查企业生产能否按期保质保量交货。产能是指单一企业的生产设备在一定时间内所能生产的产品数量。产能通常以工时为计算单位。

产能测算包括理想产能、计划产能和有效产能的计算。以下举例说明不同产能计算的方法。

1. 理想产能计算

假定所有的机器设备完好，每周工作 7 天，每天工作 3 班，每班工作 8 小时，期间没有任何停机时间，这是生产设备最理想的产能，如表 1-9 所示。

表 1-9　企业一周理想产能

设备内容	可用设备数/台	人员编制/名	总人数	可用天数	每天班次	每班时间/小时	理想产能标准工时
车床	20	1	20	7	3	8	20×7×3×8=3 360
铣床	10	1	10	7	3	8	10×7×3×8=1 680

以车床为例，可用车床有 20 台，每台配置车工 1 人，总人数为 20 人，按每周工作 7 天，每天 3 班，每班 8 小时，1 周理想产能标准工时为 20×1×7×3×8=3　360（工时）。但是，由于车床操作人员只有 20 人，不可能一天 24 小时都工作，因此它是理想产能，与实际有效产能有较大区别。

2. 计划产能计算

计划产能是对企业理想产能的修正，但它仍不代表企业实际的有效产能。此计算根据企业每周实际工作天数、排定的班次及每班次员工工作时间来确定，如表 1-10 所示。

表 1-10 企业一周计划产能

设备内容	可用设备数	人员编制	总人数	可用天数	每天班次	每班时间	计划产能标准工时
车床	20	1	20	5	2	8	20×5×2×8=1 600
铣床	10	1	10	5	2	8	10×5×2×8=800

以车床为例，每周计划开动 5 天，每天 2 个班次，每班次员工工作 8 小时，因此计划产能标准工时为 20×5×2×8=1 600（工时）。

3. 有效产能计算

有效产能是以计划产能为基础，减去因停机和产品不合格率所造成标准工时的损失。产品不合格的损失，包括可避免和不可避免的报废品的直接工时，如表 1-11 所示。

表 1-11 企业一周有效产能

设备内容	计划标准工时	工作时间目标百分比/%	合格率/%	有效产能标准工时
车床	1 600	85	95	1 292
铣床	800	90	90	648

以车床为例，车床存在设备检修、保养、待料等待的时间，实际工作时间达不到计划时间，且生产的产品有不合格品，因此车床的有效产能标准工时为 1 600×85%×95%=1 292（工时）。

在得出各设备一周有效产能后，再根据单一产品各工序生产所需工时，计算出完成订单总数量在各工序所需总工时，以检查企业生产能力能否在订单规定的期限内完成生产，按时交货。

任务五 签订加工合同

【操作步骤】

1. 通过比价选择合作厂商。
2. 与选定的供应商签订加工合同。

【操作分析】

一、通过 E-mail 向两家企业发送询盘

Ruby 将国外客户的订单译文中比较主要的内容以 E-mail 的形式发送给了两家企业，而且附件中是两种规格产品具体的照片。询盘内容如图 1-10 所示。

询盘——诚通贸易公司产品报价资料 - 写邮件

收件人：sales1@fuyada.com

抄送：sales2@siman.com

主题：询盘——诚通贸易公司产品报价资料

公司负责人：

您好！

现我将国外客户的相关询盘资料转发给贵司，希望能得到贵司最优惠的报价，资料如下：

品名	货号	数量	单价	金额
男士藏青色织长袖衬衫左胸带有绣花标志				FOB NINGBO
	DN32	10000件		
	DN15	10000件		
总计	20000件			

主标：PR位置：后颈中
洗标：显示正确成分和洗涤说明 位置：左摆缝下摆朝上7厘米处
吊卡：PR位置：打在主标上
价格牌：详细资料另外告知

货号&尺寸	S	M	L	XL
DN32	2500件	2500件	2500件	2500件
DN15	2500件	2500件	2500件	2500件

总数量：20000件
包装：每件装入一个塑料袋，4件混码装入一个小盒，5盒装入一个出口纸箱，请在衬衫背面放入衬纸。
样品生产时间：在收到此订单后1个月内。
交货时间：收到卖方同意生产的通知后2个月内。
最迟的装运时间：卖方收到30%前TT货款后60天内装运。
付款条件：卖方在收到具体的装运指示前20天，买方应通过卖方能够接受的银行开立一份以卖方作为受益人的不可撤销的信用证凭金额为70%货款的即期汇票付款。
样品要求：
手织样：2010年3月25日前送达我方办公室
确认样：M尺码3件，2010年4月10日前送达我方办公室
产前样：M尺码3件，2010年4月15日前送达我方办公室
齐码船样：每码1件，2010年5月31日前送达我方办公室
所有辅料2010年4月20日前寄送我处确认

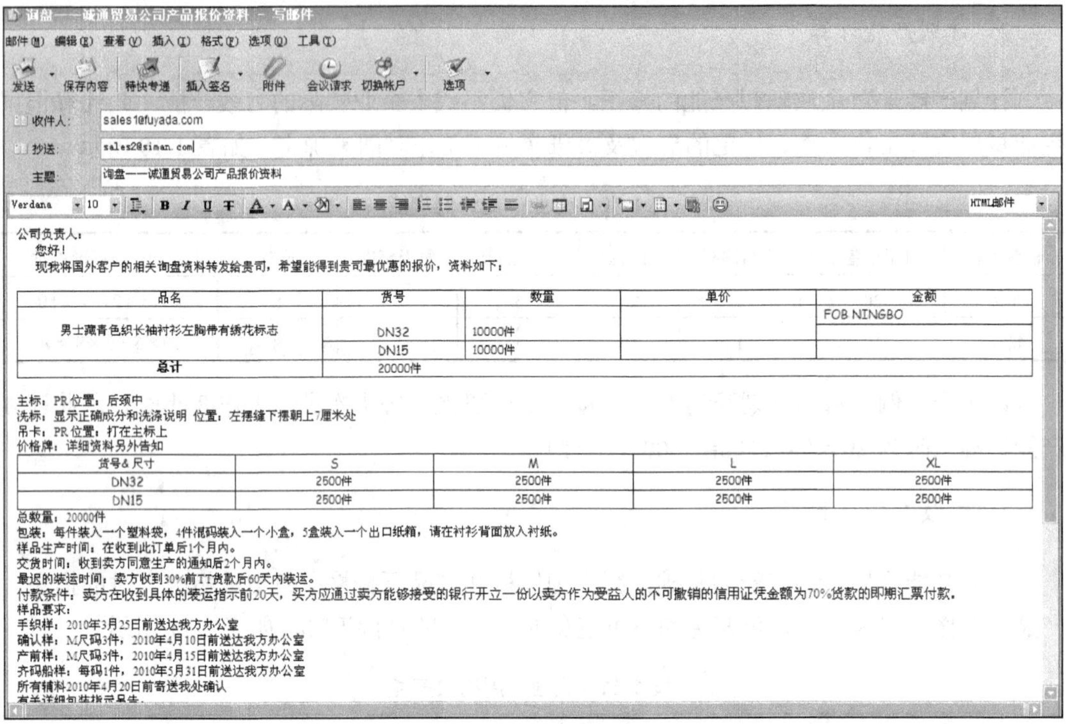

图 1-10　询盘内容

二、对两家企业比价并选择最满意企业作为合作方

当天 Ruby 就收到了两家公司的报价单，富亚达服饰有限公司 DN32 产品报价 100 元/件（加工费 40 元/件），而杭州斯曼服装厂报价为 108 元/件（加工费 50 元/件）；富亚达服饰有限公司 DN15 产品报价 95 元/件（加工费 40 元/件），而杭州斯曼服装厂报价为 100 元/件（加工费 50 元/件）。在通过进行进一步的协商后，富亚达服饰有限公司愿意用更低廉的价格，在保证质量的前提下与诚通进出口贸易公司合作。而杭州斯曼服装厂由于企业规模大、单子多，在 Ruby 告知其有另外供应商出价更低的时候表现得没有耐性，表示公司的产品质量上乘，在价格上不肯进行丝毫的让步。鉴于这种情况，Ruby 在与业务经理沟通后最终决定选择富亚达服饰有限公司进行合作。

由于国外客户对于面料有特殊要求，因此，诚通进出口贸易公司决定自己采购衬衫面料，再由富亚达服饰有限公司进行产品加工。在接下去的工作过程中，除了做好常规跟单工作之外，Ruby 要重点做好以下几项工作：①尽量防范富亚达服饰有限公司频繁出现插单现象；②必要时要求富亚达服饰有限公司按每周工作 6 天，每天 2 班，每班 8 小时进行生产；③要重点进行原材料采购与跟进、样品管理、生产进度跟进和产品质量控制。

三、诚通进出口贸易公司与合作企业签订加工合同

在 Ruby 与富亚达服饰有限公司负责人联系沟通后，诚通进出口贸易公司与富亚达服饰有限公司举行了加工合同的签约仪式。

双方签订的加工合同内容如图 1-11 所示。

加工合同

编号：CT20100323

甲方：宁波诚通进出口贸易公司　　　　　乙方：富亚达服饰有限公司

地址：浙江省宁波市鄞州区姜山镇　　　　地址：浙江宁波市鄞州区机场路

　　　茅山工业区 10 号　　　　　　　　　　　228 号

电话：0574-27780626　　　　　　　　　电话：0574-88122230

双方开展来料加工业务，经友好协商，特订立本合同。

第一条　加工内容

甲方向乙方提供加工左胸带有绣花标志的男式灰色织长袖衬衫 20 000 件（规格：DN32、DN15；尺寸：S、M、L、XL）所需的原材料，乙方将甲方提供的原材料加工成成品后交付甲方。

第二条　交货

甲方在 2010 年 3 月 26 日前向乙方提供 36 000 米原材料，并负责运至乙方公司指定仓库交付乙方；乙方在 2010 年 5 月 26 日前将加工后的成品 20 000 件负责运至宁波北仑港口交付甲方。

第三条　来料数量与质量

甲方提供的原材料须含 5% 的备损率，并符合工艺单的规格标准。如甲方未能按时、按质、按量提供乙方应交付的原材料，乙方除对无法履行本合同不负责外，还得向甲方索取停工待料的损失。

第四条　加工数量与质量

乙方如未能按时、按质、按量交付加工产品，应赔偿甲方所受的损失。

第五条　加工费与付款方式

乙方为甲方进行加工的费用，每件人民币 30 元。甲方结汇后 45 天内向乙方支付全部加工费。

第六条　运输

乙方将成品运交甲方指定的地点，运费由甲方负责。

第七条　不可抗力

由于战争和严重的自然灾害及双方同意的其他不可抗力引起的事故，致使一方不能履约时，该方应尽快将事故通知对方，并与对方协商延长履行合同的期限。由此而引起的损失，对方不得提出赔偿要求。

第八条　仲裁

本合同在执行期间，如发生争议，双方应本着友好方式协商解决。如未能协商解决，提请中国上海仲裁机构进行仲裁。

第九条　合同有效期

本合同自签字之日起生效。本合同正本一式两份，甲乙双方各执一份。

本合同如有未尽事宜，或遇特殊情况需要补充、变更内容，须经双方协商一致。

宁波诚通进出口贸易公司
NINGBO CHENGTONG IMP&EXP
TRADING CO.,LTD

富亚达服饰有限公司
公章

甲方：（盖章）　　　　　　　　　　　乙方：（盖章）

法人代表：杨华　　　　　　　　　　　法人代表：陈旭峰

2010 年 3 月 16 日　　　　　　　　　　2010 年 3 月 16 日

图 1-11　双方签订的加工合同内容

理论概述

一、解决产能不足的对策

在现实工作中，确实有一些企业因各种原因，出现企业产能不足的问题。有的是因接单过多，来不及生产；有的是企业本身规模小、设备落后、生产能力有限；有的是内部计划安排不合理，造成前后工序衔接障碍，影响产能的发挥等。当发现企业产能不足，不能保证订单按时完成时，为了保证交货期，跟单员须要求企业或生产部门采取以下措施。

1）延长工作时间，由一班制改为两班制、三班制，或延长生产人员的工作时间。

2）增加机器设备台数，延长开机时间。

3）增加其他车间生产支持，或将部分生产任务拨给其他车间承担。

4）调整生产计划，将部分生产向后推。

5）将部分产品进行外包生产。

6）增加临时用工。

二、交易磋商的基本程序

交易磋商（business negotiation）是指买卖双方就交易条件进行洽商，以求达成一致协议的具体过程。它是国际货物买卖过程中不可缺少的一个很重要的环节，也是签订买卖合同的必经阶段和法定程序。

交易磋商的程序可概括为 4 个环节：询盘（inquiry）、发盘（offer）、还盘（counter-offer）和接受（acceptance）。其中发盘和接受是必不可少的两个基本环节。

1. 询盘

询盘是指交易的一方准备购买或出售某种商品，向对方询问买卖该商品的有关交易条件。询盘的内容可涉及价格、品质、数量、包装、装运及索取样品等，而多数询盘只是询问价格。所以，业务上常把询盘称作询价。在国际贸易业务中，有的询盘表达了与对方进行交易的愿望，希望对方接到询盘后及时发出有效的发盘，以便考虑接受与否；也有的询盘只是想探询一下市价，询问的对象也不限于一人，发出询盘的一方希望对方开出估价单，但这种估价单不具备发盘的条件，所报出的价格也仅供参考。

2. 发盘

（1）发盘的定义及具备的条件

发盘又称报盘、发价、报价（quote），法律上称之为"要约"，是指"向一个或一个以上特定的人提出的订立合同的建议"。如果十分确定并且表明发盘人在得到接受时承受约束的意旨，即构成发盘。一个建议如果写明货物并且明示或暗示地规定数量和价格或规定如何确定数量和价格，即为十分确定的发盘。发盘可以是应对方询盘的要求发出，也可以是在没有询盘的情况下，直接向对方发出。发盘一般是由卖方发出的，但也可以由买方发出，业务上称买方的发盘为递盘（bid）。从以上定义可以看出，一个有效的发盘必须具备下列 4 个条件。

1）向一个或一个以上的特定人提出。发盘必须指定可以表示接受的受盘人，受盘人可以是一个，也可以指定多个。不指定受盘人的发盘，仅视为发盘的邀请，或称邀请做出发盘。

2）表明订立合同的意思。发盘必须表明严肃的订约意思，即发盘应该表明发盘人在得到接受时，将按发盘条件承担与受盘人订立合同的法律责任。这种意思可以用"发盘"、"递盘"等术语加以表明，也可不使用上述或类似的术语和语句，而按照当时谈判情形，或当事人之间以往的业务交往情况或双方已经确立的习惯做法来确定。

3）发盘内容必须十分确定。发盘内容的确定性体现在发盘中所列的条件是否是完整的、明确的和终局的。按上述定义，如果一项发盘中包含货物名称、数量、价格，即可认为是十分确定。只要受盘人对该发盘表示接受，合同即告成立，其他条件可以在合同成立后补充。

4）送达受盘人。发盘于送达受盘人时生效。

上述 4 个条件，是《联合国国际货物销售合同公约》[①]（以下简称《公约》）对发盘的基本要求，也可称为构成发盘的 4 个要素。

发盘一般采用下列词语来表示：发盘、发实盘（offer firm/firm offer）、报价、递盘。

（2）发盘的撤回和撤销

《公约》对发盘生效时间进行了明确规定："发盘在送达受盘人时生效。"那么，发盘在未被送达受盘人之前，如发盘人改变主意，或情况发生变化，这就必然会产生发盘的撤回和撤销的问题。在法律上，"撤回"和"撤销"属于两个不同的概念。撤回是指在发盘尚未生效，发盘人采取行动，阻止它的生效。而撤销是指发盘已生效后，发盘人以一定方式解除发盘的效力。

《公约》规定："一项发盘，即使是不可撤销的，也可以撤回，如果撤回的通知在发盘到达受盘人之前或同时到达受盘人。"根据《公约》的规定，发盘可以撤销，其条件如下：发盘人撤销的通知必须在受盘人发出接受通知之前传达到受盘人。但在下列情况下，发盘不能撤销。

1）发盘人规定了有效期，即在有效期内不能撤销。如果没有规定有效期，但以其他方式表示发盘不可撤销（如在发盘中使用了"不可撤销"字样），那么在合理时间内也不能撤销。

2）受盘人有理由信赖该发盘是不可撤销的，并采取了一定的行动。

（3）发盘的失效

《公约》规定："一项发盘，即使是不可撤销的，于拒绝通知送达发盘人时终止。"这就是说，当受盘人不接受发盘的内容，并将拒绝的通知送到发盘人手中时，原发盘就失去效力，发盘人不再受其约束。

此外，在贸易实务中还有以下 3 种情况可造成发盘的失效。

1）发盘人在受盘人接受之前撤销该发盘。

2）发盘中规定的有效期届满。

3）其他方面的问题造成发盘失效，包括政府发布禁令或限制措施造成发盘失效、发盘人死亡、法人破产等特殊情况。

---

①《联合国国际货物销售合同公约》（United Nations Convention on Contracts for the International Sales of Goods，CISG）是由联合国国际贸易法委员会主持制定的，1980 年在维也纳举行的外交会议上获得通过。公约于 1988 年 1 月 1 日正式生效。1986 年 12 月 11 日我国交存核准书，在提交核准书时，提出了两项保留意见：不同意扩大《公约》的适用范围，只同意《公约》适用于缔约国的当事人之间签订的合同；不同意用书面以外的其他形式订立、修改和终止合同。

3. 还盘

还盘又称还价，法律上称为"反要约"。是指受盘人在接到发盘后，不能完全同意发盘的内容，为了进一步磋商交易，用口头或书面形式对发盘提出修改意见。还盘不仅可以对商品的价格提出意见，也可以就交易的其他条件提出意见。还盘的形式可以不同，有的明确使用"还盘"字样，有的则不使用。一般将不同条件的内容通知对方，即意味着还盘。

还盘是对发盘的拒绝或否定。还盘一经做出，原发盘即失去效力，发盘人不再受其约束。

4. 接受

接受在法律上称为"承诺"，就是交易的一方在接到对方的发盘或还盘后，以声明或行为向对方表示同意。接受和发盘一样，既属于商业行为，也属于法律行为。对接受的相关问题在《公约》中也有较明确的规定。

根据《公约》的解释，构成有效的接受要具备以下 4 个条件。

1）接受必须由受盘人做出。其他人对发盘表示同意，不能构成接受。这一条件与发盘的第一个条件是相呼应的。发盘必须向特定的人发出，即表示发盘人愿意按发盘的条件与受盘人订立合同，但并不表示他愿意按这些条件与任何人订立合同。因此，接受由受盘人做出才具有效力。

2）受盘人接受必须表示出来。要采取声明的方式，即以口头或书面的声明向发盘人明确表示出来。另外，还可以用行为表示接受。

3）接受的内容要与发盘的内容相符。就是说，接受应是无条件的。但在业务中，常有受盘人在答复中使用了接受的字眼，但又对发盘的内容进行了增加、限制或修改。这在法律上称为有条件的接受，不能成为有效的接受，属于还盘。

4）接受的通知要在发盘的有效期内送达发盘人才能生效。发盘中通常都规定有效期，这一期限有双重意义：一方面，它约束发盘人，使发盘人承担义务，在有效期内不能任意撤销或修改发盘的内容，过期则不再受其约束；另一方面，发盘人规定有效期，也是约束受盘人，只有在有效期内做出接受，才有法律效力。

在国际贸易中，由于各种原因，导致受盘人的接受通知有时晚于发盘人规定的有效期送达，这在法律上称为"迟到的接受"或逾期接受。对于逾期接受，发盘人不受其约束，不具法律效力，但也有例外。《公约》中规定逾期接受在下列两种情况下仍具有法律效力：①如果发盘人毫不迟延地用口头或书面的形式将愿意使合同成立的意思通知受盘人；②如果载有逾期接受的信件或其他书面文件表明，在传递正常的情况下是能够及时送达发盘人的，那么这项逾期接受仍具有接受的效力，除非发盘人不同意并毫不迟延地用口头或书面方式通知受盘人发盘已经失效。

自我评价

完成情况及得分 评价项目	很好（5）	良好（4）	一般（3）	较差（2）	很差（1）	分项得分
翻译订单条款是否准确						
是否能准确把握合作企业的选择标准						
能否掌握寻找潜在合作企业的渠道						

续表

完成情况及得分 评价项目	很好（5）	良好（4）	一般（3）	较差（2）	很差（1）	分项得分
能否顺利通过软件为潜在客户建档						
能否掌握企业法人登记注册的主要信息内容						
能否掌握验厂的主要内容						
能否撰写验厂报告						

 课后训练

一、请根据以下订单完成后面的审单记录表

宁波晨晨有限公司（NINGBO CHENCHEN CO.,LTD.）是一家流通性外贸企业，2010年12月15日该公司收到德国 AAA COMPANY INC.的订单如下。

ORDER NO.:AAA20101215

DATE: 14 DEC, 2010

SUPPLIER: NINGBO CHENCHEN CO., LTD.

ADDRESS:NO.118 XUEYUAN ROAD,

NINGBO,CHINA

DESCRIPTION OF GOODS:

LADIES JACKET, WOVEN, FUR AT COLLAR,WITH BRONZE-COLOURED BUTTONS, 2 POCKETS AT FRONT AND 2 POCKETS WITHOUT FLAPS AT CHEST, INSIDE POCKET&INSIDE MOBILE PHONE POCKET, LIKE ORIGINAL SAMPLE BUT WITHOUT FLAPS AT CHEST.

COUNTRY OF ORIGIN:CHINA

CODE NO.:6202920001

DOCUMENTS: CERTIFICATE OF ORIGIN

QUALITY:

SHELL:100% COTTON TWILL 20×16/128×60，REACTIVE DYED,STONE WASHED

LINING: 100% POLYESTER, BODY 140G, SLEEVE 120G

UNIT PRICE: USD7.10/PC FOB NINGBO

QUANTITY: 14400PCS

AMOUNT: USD102240.00

MORE OR LESS 1% OF THE QUANTITY AND THE AMOUNT ARE ALLOWED

TERMS OF PAYMENT: L/C 90 DAYS AFTER B/L DATE

DATE AND METHOD OF SHIPMENT: 20 JUN., 2011-30 JUN., 2011 BY SEA; OTHERWISE 1 JUN., 2011-15 JUL., 2011 ON SELLER'S ACCOUNT BY AIR.

PORT OF LOADING: NINGBO

PORT OF DESTINATION: HAMBURG

PARTIAL SHIPMENT: PROHIBITED

FORWARDING AGENT: KUEHNE AND NAGEL

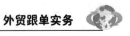

ASSORTMENT(TOTAL ASSORTMENT=8)	S	M	L	XL	XXL
	36/38	38/40	40/42	42/44	44/46
BROWN LIKE ORG. SAMPLE	1	1	1	1	1
GREY LIKE APPROVAL SAMPLE OF 980830/00 ADVISED ON 20.02.2011		1	1	1	
SIZE SPECIFICATION	S	M	L	XL	XXL
	36/38	38/40	40/42	42/44	44/46
1/2 CHEST	54	56	59	62	65
1/2 WAIST	52	54	57	60	65
1/2 BOTTOM	56	58	61	64	67
LENGTH AT CB	62	64	66	68	70
WHOLE SHOULDER	45	46	47	48	49
ARMHOLE STRAIGHT	26	27	28	29	30
SLEEVE	62	63	64	65	66
CUFF WIDTH	16	16	17	18	18
NECK WIDTH	22	22	23	23	24
FRONT NECK DROP	7	7	7	7	7
NECK HEIGHT AT CB	8	8	8	8	8
SUBJECT OF APPROVAL SAMPLE					

SELLING PRICE	GERMANY: EUR22.99 AUSTRIA: EUR26.99		
HANGTAG	PRICING/AAA HANTAG WITH LOGOS EC,DA,AA,BD	POSITION	THROUGH NECKLABEL
HANGTAG/PRICE STICKER	ATTENTION: IN ADDITION TO THE REQUIRED INFORMATION ON THE HANGTAG/PRICE STICKER THERE MUST BE PRINTED "HERGESTELIT+++"(NOT SMALLER THAN WRITING SIZE 7)		
SEW IN LABEL	ON THE CARELABEL THERE MUST BE PRINTED "MIT +++++"		

PACKING	THE CARTON MEASUREMENT WHICH CAN BE USED
8 PCS PER EXPORT CARTON,ASSORTED COLOURS AND SIZE,PER COLOUR IN BLISTER POLYBAG	120×40CM,80×60CM,69×40CM,40×30CM,30×20CM,20×15CM THE MIN. HEIGHT OF THE CARTON MUST BE 10CM THE MAX. WEIGHT OF A CARTON IS 15KG.
SAMPLE	SEW IN LABEL

APPROVAL SAMPLES TO BE SENT LATEST 30 JAN., 2011 LAB DIPS TO BE SENT LATEST 28 FEB.,2011 HANGTAG/LABEL TO BE SENT LATEST 20 APR.,2011 PRE-PRODUCTION SAMPLES TO BE SENT LATEST 05 MAY.,2011	AAA WOVEN LABEL WITH SIZE LABEL BESIDE,AT SIDE SEAM COMPOSITION AND CARE INSTRUCTIONS: SHELL:100% COTTON LINING:100% POLYESTER PADDING:100% POLYESTER FUR:100% ACRYLIC FIRST TIME WASH SEPARETELY,WITH SIMILAR COLOURS AND INSIDE OUT. +ORDER NUMBER ON EACH REQUIRED.

PURCHASE CONDITIONS:

ATTN.-AZO AND NICKEL.

THE IMPORT AND SALE OF PRODUCTS WITH AZO-COLOURS AND NICKEL ACCESSORIES INTO GERMANY IS STRICTLY FORBIDDED.THE SUPPLIER WARRANTS THAT THE MANUFACTURE OF THE DELIVERED GOODS HAS NOT INVOLVED WORK BY CHILDREN IN AN EXPLOITING, HEALTH-ENDANGERING OR SLAVE-LIKE MANNER, FORCED LABOUR OR EXPLOITATIVE PRISON WORK.

THE MATERIAL COMPOSITION OF EACH ARTICLE HAS TO BE ADVISED; FOR GARMENTS ON THE SEW-IN LABEL IN FOLLOWING LANGUAGES: GERMAN, ENGLISH, SPANISH AND FRENCH; FOR NON-TEXTILES ON THE PACKING ACCORDING TO THE SPECIAL INSTRUCTIONS WHICH WILL BE SPECIFIED FOR EACH INDIVIDUAL ORDER.

IF THE LABELING OR PRICING OF THE GOODS IS NOT CORRECT, WE WILL DEBIT THE SUPPLIER 3% OF PURCHASE PRICE.

PLACE OF PERFORMANCE AND COURT OF JURISDICTION: DORTMUND/GERMANY.

SHIPPING MARKS:

　　　　　　　　　　050526

　　　　　　　　　　AAA

　　　　　　　　　　HAMBURG

　　　　　　　　　　C/NO.:1-UP

SIDE MARKS:

　　　　　　　　　　LIEF-NR:70019

　　　　　　　　　　AUFTR.NR:050526

　　　　　　　　　　EKB:DOB1

　　　　　　　　　　WGR.:938

　　　　　　　　　　ST/KRTN　　1/:8

　　　　　　　　　　　　SPKA2699

　　　　　　　　　　　　SPKD2499

　　　　SIGNATURE　　　　　　　　　　　　　　　　SIGNATURE

　　　　(SELLER)　　　　　　　　　　　　　　　　　(BUYER)

审单记录表

订单条款	审核要点	备注
品名条款		
品质条款（样品）		
数量条款		
交货期限		
装运港、目的港		
分批装运与转运条款		
交易条件		
支付方式		
包装条款		
检验条款		
不可抗力条款		
索赔条款		
仲裁条款		
其他补充条款		

二、关于订单的实践操作

1．阅读理解订单内容，把下列条款翻译成中文并回答相关问题。

（1）DESCRIPTION OF GOODS:

LADIES JACKET, WOVEN, FUR AT COLLAR, WITH BRONZE-COLOURED BUTTONS, 2 POCKETS AT FRONT AND 2 POCKETS WITHOUT FLAPS AT CHEST, INSIDE POCKET&INSIDE MOBILE PHONE POCKET,LIKE ORIGINAL SAMPLE BUT WITHOUT FLAPS AT CHEST.

　　1）译文：＿＿＿＿＿＿＿＿＿＿＿＿

　　2）问题：什么是 woven 面料？

（2）UNIT PRICE: USD7.10/PC FOB NINGBO

　　　　QUANTITY: 14400PCS

　　　　AMOUNT: USD102240.00

　　　　MORE OR LESS 1% OF THE QUANTITY AND THE AMOUNT ARE ALLOWED

　　1）译文：＿＿＿＿＿＿＿＿＿＿＿＿

　　2）问题：在该业务中，保险和托运业务分别由谁办理，为什么？

（3）TERMS OF PAYMENT:

　　　　L/C 90 DAYS AFTER B/L DATE

　　1）译文：＿＿＿＿＿＿＿＿＿＿＿＿

　　2）问题：按信用证的付款方式分类，该订单向下的信用证叫什么信用证？英文如何书写？受益人是否需要出具汇票？

（4）翻译下列专业术语。

英文	中文
Size Specification	
1/2Chest	
1/2 waist	
1/2 hip	
1/2 bottom	
Shoulder	
Armholes straight	
Sleeve length	

2. 判别下列内容分别属于交易磋商的哪个环节？列出最终达成的交易条件。

（1）WHITE SNOW BRAND CHILDREN TOY TY22 BEAR TY23 DOG TY24 DUCK PLS FAX REPLY BEST PRICE AND AVAILABLE QUANTITY FOR JAN SHIPMENT.

（2）YOURS 8TH OFFER SUBJECT TO REPLY HERE WITHIN 5 DAYS CIF OSAKA 2 000PCS TY22 BEAR USD 0.45 2 000 PCS TY23 DOG 0.60 3 000PCS TY24 DUCK 0.50 FEB SHIPMENT SIGHT L/C IN CARTONS OF 500 PCS EACH.

（3）YOURS 10TH USD0.36 0.48 0.40 3 000PCS EACH JAN/FEB 30DAYS L/C REPLY 15TH.

（4）YOURS 12TH 3 000 PCS EACH USD0.40 0.53 0.44 JAN/FEB SHIPMENT COVERING INSURANCE FOR 110 PERCENT OF INVOICE VALUE AGAINST ALL RISKS WAR RISK OTHERS SAME AS OURS 8TH.THE OFFER IS VALID FOR ONE WEEK.

（5）ACCEPT PLEASE SENT SALES CONTRACT IN DUPLICATE.

项目二　样品制作与寄送

项目导入

样品对于进出口企业是非常重要的。许多进出口企业都会投入较多的人力、物力筹集和准备样品，建立品种多样的样品展示室（厅）等。因为进出口企业都共性地意识到：样品质量是直接关系到成交率，关系到企业生存的大问题。所以跟单员在样品管理的工作中，一定要高度重视样品的作用。

诚通进出口贸易公司在选定了富亚达服饰有限公司进行合作后，业务部经理指示 Ruby 积极与外贸业务员 Sammi 沟通，全权负责接下来的样品制作与寄送，而且要在国外客户规定的时限内顺利完成。

知识目标

1. 了解样品的种类及各种样品的作用。
2. 掌握《样品生产通知单》、《样品修改通知单》的制作要求。
3. 懂得如何分析样品制作要求。
4. 懂得如何评估样品品质。
5. 掌握寄样的方式、时间及跟踪方法。
6. 掌握样品寄送的费用核算方法。

能力目标

1. 能够按照进口商来函分析样品制作要求。
2. 能够正确制作《样品生产通知单》、《样品修改通知单》。
3. 能够在规定时间完成小样的制作。
4. 能够对样品进行分析及检验。
5. 能够根据各客户要求将各类样品进行留存。
6. 能够形成客户样品卡，并交由相关部门进行寄样。
7. 能够按时寄送样品并进行跟踪。
8. 能够将寄给买方的样品进行留样归档。

素质目标

1. 培养耐心细致、一丝不苟的工作作风。
2. 培养吃苦耐劳、爱岗敬业的职业道德。
3. 培养良好的服务意识及团队合作精神。

任务分解

任务一　分析客户要求

任务二　制作样品生产通知单

任务三　检查样品质量

任务四　制作样品修改通知单

任务五　寄送与留存样品

任务一　分析客户要求

【操作步骤】

1．Ruby 提炼订单中有关样品的要求。

2．Ruby 为样品管理制作时间表。

【操作分析】

一、分析客户对样品的要求

在诚通进出口贸易公司与富亚达服饰有限公司签订加工合同后，Ruby 就与富亚达服饰有限公司的外贸业务员小沈联系，确认各种样品生产的时间。接下来，小沈请 Ruby 将国外客户对各种样品的要求和工艺单用 E-mail 发送到富亚达服饰有限公司的信箱。

于是，Ruby 根据订单条款整理好了样品种类与寄送要求，并将其和产品样图、工艺单一起用 E-mail 发送给了小沈。寄送要求如图 2-1 所示，产品样图如图 1-1 所示。

样品种类	寄送时间要求	数量要求
机织样（Handloom）	2010 年 3 月 31 日前送达买方	1 件
确认样（Approval sample）	2010 年 4 月 10 日前送达买方	每个货号 3 件 M 码
产前样（Pre-production sample）	2010 年 4 月 15 日前送达买方	每个货号 3 件 M 码
辅料（Accessories）	2010 年 4 月 20 日前送达买方	
齐码船样（Shipping sample for all size）	2010 年 5 月 31 日前送达买方	每个货号每码 1 件（S、M、L、XL）

具体规格要求

规格/尺码	S	M	L	XL
胸围	80	90	100	110
颈宽	39	40	41	42
袖长	59	60	61	63
领高	10	10	10	10
面料与规格	50%亚麻和 50%棉灰色面料　12×12　52×52			
绣花色及面料	不能含有偶氮			
主标	PR logo　位置：后颈中			
洗标	显示正确成分和洗涤说明　位置：左摆缝下摆朝上 7 厘米处			
吊卡	PR logo　位置：打在主标上			

图 2-1　寄送要求

二、制作样品管理时间表

为了便于管理样品，Ruby 自己制作了一份样品管理时间表，如图 2-2 所示。

订单号	TX9086		
样品种类	数量	生产时间	寄送时间
机织样（Handloom）	1 件	1 天	2010 年 3 月 31 日前
确认样（Approval sample）	3 件 M 码	1.5 天	2010 年 4 月 10 日前
产前样（Pre-production sample）	3 件 M 码	1.5 天	2010 年 4 月 15 日前送达买方
辅料（Accessories）			2010 年 4 月 20 日前送达买方
齐码船样（Shipping sample for all size）	每码 1 件（S、M、L、XL）	1 天	2010 年 5 月 31 日前送达买方

注 意 事 项			
规格/尺码	S	M	L	XL
胸围	80	90	100	110
颈宽	39	40	41	42
袖长	59	60	61	63
领高	10	10	10	10
面料与规格	50%亚麻 50%棉灰色面料 12×12 52×52			
绣花色及面料	不能含有偶氮			
主标	PR logo 位置：后颈中			
洗标	显示正确成分和洗涤说明 位置：左摆缝下摆朝上 7 厘米处			
吊卡	PR logo 位置：打在主标上			

图 2-2   样品管理时间

 理论概述

一、样品的含义

样品是指从一批商品中抽出来的或由生产使用部门设计、加工出来的，足以反映和代表整批商品品质的少量实物。

二、样品的重要性

样品具有重要的作用，主要体现在以下几个方面。

1）样品是一个企业的形象代表。

2）样品是产品品质的代表。

3）样品是价格的代表。

4）样品是生产的代表。

5）样品是验货和索赔的依据。

三、样品的分类

样品的种类很多，一般常用的有宣传推广样（sales sample）、参考样（reference sample）、测试样（test sample）、修改样（modified sample）、确认样（approval sample）、成交样（deal sample）、产前样（pre-production sample）、生产样（production sample ）、出货样（pre-shipment sample）等。此外，在不同的行业还有针对本行业的样品分类。

1. 宣传推广样

宣传推广样是指企业用于境内外参展、对外展示的实物。该类样品一般是从一批商品中抽取出来的，或是由生产使用部门设计加工出来，能代表今后交货质量的实物，通过该类样品的实物形态向公众反映出商品品质全貌。

2. 参考样

参考样是指卖方向买方提供仅作为双方谈判参考用的样品。参考样与成交样品的性质不同，不作为正式的检验依据。该类样品寄给买方只作为品质、样式、结构、工艺等方面的参考，为产品的某一方面达成共识创造条件。

3. 测试样

测试样是指交由买方客户通过某种测试检验卖方产品品质的样品。如果测试结果不能达到客户的要求，客户可能不会下单订货。

4. 修改样

修改样是指买方对样品的某些方面提出修改，修改后卖方又重新寄回买方确认的样品。

5. 确认样

确认样是指买卖双方认可、最后经买方确认的样品。一旦买方确认，卖方就必须据此来生产产品。在完成确认样品后，必须由技术检验部门评估，只有经技术检验部门评估合格的样品才可发送给客户。评估重点是以下方面。

1）所选的材料是否与客户要求完全一致。

2）样品各个部位的尺寸是否与客户的图纸完全一致。

3）样品的颜色和包装是否与开会的要求完全一致。

4）样品的数量是否与开会的要求完全一致。

5）本企业是否有留样。留样至少需保留一件，以便作为日后生产大货订单的实物依据。

确认样要打好，就要注意生产的难度，生产工艺达不到的样品，绝对不能作为确认样寄给客户。

6. 成交样

成交样是指卖方交付的标的物与买方保留的样品具有同一质量标准的实物。凭成交样品买卖的商品不多，一般限于不能完全使用科学方法和使用文字说明表示品质的产品。凭成交样品的买卖与一般买卖的区别在于，凭样品买卖在订立合同时就存在样品，并且当事人在合同中明确约定"标的物的质量必须与样品的质量保持一致"或"按样品买卖"等字样。如果当事人未在合同中明确规定，即使卖方已向买方提供了样品，也不为凭样品买卖。

凭成交样买卖有以下几种情况。

1）由卖方或买方提出，经过双方确认。

2）由买方提供样品，经卖方复制样品（又称回样），再寄给买方确认。

3）由买卖双方会同签封。

4）申请出入境检验检疫机构签封，一般以相同的样品一式三份，经审核后签封，买卖双方各执一份，另一份由出入境检验检疫机构留存，供今后检验时对照。

跟单员对出口商品的成交样品要慎重把握，成交样必须具有代表性，应当能够代表今后交货的实际质量，不能偏高或偏低。偏高可能造成今后履约交货困难或引起出口后国外客户索赔，偏低则可能在成交时不能提高卖价。成交样品必须预留完全相同的复样，并健全编号、登记、保管制度，以免错乱。

7. 产前样

产前样是指生产之前需寄客户确认的样品。一般是客户为了确认大货生产前的颜色、工艺等是否正确，向卖方提出的基本要求之一。

以纺织服装为例：在大货面料出来后，为了保证大货生产的准确性，在裁剪前，先以大货面料和辅料生产几件产品给客户，以提高客户对大货生产的信心。

如果客户对产前样确认，提升为确认样，此时，要求产前样不能用其他原材料替代，必须用与之一致的原材料（包括辅料）生产。在客户完全认可产前样后，方可大批量进行大货生产。

8. 生产样

生产样是指在大货生产中随即抽取的样品。该类样品反映大货生产时的品质等情况，客人根据生产样，可能会做出一些新的改进指示。

9. 出货样

出货样是指完成大货生产后随即抽取的样品。有些客户就根据这个样品来决定这批货的品质。

此外，在不同的行业中，还有与该行业对应的其他样品种类。例如，款式样（pattern sample）、广告样（salesman sample）、齐色齐码样（size/colored set sample）、水洗样（washed sample）、船样（production/shipping sample）、色样（lap-DIP）、绣（印）花样（embroidery/printed sample）、辅料样（accessory material sample）等。

以纺织服装为例介绍以上几种出货样。

（1）款式样

款式样主要是给客户看产品的款式和工艺水平。一般情况下用同类布料（即可用代替面料和辅料）打样，主要用于设计师看款式效果及生产的用料，但当有配色时，一定要搭配合适才行，尺寸做工完全按照客户工艺指示办理。

（2）广告样

广告样是在订单确定后，客户用来扩大宣传、增加销售量的样品。一般要求齐色齐码，外观效果要好，起到门面宣传作用。另外，广告样必须提前安排，一般是在大货生产量的50%时，必须完成广告样。

（3）齐色齐码样

齐色齐码样是客户要求出口商按照其工序要求，提供所有颜色和尺寸的样品。

（4）水洗样

水洗样是产品进行水洗生产工序后的样品，目的是检查成衣经过水洗后，成衣尺寸是否变化，成衣的形态如何。若发现水洗对成衣影响较大时，须查找原因，提出解决办法，如提前做好面料的预缩来控制缩水率等。

（5）船样

船样是代表出口货物品质水平的样品，又称"船头版"或"大货版"。如大货是以海运方式运输出口的，则要求船样以空运方式直接寄给客户。在计算出口数量时，一般要将船样的数量一并计算在内。由于船样是先于大货到达客户手中的，有时它是客户检验大货品质，签发《检验报告》的依据，因此跟单员提供合格的船样较为重要。

（6）色样

色样是出口商（生产商）按客户的"色卡"要求，对面料和辅料进行染色后的样品。出口商（生产商）的同一种颜色的色样至少要有 3 种，以便客户确认最接近的颜色（即确认 3 种色样中的 1 种）。同时，出口商（生产商）不仅要保留客户的原"色卡"，而且也要保留客户确认的"色卡"。由于光线会影响人的眼睛对颜色的辨认，因此，颜色的核对，必须在统一的光线下进行。通常需要在自然光或专用灯箱光线下进行颜色的辨认。

（7）绣（印）花样

绣（印）花样是对面料、成衣等进行绣（印）花图案后的样品。往往需要用正确颜色的布、线进行模仿打样，以示生产商有能力按客户的要求生产。在模仿打样时，首先要制版和染色，然后生产制作。特别是绣花，绣花线一定要用正确颜色，如确有难度，可以与客户沟通另行安排。绣（印）花材料必须保证准确，如颜色搭配、花型等，如有不明确的地方，要及时与客户沟通，争取缩短确认周期。由于绣（印）花涉及工序多，不确定因素多，通过打确认样，不仅可以展示生产实力，而且可以测算生产周期，比较准确地计算大货生产时间，从而确定交货时间。

（8）辅料样

辅料样是通过采购或加工生产的辅料样品。因生产企业大多需要外购辅料，外购辅料存在诸多不确定因素，通过辅料采购，能够发现辅料生产采购过程中的不确定因素，同时也可以了解辅料的加工费用和时间。跟单员要对以前及以后采购的辅料价格、规格、牌号、标准等资料进行汇总，便于以后出现同类辅料时方便查询。

任务二　制作样品生产通知单

【操作步骤】

1．Ruby 通过 E-mail 接受小沈发送的电子版的样品生产通知单。

2．Ruby 填写空白的样品生产通知单送交业务部签署。

3．Ruby 将经过签署的样品生产通知单以快递方式寄给小沈。

【操作分析】

一、填写空白的样品生产通知单

小沈发送的电子版的空白的样品生产通知单如表 2-1 所示。

Ruby 按照实际情况，在修改了空白样品生产通知单的基础上填写好此单，如表 2-2 所示。

表2-1　　××公司样品生产通知单

制单编号：_____　　落单：_____　　总重量：_____　　制单日期：_____

款号：_____　　厂名：_____　　用量：_____　　落货日期：_____

载数：_____　　　　　　　　　　　　　　　　　　　　　　FOB：_____

回货数：_____　　　　　　　　　　　　　　　　　　　　售价：_____

（产品图片）

颜色					
号型					
比例					

英寸　号型					
衫长（胸头度）					
胸阔（夹下1/2″）					
脚阔					
袖长（后中度）					
脾阔					
袖口阔					
领阔（肩至肩）					
前领深					
领高					
袖口、衫脚高					

总　　件					

（1）请接布或接裁片后（　小时内）做一件批办回公司，本公司批办后方可大货生产

（2）请接布或接裁片后（　小时内）做齐色办各　件（男装　码，女装　码）和生产部存办　件

（3）注意领尺寸，偏差不得超过±1/4，袖长不得超过±1/2

（4）衫长、袖长、胸阔、脚阔偏差不得超过±1/2

（5）其他尺寸不可以有偏差，袖口要保证过手

（6）牛角袖、袖口、衫脚加坟根。配色不能错

（7）其他

公司联系人：　　　　联系电话：　　　　传真：

公司签章：　　　　　联系地址：

表2-2　富亚达服饰有限公司样品生产通知单

制单编号：02110　　　落单：1　　　　制单日期：2010.3.17
款号：　　　　　　　　厂名：　　　　落单日期：
款式图：男式灰色织长袖衬衫　　　　总重量：　　　FOB：
布类：50%亚麻、50%棉不含　　　　用量：　　　　售价：
偶氮　衬衫布料12×12　52×52　　　载数：
克重：200克　　　　　　　　　　　回货数：

颜色	号型	S 165/100	M 170/105	L 175/110	XL 180/115
	比例	1	1	1	1
	A版			1	
藏青 DN32		2 500	2 500	2 500	2 500
藏青 DN15		2 500	2 500	2 500	2 500
总 20 000 件		5 000	5 000	5 000	5 000

英寸 号型	S 165/100	M 170/105	L 175/110	XL 180/115	XXL 180/120
衫长（膊尖度）	25 1/2	26 1/4	27 1/2	28 1/2	29 1/4
胸阔（夹下1/2）	21	21 3/4	22 1/2	23 1/4	24
脚阔	17 3/4	18 1/2	19 1/4	20	20 3/4
袖长（后中度）	59	60	61	63	59
膊阔	7 1/4	7 3/4	8 1/4	8 3/4	9 1/4
袖口阔	4	4	4 1/2	4 1/2	4 1/2
领阔（骨至骨）	7	7	7 3/4	7 3/4	7 3/4
前领深			2		
领高			10		
袖口、衫脚高			1		
面料	100%亚麻不含偶氮　12×12　52×52				
胸围	80	90	100	110	
领宽	39	40	41	42	

（1）请接布成裁片后（二十四小时内）做1件机织样1件寄回公司，本公司批办后方可大货生产
（2）请接公司指示后（三十六小时内）做确认样3件（M码）和生产部存办1件（M码）回本公司
（3）请接公司指示后（三十六小时内）做产前样3件（M码）和生产部存办1件（M码）回本公司
（4）请接公司指示后（二十四小时内）提供齐码船样各1件（S、M、L、XL）和业务部各存办1件
回本公司
（5）绣花色不含偶氮

宁波诚通进出口贸易公司
NINGBOCHENGTONG IMP&EXP
TRADING CO.,LTD

联系电话：0574-88122230　　　传真：0574-88122231
联系地址：浙江宁波市鄞州区机场路228号

公司联系人：李玮
公司签章：

二、签署填写好的《样品生产通知单》

Ruby 检查好已填写的《样品生产通知单》后将其交给业务部经理审阅并签章（图 2-2）。

 理论概述

一、服装测量方法

（一）上装测量方法

1. 零部件（领、帽）测量方法

（1）领子测量

A01 领围，领全围：钮扣中心到钮孔前边。A02 下领长：上领与领座接缝处的距离。A03 领长和领围：按领接缝处，两边之间的距离。A04 领边领长：从领尖的一端到另一端。A05 后中领高：量后中领边到缝份处；A06 后中领座高：后中量，领与领座，领座与成衣之间的距离。A07 领尖长：从领尖点到缝份的距离。A08E 前领深（边）：从假想肩点的一条直线到前领的距离。A08S 前领深（缝份）：从假想线到前领的缝份处。A09 后领深：从假想线到后领的距离。A10 后中罗纹领高：对于罗纹领和和尚领量缝份处领边。A11E 前领宽（边）：领开口，从肩两点直线量。A11S 领宽（接缝处）：包括罗纹领，量缝份处，无领宽量折好后两边。A12 大翻领（CARD 领）：从两肩点的假想线到第一个钮扣中心线。A13 高领和尚领、文化衫领：领开口处的两边之间距离。A14 立领高：领开口处到领缝份之间的距离。领子测量相关内容如图 2-3 所示。

（2）帽子测量

A15 帽宽中心边：把帽对折，量后折处到开口的中间点为帽的高。A16 帽高开口边：对折平放量从顶端到连接处。A17 帽高（深）肩顶处：肩顶到帽领连接处（直量）。A18 帽长：后中弧长，帽对折平放，从帽顶到领帽的连接处。A19 帽绳长：帽绳拉紧时内无打结，两头拉齐的长度两倍。帽子测量相关内容如图 2-4 所示。

2. 衬衫测量方法

A20 领展：衣服纽扣扣好，两领尖之间的距离，量时衣服要适当地压平。A21 领隙：衣服纽扣扣好后，量两边领与领座连接处两者之间的距离。B22 前门襟宽：成品后门襟的边对边，或边对缝线。B23 钮距：纽扣之间的距离。B24 袋位：从肩处分割点往下直量到袋口的距离。B25 袋位：从肩对折处往下量到袋口的距离。B26 袋位：袋前中线到钮扣之间的距离。B27 前胸宽：两袖弧线之间的最短距离。B28 胸围：袖笼下 1"，两边缝份之间的距离。B29 下摆：衣服纽扣放平，量底边之间的直线距离。B30 下摆弧度：衣服纽扣放平，量完成的边到边沿着下摆边的自然曲线。B31 肩宽：袖弄到领连接处，袖弄与肩的连接处沿着肩的缝份测量。B32 后背宽：两袖弧线之间的最短距离。B33 袖长：量肩点到袖口之间的长度。B34 后中育克高：从领后中到缝份的直线距离。B35 后背褶宽：褶边到边的距离。B36 袖肥：袖弄下 1 厘米处沿袖口平行线量。B37 后中衣长：从领或领围与大身连接处到最下面的距离。B38 下摆前开叉高：量有效开叉高或长度。B39 下摆后开叉高：如果与前开叉高度相同，以前面的尺寸为准。B40 袖门襟总长：从门襟连接处到门襟底端包括所有门襟针迹方框等。B41 袖门襟有效开口：从门襟/克夫连接处或袖门襟边到有效开口处。B42 袖门宽：从完成的边到边或到门襟针迹处。B43 袖口克夫高：袖口边到袖口与袖子连接处的距离。B44 袖口宽：袖口边与边之间的距离。衬衫测量相关内容如图 2-5 所示。

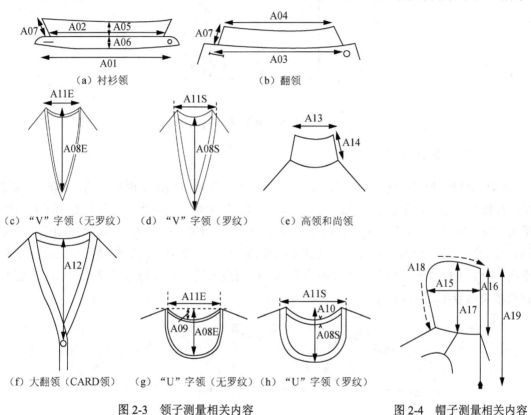

（a）衬衫领　　　　　　　（b）翻领

（c）"V"字领（无罗纹）　（d）"V"字领（罗纹）　（e）高领和尚领

（f）大翻领（CARD领）　（g）"U"字领（无罗纹）（h）"U"字领（罗纹）

图 2-3　领子测量相关内容　　　　　　　图 2-4　帽子测量相关内容

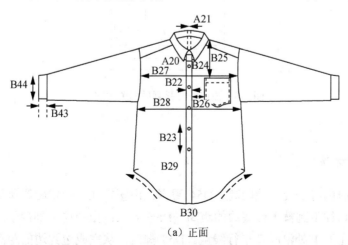

（a）正面

图 2-5　衬衫测量相关内容

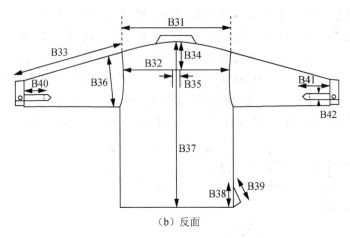

（b）反面

图 2-5 衬衫测量相关内容（续）

3. 插肩袖套衫的测量方法

C45 前肩领长（缝份）：肩的最高点，肩与领的连接点到最下面的距离。C46 下摆放松：在自然状态下，下摆边与边之间的距离。C47 肩袖长：由肩点缝份处到袖口最底边的距离。C48 袖肥：袖弄下 1"处沿袖口平行线量。C49 袖口宽：袖口边与边之间的距离。C50 袖口克夫高：袖口边到袖口与袖子连接处的距离。C51 下摆克夫高：底摆到与之连接处的距离。C52 下摆拉伸：没有拉断线的情况下，拉到最大尺寸时边与边的距离。插肩袖套衫测量相关内容如图 2-6 所示。

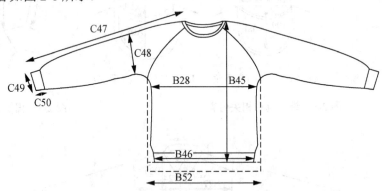

图 2-6 插肩袖套衫测量相关内容

（二）下装测量方法

1. 西裤测量方法

D53 腰围：腰围缝份处直接距离。D54 臀围：由腰口往下一定距离所量的横向距离。D55 外长：由腰口往下到裤子最底边的距离。D56 内长：由档往下到裤子最底边的距离。D57 横档：由档往下 1"处沿脚口平行线量。D58 脚口：从完成边到边的距离。D59 腰宽：腰口到腰与裤的缝份距离。D60 前浪长：由前腰口缝份到前档缝份之间的距离。D61 后浪长：由后腰口缝份到后裆缝份之间的距离。D62 后袋位：由腰口缝份处到袋口的距离。D63 后袋位：由侧边缝份到口袋的最近距离。D64 侧袋位：由侧边缝份到口袋的距离。D65 侧袋长：袋口的长度。西裤测量相关内容如图 2-7 所示。

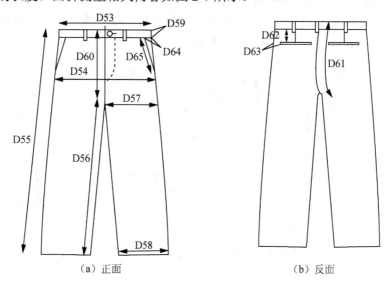

（a）正面   （b）反面

图 2-7　西裤测量相关内容

2. 部件测量方法

部件主要指门襟、后翘、袋。D66 门襟长：由腰口缝份处到最底边的缝线距离。D67 门襟宽：门襟边对应缝迹的距离。E68 后翘（后中高）：沿后中线由后腰口缝份到后翘缝份的距离；E69 后翘（沿侧缝）：沿侧缝由腰口缝份到后翘分割的距离。E70 贴袋位：后翘分割到袋口的水平距离。E71 贴袋位：由侧缝到袋边的距离。E72 贴袋大小：袋口边与边之间的距离。E73 贴袋长（侧边）：如图 2-8（c）所示；E74 贴袋长：袋口到口袋最底边的距离。E75 袋盖大小：如图 2-8（d）所示。E76 袋盖长：袋盖上口到最底边的距离。E77 挖袋大小：袋缝分之间的距离。E78 挖袋宽：如图 2-8（e）所示。部件测量相关内容如图 2-8 所示。

3. 裙子测量方法

F79 腰围：腰围缝份处直接测量。F80 臀围：由腰口向下一定距离所量的横向距离。F81 下摆：裙子最下端边与边的距离。F82 裙长：由腰口往下到裙子最下端的距离。F83 省长：由腰口往下到缝合的下端距离。裙子测量相关内容如图 2-9 所示。

4. 连衣裙测量方法

G84 衣长（前衣长）：由前侧颈点竖直往下量至裙子最底边的距离。G85 胸围：袖笼下 1"，两边缝份之间的距离。G86 腰围：腰节最细部位两边之间的距离。G87 臀围：腰节往下一定距离所量的横向之间的距离。G88 下摆：裙子最底边两边之间的距离。G89 领宽：

前衣片两肩点之间的距离。G90 前领深：由肩点假想线到领最底边的距离。G91 袖笼深（直量）：由肩点到袖底之间的直线距离。G92 袖长：肩点到袖子最底边的距离。G93 袖口：袖子两边缝份之间的距离。G94 肩宽：两肩点之间的直线距离。G95 小肩宽：由侧颈点到肩点之间的距离。G96 后中拉链长：隐形拉链的开口长度。G97 前省长：前片腰节部位缝合的长度。G98 后省长：后片腰节部位缝合的长度。

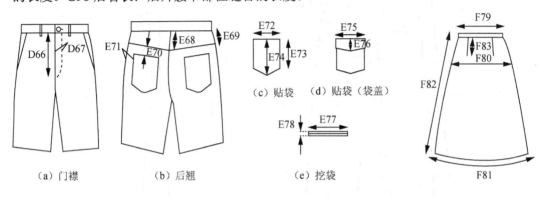

图 2-8　部件测量相关内容　　　　图 2-9　裙子测量相关内容

二、服装样品制作需注意的问题

1. 款式样

外贸公司接到订单以后，提供图纸样或者参考实样，供工厂制作样品——款式样，以便供客人的设计师观察款式效果。这时应注意以下几个问题。

1）打款式样的时候，面料用相似的面料，且必需有相似的布性能。

2）要考虑到做工上的一致性，整个服装看起来与原样相似，做这件款式样时还应考虑做工上的改进，衣服的做工要能适用大批流水作业。一些做工复杂的地方应把它改掉，但做工上的更改不可以影响服装的外观。

3）辅料的使用应改虑将来的采购及成衣的成本。

4）主、辅料颜色要与图纸样或者参考实样相似。

2. 批办样

款式样完成以后送到客人手里，会经常性地进行更改，这种更改不仅仅是差错更改，也是客人的设计师要根据市场行情的变动所做的改动，同时根据工厂所做的样式提出相应的变动。根据客人的更改，原则上，用正式主、辅料制作样衣——批办样，根据提供的款式样和样品规格表中的具体要求逐项进行操作。

3. 大货产前样（封样）

完成了以上步骤以后，主、辅料生产厂方可进行主、辅材料的大批生产。成衣生产厂待所有的主、辅料生产出来以后，使用正确的主、辅料，所有的主、辅料都必须用以后生产中要用的料再次进行打样。这个样品必须使用百分之百的正确材料，正常情况下不允许再用代用品。对于大货产前样（封样）必须非常的慎重，一旦大货产前样（封样）被客户批准合格后，方可大批开裁，大货的生产就按此样衣进行。

任务三　检查样品质量

【操作步骤】

1．Ruby 检查款式是否与 PR Textiles 公司提供的样品款式相同。

2．Ruby 检查面料是否与 PR Textiles 公司确认的品质样一致，辅料质量是否达到标准。

3．Ruby 检查样衣加工工艺是否达到标准。

4．Ruby 检查样衣是否有吊卡、洗标等，内容与制作是否符合打样要求。

【操作分析】

一、面料选用与确认

2010 年 3 月 17 日，Ruby 到富亚达服饰有限公司，跟随技术科小李前往检测室，小李告诉 Ruby 这种面料是 100%亚麻，20×16/128×60，与 Ruby 所要求的面料是一致的。这种面料制成的成衣一般采用水洗方法，所以，缩水测试也要采用水浸缩水测试方法。即将待测面料浸入 60℃的清洁温水中，用手揉一揉，在水中浸泡 15 分钟后取出，把试样的原料对折，再对折成方形，用手压出水分，然后捋平、晾干后计算缩水率。

按照小李的介绍，两人对采购来的面料进行测试，剪下 1m×1m 的布料，将其浸入 60℃的清洁温水中，将布料在水中揉一揉，浸泡 15 分钟。15 分钟后取出布料，将其对折，再对折成方形，用手压出水分，然后抚平、晾干后，测量布料尺寸，发现水浸后为 0.98m×0.98m。小张告诉 Ruby 这种布料的经纬支缩水率均为 2%，制作的服装品质具有较好的稳定性，可以满足客户要求。Ruby 对测试结果非常满意，于是请小李为其剪 2 块 1m×1m 的布料及刚刚做过的洗水样同时带回公司，以备寄样时使用。

3 月 19 日，Ruby 收到了富亚达服饰有限公司传真过来的面料测试结果，经商检机构面料测试中心检测，富亚达服饰有限公司提供的面料样品中不含有偶氮成分。于是他立刻将带回的两块面料分别剪成了 0.5m×0.5m 的两小块，粘在卡纸上（图 2-10），并分别标注了"before wash"与"after wash"字样，与面料测试结果的复印件和机织样一起用 DHL 快件寄给美国的 PR Textiles 公司。同时写邮件请其注意查收，并请其尽快给予意见，以便确认面料品质，抓紧时间打样。剩下的面料样品及面料测试结果的复印件，Ruby 将其保存于文件夹内，以便日后确认时使用。

4 天后，PR Textiles 公司收到了面料品质样的快件，对富亚达服饰有限公司提供的面料品质样非常满意，立即写邮件告知 Ruby，并请其尽快安排打样。

PLEASE APPROVE FOR: BEFORE WASH	HANDFEEL & FINISH & COATING （IF MENTIONED）	Approved
		Not approved
		Comments:
	WEIGHT	Approved
		Not approved
		Comments:
	COLOUR	Approved
		Not approved
		Comments:
	CONSTRUCTION KNITTING PATTERN	Approved
		Not approved
		Comments:
	QUALITY	Approved
		Not approved
		Comments:

图 2-10　面料确认单

二、确认样的制作与检查

Ruby 在收到客户的意见后，第一时间告知富亚达服饰有限公司，面料的品质已得到客户认可，可以抓紧时间安排打样了。

接下来，富亚达服饰有限公司按照《样品生产通知单》、工艺单和样衣照片的要求首先完成了确认样的制作，并将其提交 Ruby 确认。

Ruby 认为，根据 PR Textiles 公司的要求，确认样主要是为检测富亚达服饰有限公司服装生产工艺与产品品质，对于颜色与辅料的要求也一并严格，所以建议富亚达服饰有限公司利用本次已被客户确认品质的灰色面料制作 M 码样衣每货号各 3 件，样衣款式必须严格按照客户来样生产，样衣的品质必须能够代表富亚达服饰有限公司的服装生产水平，同时生产 M 码的样衣也要考虑到富亚达服饰有限公司的成本节约。

关于吊牌，富亚达服饰有限公司根据 PR Textiles 公司后来快递的所有吊卡、主标、洗标（图 2-11）等，将制作的吊牌用环形针打在尺码唛上，有条码贴纸面朝上。同时在衬衫左摆缝下摆朝上 7cm 处增加洗标，这一点也与客户来样保持一致。

Ruby 对收到的 8 件确认样逐一进行了细致检查，发现无论是产品尺寸、布料还是工艺都完全符合客户订单的要求。同时，Ruby 还请本公司的技术人员进行重复检验，得到的检验结果也比较令人满意。所以，Ruby 于 2010 年 4 月 7 日将 6 件 M 码的确认样以快递方式寄送 PR Textiles 公司审核，另外两件留本公司保存。

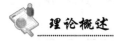

图 2-11 吊牌

理论概述

一、纺织品的质量要求

纺织品是以各种纺织纤维为原料，经过纺纱、织造、染整等工序制成的产品。纺织品一是要遮体御寒，二要美化生活，所以对纺织品的质量要求可以概括为服用性好、艺术性高、工艺性精、耐用性强。纺织品质量标准有 5 个指标来衡量：原材料、织品结构、织品物理机械性能、外观疵点和染色牢度。

纺织品的原材料——决定其织品的外观特征及基本性质，合理选择织品原材料，对提高纺织品服用性能和加强养护是很重要的。织品原材料决定了织品丰满度、光泽程度和手感柔软挺括程度。

织品结构——纺织品的织纹、重量与厚度、密度、紧度、幅宽与匹长等，在质量标准中都作了相应规定。

织品的物理机械性能——织品的透气性、透水性、吸湿性、缩水率、拉伸强度、抗裂强度、抗顶强度、抗磨强度、抗皱强度、抗疲劳强度等。

织品的外观疵点——织品上存在的各种缺陷，如破损、斑渍、色条、破洞、缺经、染色不均、色差、纬斜等。这些缺陷除影响外观，也严重影响织品坚牢度和使用性能，因而对织品的外观疵点必须严格控制。

染色牢度——纺织品在使用中常遇到摩擦、汗渍、洗涤、熨烫、日晒等使纺织品颜色发生的变化，能控制在一定范围之内。

二、服装产品的尺寸外形查检

1）关键点。即关键尺寸点，包括衣领长（平织）、领宽、领围（针织）、领展（针织）、胸围、袖弄、袖开口（长袖）、袖长（至袖边）、后长（平织）、中心量（针织）、肩顶量、裤、腰、下臀围、前浪、后浪、拉链开、裤脚口、内围、裤后中长、其他（单件/套），垂直的样子，以及上面的衣裤尺寸。

2）非关键点。即非关键尺寸点，如最小须展、肩高点、领宽、袖片、腰内围、下臀围、平袋位、开口。

任务四　制作《样品修改通知单》

【操作步骤】

1. Ruby 将客户反馈给业务员 Sammi 的英文修改意见翻译成中文。
2. Ruby 将客户修改意见制作成《样品修改通知单》。

【操作分析】

一、分析客户修改意见

Sammi 将客户修改意见的 E-mail 转发给了 Ruby，Ruby 进行了中文翻译。具体如图 2-12 所示。

From: salesl@lyiet. com

To: sammi7975@hotmail. com

subject: Oppinions of our customers

Dear Sammi,

　　I'm glad to inform you that the six approval samples gained our customers' permission and this kind of shirts are popular in our market. I hope you will arrange the delivery of accessories and pre-production samples to us asap. On the other hand I have to inform you that our customers gave us some amendment opiniong as following, so pls make changes on your pre-production samples.

　　1. Left chest should have a pocket which bearing the PR logo on the middle top;

　　2. The resin buttons on shirt opening and sleeve opening should bear the PR logo on top;

　　3. According to our customers' request, the chest and sleeve length measurement of XL should be adjusted to 120&65cm.

　　Have a nice day&Tks

　　Kalven

图 2-12　客户修改意见

客户修改意见中文译文如下。

1）左胸需要加左胸袋且将 PR Textiles 公司的绣花 logo 加在左胸袋上。

2）门襟、袖口原树脂扣部分，一律改成印字树脂扣，印"PR"字样。

3）应我方客户要求，XL 码胸围和袖长尺寸要调整至 120 厘米和 65 厘米。

二、制作《样品修改通知单》

2010 年 4 月 11 日 Ruby 根据国外客户反馈的修改意见，制作如图 2-13 所示的《确认样品修改通知单》。之后，Ruby 将其用快递方式寄给富亚达服饰有限公司。

宁波诚通进出口贸易公司

地址：浙江省宁波市鄞州区姜山镇茅山工业区　　邮编：315193

联系电话：0574-27780626/27882700　　传真：0574-87305068/87305028/28822830

确 认 样 品 修 改 通 知 单

NO:20100411

客户	富亚达服装有限公司		订单号码	CT20100323		日期		2010 年 4 月 11 日		
变更类别	☐数量增减 ☑尺寸修改 ☑样式改变 ☐面料更换 ☑辅料变化 ☐其他		变更依据	国外客户修改意见		重点说明		1. 左胸需要加左胸袋且将 PR 公司绣花 logo 加在左胸袋上。 2. 门襟、袖口原树脂扣部分，一律改成印字树脂扣，印 "PR" 字样。 3. XL 码胸围和袖长尺寸要调整至 120 厘米和 65 厘米。		

变更前	批号	样品规格	数量	主标	洗标	吊卡	交期	包装方式	MARK 印刷	备注
	DN32 DN15	M	6	有	有	有	2010.4.1前	塑料袋	无	

变更后	批号	样品规格	数量	主标	洗标	吊卡	交期	包装方式	MARK 印刷	备注
	DN32 DN15	M	6	有	有	有	2010.4.1前	塑料袋	无	

分发单位	☐　　　业务 ☑　　　跟单 ☐　　　采购	接收单位	富亚达服饰有限公司 浙江宁波市鄞州区机场路 228 号 电话：0574-88122230

公司签章：
宁波诚通进出口贸易公司
NINGBOCHENGTONG IMP&EXP·
TRADING·CO.,LTD

业务跟单：　李玮

图 2-13　确认样品修改通知单

任务五　寄送与管理样品

【操作步骤】

1．Ruby 明确寄样方式及相关费用。

2．Ruby 寄送产前样。

3．Ruby 管理样品。

4．Ruby 下达《生产通知单》。

【操作分析】

一、寄送产前样

2010 年 4 月 12 日，Ruby 收到富亚达服饰有限公司打样的 6 件产前样和 2 件复样，检查完毕后，Ruby 联系诚通进出口贸易公司业务员 Sammi，通知其产前样已经制作完成，询问其如何寄样。因为根据诚通进出口贸易公司与 PR Textiles 公司的约定，在诚通进出口贸易公司寄送的确认样被认可后，PR Textiles 公司将支付打样及寄样费用。Sammi 建议 Ruby 通过 DHL 来快递样品，可以办理邮费到付，PR Textiles 公司在 DHL 的账户为 96×××。Sammi 同时询问 PR Textiles 公司，打样费用 200 元人民币可否以电汇方式汇出，PR Textiles 公司认为完全可以。Sammi 遂将公司开户账号及开户行名称通知 PR Textiles 公司，Ruby 按照 Sammi 指示寄样，并制作辅料表说明了树脂扣问题。

2010 年 4 月 15 日，诚通进出口贸易公司收到 PR Textiles 公司的打样费用，同时 Ruby 将 DHL 回执传真给 PR Textiles 公司，请其注意查收样品。

2010 年 4 月 20 日，Sammi 收到了 PR Textiles 公司的 E-mail，表示其对于确认样的修改非常满意，指示 Sammi 大货生产完全按照该样品进行。

二、管理样品

Ruby 将留存的确认样和产前样进行编号、拍照，同时将照片上传到计算机中，以寄送日期为照片的文件名进行保存，如图 2-14 所示。

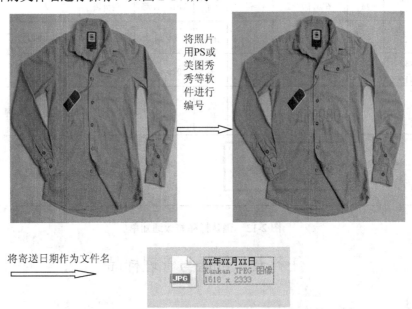

图 2-14　管理样品过程

三、下达《生产通知单》

Ruby 联系富亚达服饰有限公司业务员小沈，告知其国外客户已经确认了产前样，并将已经制好的《生产通知单》（图 2-15）的扫描件以 E-mail 的形式发送给了小沈。小沈收到《生产通知单》后请示生产部经理，由生产部经理按照《生产通知单》的要求落实车间生产。

宁波诚通进出口贸易公司

地址：浙江省宁波市鄞州区姜山镇茅山工业区　邮编：315193

联系电话：0574-27780626/27882700　　传真：0574-87305068/87305028/28822830

生产通知单

编号：　CT20100421

日期：　2010.04.21

加工单位	富亚达服饰有限公司	加工合同编号	CT20100323	生产日期	2010.03.26
产品名称	左胸带有绣花标志的男式灰色织长袖衬衫	生产数量	20 000 件	完工日期	2010.05.25
规格型号	DN32、DN15			交货期限	2010.05.26
工艺要求	与产前样一致				
质检要求	与产前样一致				
包装要求	每件装入一个塑料袋，4件混码装入一个小盒，5盒装入一个出口纸箱，在衬衫背面放入衬纸				

使 用 材 料

序号	料号	品名	规格	单位	单机用量		损耗率
1	C02	50%亚麻50%棉的灰色衬衫布料	12×12 52×52	米			0.1%

生产方法	按工艺单要求				
附件	尺码	S	M	L	XL	公差
	胸围	80	90	100	120	1
	颈宽	39	40	41	42	0.5
	袖长	59	60	61	65	0.5
	领高	10	10	10	10	0
	生产要求	1. 绣花色及面料不能含有偶氮 2. 主标：PR logo　位置：后颈中 3. 洗标：显示正确成分和洗涤说明　位置：左摆缝下摆朝上7cm处 4. 吊卡：PR logo　位置：打在主标上 5. 请严格按生产通知单及各项要求组织生产 6. 请使用正面的布料 7. 按加工合同规定的交货时间按质完成				

公司签章：

宁波诚通进出口贸易公司
NINGBO CHENGTONG IMP&EXP
TRADING CO.,LTD

制单人：　李玮

图 2-15　生产通知单

 理论概述
....

一、样品制作费的处理

样品制作将产生费用。样品的处理形式一般由客户或厂商或外贸企业承担，或通过商谈由多方共同分担等。由于在国际贸易中涉及大量的样品，所以要掌握其中的技巧。工作中遇到较多的是客户提供样品，要求外贸企业打样。常见的处理方式有以下几种。

1）客户提供样品，需开模具等，费用由客户支付。当客户确认同意并支付模具费后，跟单员需确定样品的工艺要求和完成时间，经主管批准后安排打样。

2）客户提供样品，需开模具等，费用由厂家支付，但厂家可以提出要求，如需要客户或外贸企业先付样品制作费用，达到一定生产约定量后，厂家向客户或外贸企业退还模具费等。

3）客户提供样品，需开模具等，费用由外贸企业支付，但外贸企业可以向客户提出最小起订量的要求等。

4）对于由多方共同承担费用的样品，则需分别列明每件样品的单价及费用要求等。

二、寄送样品的运费处理

在国际贸易中，寄送样品一般通过快递公司。其中从事国际快递业务的公司主要有EMS、FedEx、DHL、TNT、UPS、OCS等。这些快递公司邮寄费用一般采用寄件方预付、收货方支付（到付）和第三方支付的方法。但是不管用何种方法，先要求寄件方要在快递公司开户，取得账号。

预付（freight prepaid）：寄件方交付所需邮寄费用。此支付方式多用于寄送费用低、客户信誉好或老客户，成交希望大的情况下。

到付（freight collect）：收件人交付所需邮寄费用。此支付方式多用于寄送费用高、客户信誉好或老客户，成交希望无法确定的情况下。但需注意，有时收件人会在当地采取拒付的行为（此行为非洲多见），最后快递公司仍需寄件方支付费用。因此，一般要求收件人必须提供某一快递公司的到付账号，如DHL的全球到付账号是以96开头的，如96×××××。

三、一般样品的寄送

1）邮政的航空大包：价格较便宜，航程大约在两周左右（不含目的国的海关检验和其国内的邮政递送时间）。此方法可适用于大宗的低值产品寄送，可在各地邮局办理。一般商品（非危险品）可正常寄送，如系普通化工品，仅需要出具一般的品质证书（证明其无毒、无害、无爆破性等），便于海关查验核实；如系危险化工品或者疑似危险化工品（如钛白粉），需要出具特殊的证明及特殊托运。需要注意：最小邮寄重量是2kg，20kg为一个限重单位，超出部分，需要另行打包计费。

2）航空快递：主要通过邮政EMS和国际快递公司寄送，其费率大致相当，但其费用比邮政的航空大包高。当企业与快递公司有协议时，可以享受一定的折扣。邮寄时间大约需一周左右（或者3～5天）。如系普通化工品，仅需要出具一般的品质证书（证明其无毒、无害、无爆破性等），便于海关查验核实。如系危险化工品或者疑似危险化工品（如钛白粉），需要出具特殊的证明及特殊托运。

四、样品通知

1）将邮件或快递底单第一时间通知客户寄件方的发样信息，包括样品跟踪号码、何时发送、大约何时到达等信息。

2）送交形式发票（proforma invoice，PI，如图2-16所示）。形式发票是客户进口清关的必需单据，此外，也是出口商样品管理或进口商进口批汇的重要记录。

3）请客户收到样品后确认。

宁波×××有限公司
NINGBO ××× CO., LTD.

Lucheng Development Zone, Ditang Town,Yuyao City, Ningbo, Zhejiang, China

TEL. 86-574-62241954   FAX. 86-574-62242358

PROFORMA   INVOICE

TO: INVOICE NO.:

PAYMENT:

DATE:

Descriptions of Goods	Quantity	Unit price	Amount(USD)
TOTAL(FOB NINGBO)			**0.00**

1. Packing:

2. Payment:

3. Brand:

4. Delivery:

BANK INFORMATION:

BANK: CHINA CONSTRUCTION BANK NINGBO BRANCH

    YUYAO, NINGBO, CHINA

BENEFICIARY: NINGBO XXX CO.,LTD.

SWIFT CODE: PCBCCNBJNPX

ACCOUNT NO: 311405150022××××××××

图 2-16 形式发票样本

五、样品管理

1）可设计样品管理表，包括送样国别、客户名称、样品名、样品的版本及生产批次、编号、样品数量、金额、客户对样品评估内容等。

2）妥善保存好形式发票，用以留档。

六、跟踪样品情况

1）询问样品是否顺利到达。这体现了对客户的重视程度和外贸服务技能，避免被客户忘记。

2）以质量检测报告跟进客户端的样品进展情况（准入测试、终端用户使用体验、参展效果等）。

3）跟踪客户的反馈意见。客户对样品的评价及改进的看法对于企业的发展方向起着举足轻重的作用，因此，跟单员要想办法请客户给出具体满意或不满意的说明。

七、建立稳定联系

1）样品都是很重要的，千万不要以为只有确认样才是最重要的。客户总是想方设法购买让他更加满意的产品，不要在任何样品方面让客户产生遗憾。

2）无论短期内有无订单，尽量与收到样品的客户建立起一种稳定的联系，不断通知其产品的最新情况。沟通的频率很重要，要注意沟通节奏的把握，不要引起客户的反感。让客户感到从你处可以不断获得产品信息，有离不开你的感觉。

 **自我评价**

评价项目 ＼ 完成情况及得分	很好（5）	良好（4）	一般（3）	较差（2）	很差（1）	分项得分
分析客户对样品要求的准确度						
样品寄送时间的管理情况						
能否掌握样品种类及作用						
能否正确制作《样品生产通知单》						
能否掌握检查样品质量的方法						
能否正确制作《样品修改通知单》						
能否正确寄送样品						
能否准确下达《生产通知单》						

 **课后训练**

一、拟订样品制作和寄送方案

请根据项目一课后训练中关于样品部分的审单结果，拟订一份样品制作和寄送的方案。背景资料参见项目一。

方案要求：

1）订单中对样品有哪些要求（包括样式和技术要求）？订单中出现了多种样品，客户对各种样品的要求都有哪些规定？我们如何满足客户的这些要求？

2）样品寄送的时间要求是什么？我们如何安排样品的制作工作以使样品能及时寄送给客户？

3）在这个订单下，样品费用如何处理？为什么？

二、制作《生产通知单》

（1）背景资料

通知单号：CT070201

客户名称（甲方）：AAA IMPROT LLC.

20 CALIFORNIA, USA

货名：女式全棉 4 袋短裤

加工单位（乙方）：宁波浩辰服装有限公司

地址：宁波奉化工业园区江南路 120 号

电话：0574-67895594

销售合同号：CTF093010

加工合同号：HHT9579

加工合同日期：2010 年 4 月 5 日

原材料：1.8 米/件，含 3% 的备损率，2010 年 4 月 15 日向乙方提供并负责运至乙方指定仓库

交货期：2010 年 5 月 15 日前将加工后的 10 000 件成品送至宁波北仑港甲方指定仓库

生产日期：2010 年 4 月 18 日

完工日期：2010 年 5 月 14 日

工艺要求：与确认样一致

质检要求：与确认样一致

包装要求：每条装入一个胶带，20 条不同尺码与颜色的短裤装入一个出口纸箱

生产方法：按工艺单要求

损耗率：0.01%

料号：全棉

面料品名：斜纹卡其布

面料规格：20×16　128×60

公差：1

附件：

尺码 SIZE 名称 DESCRIPTION	S	M	L	XL	XXL
腰围（紧）/ WAISTBAND(TIGHT)	38	40	42	44	46
腰围（松）/ WAISTBAND(RELAX)	44	46	48	50	52
内长/INSEAM LENGTH	47	50	53	56	59
臀围/HIP	50	52	54	56	58
前浪连腰/FRONT RISE INCLUDING AISTBAND	20	22	24	26	28
后浪连腰/ BACK RISE INCLUDING WAISTBAND	33	35	37	40	43
膝围/KNEE	19	20	21	22	23
袋宽/POCKET WIDTH	10	10	12	12	14
袋长/POCKET LENGTH	17	17	18	18	18

（2）训练要求

请你以宁波诚通进出口贸易公司跟单员 Ruby 的身份，根据上述资料填写如下的《生产通知单》。

宁波诚通进出口贸易公司

地址：浙江省宁波市鄞州区姜山镇茅山工业区　　邮编：315193

联系电话：0574-27780626/27882700　　　传真：0574-87305068/87305028/28822830

生产通知单

编号：_____

日期：_____

加工单位		加工合同编号		生产日期	
产品名称		生产数量		完工日期	
规格型号				交货期限	
工艺要求					
质检要求					
包装要求					

使 用 材 料

序号	料号	品名	规格	单位	单机用量	损耗率

生产方法	按工艺单要求
附件	生产要求

<table>
<tr><td rowspan="2">公司签章：</td><td>宁波诚通进出口贸易公司
NINGBOCHENGTONG·IMP&EXP·
TRADING·CO.,LTD</td><td rowspan="2">制单人：李玮</td></tr>
</table>

项目三　原材料采购

项目导入

Ruby 根据外销合同中签订的条款，对所需要的材料进行分析和筛选，得到面料的质量要求。Ruby 选择了具有长期合作关系的宁波五彩布厂作为本次原材料的供应商。原材料采购需要填写采购单，对采购面料进行即时跟踪，在生产过程中做好质量监控，最后安全入库。为做到以上的要求，Ruby 必须具备相应的操作能力。

知识目标

1. 掌握采购单的内容及填写方法。
2. 掌握原材料采购进度的跟踪。
3. 掌握原材料的检验方法和注意事项。
4. 掌握原材料进仓的注意事项。

能力目标

1. 能够正确制作原材料采购单。
2. 能够有效率地跟踪原材料采购进度。
3. 能够对原材料进行正确检验。
4. 能够顺利将原材料入库并制作原材料进仓单。

任务分解

任务一　制作采购单
任务二　跟踪采购单
任务三　原材料检验
任务四　原材料进仓跟踪

任务一　制作采购单

【操作步骤】
1. Ruby 必须根据外销合同的要求选择合适的供应商。
2. Ruby 根据面料的要求填写采购单。

【操作分析】

一、填制采购单

宁波诚通进出口贸易公司得到订单后，找到其合作工厂——宁波五彩布厂，准备下采购单，采购单内容如图 3-1 所示。

<table>
<tr>
<th colspan="9" style="text-align:center">采 购 单</th>
</tr>
<tr>
<td colspan="9">编号：2010031801
2010 年 04 月 28 日</td>
</tr>
<tr>
<td colspan="2">供应商名称</td>
<td colspan="4">宁波五彩布厂</td>
<td>供应商编号</td>
<td colspan="2">320456789</td>
</tr>
<tr>
<td colspan="2">供应商地址</td>
<td colspan="4">宁波市鄞州区天童南路 896 号</td>
<td>电话/传真</td>
<td colspan="2">0574-62345678</td>
</tr>
<tr>
<td>序号</td>
<td>料号</td>
<td>品名规格</td>
<td>单位</td>
<td>数量</td>
<td>单价</td>
<td>金额</td>
<td colspan="2">交易数量及日期</td>
</tr>
<tr>
<td>1</td>
<td>11-18</td>
<td>灰色全棉布，12×12 / 52×52，门幅不少于 48.5 厘米</td>
<td>米</td>
<td>45 000</td>
<td>￥14.00 税票，含预缩</td>
<td>￥630 000</td>
<td colspan="2">45 000 米
3 月 25 日</td>
</tr>
<tr>
<td> </td><td></td><td></td><td></td><td></td><td></td><td></td><td colspan="2"></td>
</tr>
<tr>
<td> </td><td></td><td></td><td></td><td></td><td></td><td></td><td colspan="2"></td>
</tr>
<tr>
<td> </td><td></td><td></td><td></td><td></td><td></td><td></td><td colspan="2"></td>
</tr>
<tr>
<td> </td><td></td><td></td><td></td><td></td><td></td><td></td><td colspan="2"></td>
</tr>
<tr>
<td colspan="2">合计</td>
<td colspan="2">￥630 000.00</td>
<td colspan="5">陆拾叁万零仟零佰零拾零元零角零分</td>
</tr>
<tr>
<td colspan="2">交货方式</td>
<td colspan="3">到期一次性交货</td>
<td colspan="2">交货地点</td>
<td colspan="2">买方指定仓库</td>
</tr>
</table>

交易条款：

- **付款方式**

货到交货地，经需方验收合格后付 50%款项，其余 60 天后付款。

- **交货期**

2010 年 3 月 24 日以前。供方须严格按合同规定时间交货，若要延迟交货，需事先征得需方书面同意，否则由此造成相应订单的额外费用（空运费、配额、误事费、扣款等）和其他费用，均需由供方承担，并且需方有权取消合同，并提出索赔。

- **品质**

1. 大货缩率需控制在 3%以内，具体颜色，品质见我司 2010 年 4 月 15 日寄予贵厂的小样，严格按大货确认样生产。

2. 实际生产数量允许为合同数的±1%。

3. 色牢度 4 级以上。

4. 供方所提供的产品，不得侵犯第三方的专利权、制造权、商标权和其他有关权利。

- **不良品处理**

1. 按产品责任法规定：货物出运后，供方仍对其产品的品质、数量、颜色等负责。若因产品款式不符、包装或产品本身或其他缺陷和质量原因而造成索赔的，需方有权追索供方，供方有责任进行理赔。

2. 产品入库仅表明需方仓库对供方产品的数量验收，对于产品的质量、颜色等问题需由需方采购员验收。

- **其他**

1. 凡因执行本合同所发生的或与本合同有关的一切争议，应由双方通过友好协商解决。如果协商不成，可向需方所在地人民法院提起诉讼。

2. 本合同未涉及的事宜，经双方书面同意的协议可作为本合同的补充部分。

<table>
<tr>
<td>承制供应商</td>
<td>总经理</td>
<td>采购经理</td>
<td>采购主管</td>
<td>采购员</td>
</tr>
<tr>
<td> </td><td></td><td></td><td></td><td></td>
</tr>
</table>

图 3-1　采购单

二、核对采购单

Ruby 对采购单的内容按照外贸合同要求进行了仔细的核对，检查出采购单存在以下几处错误。

1）经纱和纬纱的支数错了，正确的应该是 20×16。

2）面料是 50%棉，50%麻混纺，而不是全棉。

3）交货数量：加工合同中要求交货给富亚达服饰有限公司 45 000m，由于面料存在缩水率，以免面料生产中面料的缩水处理不充分，因此应适量加大面料的数量，保证服装的正常生产。

4）交货时间为"2010 年 4 月 25 日以前"，宁波诚通进出口贸易公司的最迟交货期为 2010 年 4 月 26 日，两个时间比较接近，需要时时跟踪宁波五彩布厂的生产进度，以免无法正常交货，影响诚通进出口贸易公司正常履行富亚达服饰有限公司的加工合同，甚至影响外销合同的交货。

针对这些问题，Ruby 立刻更正采购单错误的内容，否则采购的原辅料与外贸订单不符，或者物料采购时间延迟，其后果将不堪设想。

 理论概述

一、采购概述

（一）含义

采购通常主要指组织或企业的一种有选择的购买行为，其购买的对象主要是生产资料。它包含两层基本意思：一层为"采"，即选择，从许多对象中选择若干个之意；另一层为"购"，即购买，是通过商品交易的手段把所选对象从对手中转移到自己手中的一种活动。

采购具体包含以下一些基本的含义：①所有采购都是从资源市场获取资源的过程；②采购既是一个商流过程，也是一个物流过程；③采购是一种经济活动。

（二）原材料采购的原因

1）生产企业因生产交货需要，在接单备货生产前，为控制和计算成本，需进行原材料等采购备料。

2）生产企业因产品（成套）配套生产需要，向外企业采购相应零部件、组件、辅料。

3）外贸公司等因来料加工、供料加工需要，需采购原材料、零部件、辅料，提供给生产企业生产加工，有利于降低出口成本。

4）外贸公司等因成套出口需要，需采购原材料、设备、零部件等，供生产企业配套，有利于降低出口成本。

5）外贸公司在原材料价格上涨行情中，为锁定合同成本，确保对外合同的签订及签订后的正常履行，需进行原材料、零部件、辅料采购，向生产企业直接提供材料。其目的是提高原材料大幅上涨期的对外接单能力，锁定外销成本，避免出现外销合同签订后，国内生产厂家受原材料大幅上涨因素影响，提高产品价格，造成外贸公司对外履约经营损失。

（三）原材料采购中经常出现的问题

跟单员在下达原材料等采购单给原材料供应商之后，为确保材料的按时供应，跟单员还有大量艰苦细致的工作要做。在原材料采购跟单工作中，跟单员要事先预计到可能发生的问题，其关键环节主要在原材料供应商、采购方企业等控制方面。

1. 供应商方面的原因

1）供应商的生产能力是否达到订单生产的要求。

2）供应商的生产质量是否满足本订单进口商对面料的要求。

2. 采购方企业方面的原因

1）采购方对原材料供应商的生产能力或技术能力调查不深入，出现原材料供应商选定失误。

2）采购方提供材料、零部件给生产方加工的供应延迟，造成生产方下道工序被延误。

3）采购方与供应商沟通存在问题，采购单或指示联络事项阐述不清，指示联络不切实际，单方面指定交货期，业务手续不全造成工作延误。

4）采购方对供应商生产工艺等技术指导、图纸接洽、变更说明等不到位，质量要求不明确，造成产品交货不符要求。

5）跟单员经验不足，确保货期意识不强，未能掌握供应商产能的变动，对进度掌握与督促不够。

二、原材料采购跟单的基本要求

原材料采购跟单的基本要求是要做到 5 个适当，分别是适当的交货时间、适当的交货质量、适当的交货地点、适当的交货数量及适当的交货价格。

（一）适当的交货时间

适当的交货时间是指企业所采购的原材料在规定的时间获得有效的供应。它是跟单员进行原材料采购跟单的中心任务。企业已安排好的生产计划若原材料未能如期到达，会引起企业内部生产混乱，即产生"停工待料"，产品不能按计划出货，引起客户强烈不满。若原材料提前太多时间购回，放在仓库里"等"着生产，会造成库存过多，大量积压采购资金，增加企业经营成本。

所谓"规定的时间"是指在预定的时间以最低的成本达成生产活动。对预先计划的原材料进货时间而言，迟于该时间固然不好，早于该时间也是不可行的。

交货的延迟会阻碍生产活动的顺利进行，为生产现场及有关部门带来不良影响，成为增加企业成本的原因，具体表现在如下几个方面。

1）由于原材料进货的延误，出现生产待料空等或延误，导致生产效率下降。

2）为追上生产进度，需要加班或增加员工，致使人工费用增加。

3）采用替代品或使用低品质的原材料，造成产品质量不符合要求，引起纠纷。

4）交货延误的频率越高，跟催工作费用就越高。

另一方面，提早交货也会增加经营成本，具体表现在如下几方面。

1）不急用的货品提早交货，会增加采购方仓储费、短途搬运费等费用。

2）供应商提前交货，采购方提前付款，会增加采购方库存货物的资金占有时间，导致资金使用效率下降。

3）允许供应商提早交货，会导致供应商发生其他交货的延迟。因为供应商为提高自身资金使用效率，会优先生产高价格的货品以提早交货，会造成其他低价格产品的延迟交货。

（二）适当的交货质量

跟单员不能只看交货时间，适当的交货质量是跟进工作的重点之一。所谓适当的交货质量，是指供应商所交的一系列商品可以满足企业使用要求。过低的质量要求是不容许的，但过高的质量会导致成本提高，削弱产品的竞争力，同样不可取。原材料质量达不到企业使用要求的后果是严重的，具体如下。

1）会导致企业内部相关人员花费大量的时间与精力去处理，增加大量管理费用。

2）会导致企业在重检、挑选上花费额外的时间与精力，造成检验费用增加。

3）会导致生产线返工增多，降低生产效率。

4）会导致生产计划推迟，有可能不能按承诺的时间向客户交货，会降低客户对企业的信任度。

5）会引起客户退货，导致企业蒙受严重损失，严重的会丢失客户。

（三）适当的交货地点

为了减少企业的运输与装卸费用，跟单员在进行原材料跟单时应要求供应商在适当地点交货，这些适当的地点可以是港口、物流中心企业的仓库，甚至是企业的生产线上。只要离企业最近、方便企业装卸运输的地点都是适当的交货地点。因此，跟单员应重点选择那些离企业近、交通方便的供应商。因交货地点不当，会增加相关的运输、装卸和保管成本。

（四）适当的交货数量

适当的交货数量是指每次交来的原材料刚好够企业用，不产生更多的库存。交货数量越多，价格越便宜，跟单员的工作也相对越轻松。但交货数量并不是越多越好，企业资金占用、资金周转率、仓库储存运输等成本都将直接影响企业采购成本。跟单员应根据资金、资金周转率、储存运输成本、原材料采购计划等综合计算出最经济的交货量。应该注意的是，采购所需用的数量，不会或很少产生仓库库存，可以节省仓储费用，避免装卸费用增加；采购所需要的数量，不会发生因产品设计变更或采用替代材料时，出现库存待料，既节省材料款，又不会使仓储费用持续发生。

（五）适当的交货价格

所谓适当的交货价格是指在市场经济条件下，对企业及供应商双方均属适当的，并且与市场竞争、交货质量、交货时间及付款条件相称的交货价格。跟单员长期与众多供应商打交道，对原材料价格十分熟悉。因此，在跟单时要十分注意交货的价格。

三、确认质量标准

原材料质量直接影响生产产品的质量，必须认真检查采购原材料的质量，使原材料符合对外合同的要求。跟单员日常与供应商的接触多于企业其他人，由于供应商实力的变化，前一采购单的质量标准是否需要调整，跟单员应发挥应有的作用，提出合理的建议。

四、确认原材料采购量

原材料的采购数量应与对外合同、订单总量相匹配，或者稍小于对外合同订单总量。对需求部门或业务员的原材料采购量进行复核，如发现错误，跟单员应及时提出并进行弥补工作。

五、制定采购单

企业的原材料采购单，常用于长期合作的供应商。因双方经长期往来合作，已形成采购与供应的固定交易模式。对于向新发展的供应商采购，一般双方在初次合作时，需要做一个总采购合同，明确一系列交易行为。在初次合作成功后，一般多采用采购单这种简单、快捷的形式。采购单主要内容有原材料名称、确认的价格及付款条件、确认的质量标准、确认的采购量、确认的交货地点等，另附有必要的图纸、技术规范、标准等。

六、发出采购单

采购单是原材料采购跟单的重要依据之一，是双方交货、验收、付款的依据。采购单的内容特别侧重交易条件、交货日期、运输方式、单价、付款方式等。另外在采购单的背面，多有附加条款的规定，亦构成采购单的一部分。采购单的主要内容包括以下 7 个方面。

1）交货方式。新品交货附带有零件、交货时间与地点等规定。

2）验收方式。包括检验设备、检验费用、不合格品的退换等规定，多交或少交数量的处理。

3）处罚条款。迟延交货或品质不符的扣款、赔款处理或取消合约的规定。

4）履约保证。按合约总价百分之几退还或没收的规定。

5）品质保证。保修或保修期限，无偿或有偿换修等规定。

6）仲裁或诉讼。对买卖双方的纷争，约定仲裁的机关或诉讼法院的地点。

7）其他。例如，卖方保证买方不受专利权分割的诉讼等。

任务二　跟踪采购单

【操作分析】

采购合同要求在 2010 年 4 月 25 日前完成所有货物，根据宁波五彩布厂的生产能力，预计每天完成 8 000m 货物的生产，并进行检验。在生产之前，Ruby 填写了交期控制表，并根据控制表的进度进行采购跟踪，记录实际生产状况，以便处理实际生产过程中的突发状况。

一、填写交期控制表

交期控制表是根据五彩布厂的生产能力及本订单所用的生产线，制订一个生产计划，以便在进度跟踪中可以对照控制的表格，如表 3-1 所示。

表 3-1　交期控制表

预定交期	请购日期	请购单号	物品名称	数量供应	供应商	单价	验收	日期	迟延日数
4/20	4/18	2010031801	50%棉，50%麻混纺布	15 000 米	宁波五彩布厂	￥17.00		预计 4/20	
4/22	4/18	2010031801	50%棉，50%麻混纺布	15 000 米	同上	￥17.00		预计 4/22	
4/24	4/18	2010031801	50%棉，50%麻混纺布	15 000 米	同上	￥17.00		预计 4/24	

二、填写采购进度跟踪表

根据采购进度跟踪表（表 3-2）的安排，交货期比较紧张，没有多余的时间浪费，所以需对原材料生产跟紧，对质量进行严格控制。宁波五彩布厂的生产能力较强，与诚通进出口贸易公司长期合作，故 Ruby 对其产品质量、生产进度等方面都比较了解，这对按订单交货有一定的保障，但仍不可放松，跟单员对生产过程仍需要严格跟进。

表 3-2　采购进度跟踪表

下单日	料号	名称	请购数	交期	供应商	进度情况	结案
4/18	11—18	50%棉，50%麻混纺布	15 000 米	4 月 20 日	宁波五彩布厂	已完成 16 000 米	按计划完成，色泽规格均符合要求，但是布匹的线头较多，需进一步改进
4/18	11—18	50%棉，50%麻混纺布	15 000 米	4 月 22 日	宁波五彩布厂	完成 13 000 米	由于机器故障，生产进度缓慢，产品质量需进一步检验
3/18	11—18	50%棉，50%麻混纺布	15 000 米	4 月 24 日	宁波五彩布厂	完成 17 500 米	按要求完成所有产品生产，并有 3.3%的超量，为弥补不良产品及产品缩水的短缺

1）根据采购进度跟踪，在 4 月 20 日，已完成 16 000m，工作进度理想，若按此进度，订单将提前完成。因为原材料的质量直接影响最后成品的质量，在完成进度的同时，需注意布匹的质量把关。

2）在第二批布匹生产时，由于机器故障，进度有一定影响。综合之前一批生产总量为 29 000 米，情况尚乐观，完成计划，对产品质量仍需检验。

3）在 4 月 22 日出现机器故障之后，Ruby 与五彩布厂生产车间管理人员进行了沟通，确保 24 日能正常交货。

 理论概述

一、采购跟踪流程

采购单跟踪是跟单员花费精力最多的环节，对于那些长期合作的、信誉良好的供应商，可以不进行采购单跟踪。但一些重要或紧急的原材料的采购单，跟单员则应全力跟踪。

（一）跟踪原材料供应商的生产加工工艺

原材料生产加工工艺是进行加工生产的第一步。对任何外协件（需要供应商加工的原材料）的采购单，跟单员都应对供应商的加工工艺进行跟踪，如果发现供应商没有相关加工工艺和能力，或者加工工艺和能力不足，应及时提醒供应商改进，并提醒供应商如果不能保质、保量、准时交货，则要按照采购单条款进行赔偿，甚至取消今后的采购。

（二）跟踪原材料

备齐原材料是供应商执行工艺流程的第一步。有经验的跟单员会发现，供应商有时会说谎，因此跟单员必须实地考察，了解实际情况，遇到与供应商所述不符的情况时，跟单员必须提醒供应商及时准备原材料，不能存在马虎心理，特别是对一些信誉较差的供应商要提高警惕。

（三）跟踪加工过程

不同原材料的生产加工过程是有区别的，为了保证货期、质量，跟单员需要对加工过程进行监控。对于有些原材料采购，其加工过程的质检小组要有跟单员参加。对于一次性大开支的项目采购、设备采购、建筑材料采购等，跟单员要特别重视。

（四）跟踪组装总测

跟单员有时需向产品零部件生产厂家采购成批零部件，有的零部件需要组装，因此必须进行组装检测。例如，出口企业接到计算机整机订单，该企业直接向 5 家企业下达零部件采购计划，分别采购电源总成、键盘、显示器、主板、音箱等，指定另一家企业进行总装交货。跟单员需要对电源总成、键盘、显示器等采购品进行组装测试。对这些零部件组装总测是完成整机产品生产的重要环节。这一环节的完成，需要跟单员有较好的电子技术背景和行业工作经验，否则，即使跟踪也达不到效果。

（五）跟踪包装入库

此环节是整个原材料、零部件跟踪环节的结束点，跟单员要与供应商联系，了解原材料、零部件最终完成的包装入库信息。对重要的原材料、零部件，跟单员应去供应商的仓库查看。

二、面料生产跟踪需注意的问题

采购单发放给供应商后，跟单员并不是可以高枕无忧地等供应商把所采购的原材料按质、按量送达指定仓库。跟单员需要在预定的交货期开始前几天提醒供应商，一方面给供应商适当的压力；另一方面可及时发现供应商能否按期交货或能否交够所需数量等情况的第一手资料，从而尽快采取相应措施。

催单的目的是使供应商在必要的时候送达所采购的原材料（零部件），以使企业的经营成本降低。

（一）催单的方法

催单的方法主要有按采购单跟催和定期跟催两种。

1. 按采购单跟催

按采购单跟催是指按采购单预定的进料日期提前一定时间进行跟催。通常采用以下方法。

1）联单法。将采购单按日期顺序排列好，提前一定时间进行跟催。

2）统计法。将采购单做成统计报表，提前一定时间进行跟催。

3）跟催箱法。制作一个 30 个格子的跟催箱，将采购单依照日期顺序放入跟催箱中，每天跟催相应采购单。以上方法的目的是保证跟单员不因工作繁忙而遗漏重要事项。

4）计算机提醒法。利用微软 Outlook 系统中的日历安排计划功能，将每月需要办理的催单事项，输入日历，每天上班开机，打开 Outlook 系统，它会自动提醒跟单员当天需要办理的事项。

2. 定期跟催

定期跟催一般在每周固定时间，将要跟催的采购单整理好，打印成报表定期统一跟催。

（二）催单的规划

1. 一般监控

跟单员在下达采购单或签订采购合同的同时，就应决定监控的方法。倘若采购的原材料为一般性、非重要性的商品，则仅作一般的监控即可，通常仅需注意是否能按规定的期限收到检验报表，有时可用电话查询实际进度。但若采购的原材料较为重要，可能影响企业的营运，则应考虑另作周密的监控。

跟单员要了解实际进度，可从供应商的进度信息中获得，如供应商的进程管理信息、生产简报中的信息、供应商依约定送交的定期进度报表等，或直接去供应商企业了解。

对于较重大的业务，跟单员可在采购单或采购合同中进行明确规定，供应商应编制预定进程进度。此项内容可在报价说明中或招标须知中列明，并应在采购单或采购合同中明确约定。所谓预定进程进度表，应包括全部筹划供应生产的进程，如企划方案、设计方案、采购方案、生产企业产能扩充、工具准备、组件制造、分车间装配生产、总装配生产、完工试验及装箱交运等全过程。此外，应明确规定供应商必须编制实际进度表，将预估进度并列对照，并说明延误原因及改进措施。

2. 生产企业实地考察

对于重要原材料（零部件）的采购，除供应商按期递送进度表外，跟单员还可以实地前往供应商生产企业进行实地考察。此项考察，应在采购单内明确约定，必要时可派专人驻厂监督。

（三）催单的工作要点

跟单员要进行有效的催单，必须要做好交货管理的事前规划、事中执行与事后考核。

1. 事前规划

1）确定交货日期及数量。
2）了解供应商生产设备利用率。
3）供应商提供生产计划表或交货日程表。
4）提高供应商的原材料及生产管理。
5）准备替代来源。

2. 事中执行

1）了解供应商备料情况。
2）企业提供必要的材料、模具或技术支援。
3）了解供应商的生产效率。
4）加强交货前的催单工作。
5）交货期及数量变更的通知。
6）企业尽量减少规格变更。

3. 事后考核

1）对交货迟延的原因进行分析并做好对策措施准备。
2）分析是否需要更换供应商。
3）执行对供应商的奖惩办法。
4）完成采购单后对余料、模具、图纸等进行收回及处理。

任务三　原材料检验

【操作分析】

Ruby 下达采购单给宁波五彩布厂生产。在生产过程中，为确保面料的质量，Ruby 多次前往五彩布厂查看生产状况，并带回一小块面料大货样进行检测，以确保所采购的面料与原样及合同规定一致。

一、确认面辅料质量

对于面料，50% linen & 50% cotton 12×12/52×52（50%亚麻和50%棉，经纬纱分别为12支和12支，经纬密度分别为52和52），同时合同注明 All the fabric and EMB should be AZO free. The products must get through SGS certification（所有面料、绣花色不能含有偶氮。产品应能通过 SGS 认证）。

Ruby 将五彩布厂生产的面料取样拿回公司进行检测，以确保面料规格与合同相符，不含偶氮。对于面料规格，Ruby 采用眼看和手摸的方法将面料对照原样进行了外观检测，判定五彩布厂生产的面料与合同要求及原样相符，为合格品。

至于对偶氮有害化学物质的检验，宁波诚通进出口贸易公司缺乏相应检测设备。为此，Ruby 将原辅料样品送往浙江省纺织品与染化料产品质量检验中心进行检测，3 天后检验报告出来，显示面料不含偶氮染色剂，符合要求。

若 Ruby 在对五彩布厂生产的面料进行检验时发现实际品质与合同要求有出入，应在第一时间与业务经理沟通联系，及时处理面料品质不良问题，坚决拒绝购买五彩布厂不符合质量要求的面料。

二、确认面辅料数量

经过 5 天的生产，五彩布厂顺利完成了 45 000m 面料的生产，并于 2010 年 4 月 24 日完成了所有指定面料的生产，并检验合格。同时按照约定，富亚达服饰有限公司如期采购了生产所需的足量的纽扣。在得知面辅料生产完工并已入库后，Ruby 随即前往仓库对采购的面辅料进行了清点和核实。

 理论概述

一、原材料检验

（一）确定检验日期

一些原材料、大型零部件，如铜材、PVC（聚氯乙烯）、机械部件、成套设备部件、大型电子装置部件，往往需要跟单员到供应商现场检验；有些原材料，如电子元器件、轻小型物品，供应商可将原材料、零部件送采购方检验。跟单员应与供应商商定检验日期及地点，以保证较高的检验效率。

（二）通知检验人员

对有质量检验专业人员的企业，跟单员应主动联系质量检验专业人员一同前往检验地点进行原材料、零部件的检验。没有质量检验专业人员的企业，跟单员除要掌握产品的检验方法外，还要通知供应商质量管理人员一同参与。安排检验要注意原材料、零部件的轻重缓急，对紧急原材料、零部件要优先检验。

（三）进行原材料检验

对一般原材料，采用正常的检验程序；对重要原材料，或供应商在此一系列供应上存在质量不稳定问题的原材料，则要严加检验；对不重要的原材料，或者供应商在此原材料供应上质量稳定性一直保持较好的，则可放宽检验。原材料检验的结果分为两种情况：合格材料和不合格材料。不合格材料的缺陷种类有致命缺陷、严重缺陷、轻微缺陷。检验的结果应以数据检测及相关记录描述为准。

（四）处理质量检验问题

对于有严重缺陷的原材料，跟单员应要求供应商换货；对于有轻微缺陷的原材料，跟单员应与质量管理人员、设计工艺人员协商，同时考虑生产的紧急情况，确定是否可以待用；对于偶然性的质量问题，跟单员要正式书面通知供应商处理；对于多次存在的问题，跟单员应提交企业质量管理部门正式向供应商发出的《质量改正通知书》，要求供应商限期改正质量问题；对于出现重大质量问题的，则由采购方企业组织专题会议，参加人员应包括设计人员、工艺人员、质量管理人员、跟单员等，负责讨论质量问题的对策，确定是因为设计方案的问题还是供应商的问题。前者要修改设计方案，后者要对供应商进行处理，包括扣款、质量整改、降级使用、取消供应商资格等。

二、服装面料检验

（一）检验记录

面料生产质量控制问题：一般情况下面料采用 10 分、4 分评定法，面料检查一般以随机抽样形式进行，即从整批来布中，任意挑选一定数量的样本，用视觉审察以决定整批的品质。对面料大货 10% 进行抽查，当面料大货数少于 1 000 码时做 100% 检查。检查面料时，验布者保持约 3ft 的距离，以 40W 加罩日光灯 3 或 4 只，布面照度不低于 750lx 为准。光源与布面距离为 1～1.2m。面料背面应有照明设施的验布台，拉伸时无张力。面料的走动速度要适合验布者的检查和记录，以便检查人员能够清楚审查面料上的瑕疵。然后在另一端将滑过验布台的面料重新卷上。检查的结果表格应放在工厂，但必须以下内容。

1）用此布的款号（style，客人用的非工厂自编）。
2）面料来源（目的在于区分，并非要详细的地址）。
3）染缸号，每缸布的颜色会有所差异，因此必须区分缸号、颜色名称或代号。
4）面料检查者签名，并写上疵点的数量。

（二）检验标准

目前，国际间还没有任何统一的面料检定标准，但西欧和美国等地均常用 10 分制评法、4 分制评法以控制处理布料疵点，这两个也是最常用的制度。

1. 10 分制评法

此检定标准适用于任何纤维成分、封度和组织的梭织坯布及整理布上。由于一般买家所关心的是面料因疵点所剪掉的数量及引起的投诉，并非是疵点的成因，所以此评分法只是根据疵点的大小来评核等级。评核方法是检查人员根据疵点评分标准查验每匹面料的疵点，记录在报告表上，并给出处罚分数，作为布料的等级评估。

（1）疵点评分

以疵点的长度分经纬不同的扣分方法，如表 3-3 和表 3-4 所示。

表 3-3　经疵长度扣分方法

经疵长度	10～36in①	5～10in	1～5in	1in 以下
处罚分数	10 分	5 分	3 分	1 分

表 3-4　纬疵长度扣分方法

纬疵长度	全封度	5in 至半封度	1～5in	1in
处罚分数	10 分	5 分	3 分	1 分

除特别声明外，否则验布只限于检查布面的疵点。另外，在布边 0.5in 以内的疵点不需理会。每码面料的经疵和纬疵评分总和不得超过 10 分。换言之，就算疵点很多或非常严重，

---

① 1in≈0.0254m。

最高处罚分数都只是 10 分。

（2）等级评估

根据检查的结果，将整匹面料评估为"首级"品质或"次级"品质。如果处罚分数的总和较被查验的码数小，该匹面料则被评为"首级"；如果处罚分数的总和超过被查验的码数，该匹面料则被评为"次级"。由于较阔布封附有疵点的机会比较大，所以当布封超过 50in 时，布料的处罚分数限制可以约略放宽，但不应多于 10%。

2. 4 分制评法

该评分法主要应用于针织面料上，但亦可应用于梭织面料。4 分制跟 10 分制的基本概念和模式非常相似，只不过是判罚疵点分数上不同而已。该评核方法跟 10 分制一样，检查人员跟据疵点评分标准查验每匹面料的疵点，记录在报告表上，并给予处罚分数，作为面料的等级评估。

（1）疵点评分

疵点扣分不分经纬向，依据疵点表长度给予恰当扣分，如表 3-5 所示。

表 3-5　4 分制评分法

疵点长度	3in 或以下	3～6in	6～9in	超过 9in
处罚分数	1 分	2 分	3 分	4 分

较大的疵点（有破洞不计大小）每 1 码计 4 分检查评定，除特别声明外，否则只需检查布面的疵点。另外，在布边 1in 以内的疵点不需理会。不论幅宽，每码面料的最高处罚分数为 4 分。特殊瑕疵，如破洞、轧梭，一律扣 4 分。

（2）等级评估

不论检查面料的数量是多少，此检定制度需以 100 平方码面料长度的评分总和为标准。若疵点评分超过 40 分，该匹面料则便被评为"次级"，即不合标准。

计算公式如下

100 平方码平均扣分数＝（总扣分×100×36）/检查总码数×规格幅宽（in）

除非面料的规格不对，否则表面不可见的疵点不计分数，小疵点不做记录。

（三）面料检查

以下几点是面料检查的指导性原则，以便在检查面料的过程中得到应用。

1. 返工的现象

1）色差超过允许范围。

2）连续性地起球，或明显的折痕或修补痕迹。

3）规格误差超过 5%印花疵点（指规律性或成批性），成品规格不符合要求。

4）长度少于 25 码，打结纱超过 1 处，在大批时允许多个打结纱，但其间距不得少于 25 码，不熟棉或坏棉影响成品的外观。

5）结纱距少于 25 码，有明显的色差。

2. 物理结构检查

（1）重量检查

重量（规格）允许在正常规格的±5%上下浮动，可以用单位长度（码）、盎司或单位面积（平方码）表示，同样可用公制表示，由于是平幅布，平方面积规格是建立在全幅基础上的，并非可裁部分（即包括无用边布）面积，长度也同样。捡查人员可以利用电子磅来检定面料的重量，利用圆形切样器，在每匹面料不同部位，切出 $100cm^2$ 的标准面积，然后放在测量布重的电子磅上，屏幕便立即准确地显示该块面料的重量。

（2）缩率检查

取布样 1m×1m，用 80℃温水泡两小时，取出晾干。之后用同样的方法再洗 2 次。测量布样缩水后的长度乘以宽度所得的值再乘以 100%即为缩率。

（3）幅宽检查

在查验过程中，随意在每匹面料上选取 3 个阔度，幅宽 3 点测量：开头、中间、结尾，布幅测量时需要用硬尺，然后将结果记录在验布报告表上。每个颜色至少一卷，当抽验数大于 10 卷时，按发货颜色总数的比例进行抽验。幅阔测量和记录最接近的是 1/8 英寸，当布幅少于 1/4 英寸宽度时，此卷应贴上狭幅标签，所有狭幅面料如果不返修，则需要重新拟订价格。当幅宽少过 1/2 英寸时，有必要进行退货处理。

（4）长度检查

将准备检查的布卷逐一放在验布机上，利用米表或码表测量每匹的长度，然后将所得长度与布卷标签上的长度进行核对，并将结果记录在验布报告表上。

（5）色差、色牢度检查

将每批布颜色对照色卡，要在允许色差范围内对照，不要求绝对准确相同，但必须是在可接受的范围之内。在同批货同缸内有色差，应该发出质量好的部分，扣下不良部分，而且被认为一致的，除非全程对布进行编号，严格控制。每缸每色都需要一块色板，把核色板放在一起进行对照，以便控制，最后把每个颜色的色牢度保存在主档案中。检查人员可以利用对色灯箱来检定面料颜色。使用灯箱有一点必须留意，那就是不论色办或货料，每次所用光源必须一致，否则所有颜色比较都是没意义的。

（6）纱支

由于纱支与重量成正比例关系，所以可以利用天平或电子磅来检定纱线的细度。检查人员首先从批核样办中抽出一个长度的经纱，放在天平的一边，然后从来布中抽出同一长度的经纱，放在天平的另一边。如果天平保持平衡，这表示来布和批核样办的经纱支数是相同的；如果天平不平衡，这便表示两者支数存着差异。检查员可以重复以上办法来检定纬纱的细度。

（7）经纬密度

检查人员可以利用放大镜或布镜将面料的密度放大，利用肉眼点算在 1 平方英寸内经纱和纬纱的数目，然后将所得数目与规格或批核样办相比，便可知道来布的密度是否合符标准。

（8）组织结构

跟检查经纬密度一样，检查人员可以利用放大镜或布镜，观察面料的平纹、斜纹、缎纹等的组织结构是否正确。

任务四　原材料进仓跟踪

【操作步骤】

1．Ruby 根据原材料特点整理收料流程。

2．Ruby 协调货物的衔接事宜。

【操作分析】

一、收料流程

货物验收，应做到进出验收，品质第一。货物的验收工作，是做好仓库管理的基础。一般来说，仓库货物的验收主要包括 4 个方面：第一，品名、规格；第二，数量；第三，品质；第四，凭据。

物料验收入库工作涉及货仓、品质、物料控制、财务等诸多部门，其主要步骤如下：第一，确认供应商；第二，确定交运日期与验收完工时间；第三，确定物料名称与物料品质；第四，清点数量；第五，通知验收结果；第六，退回不良物料；第七，入库；第八，记录。收料流程如图 3-2 所示。

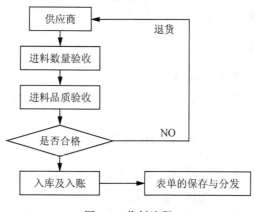

图 3-2　收料流程

二、协调货物衔接

Ruby 与宁波富亚达服饰有限公司联系，询问其在 2010 年 3 月 24 日能否正常接收货物，以及货物将存放的地点、仓库堆放的容量等情况。确认结果是宁波富亚达服饰有限公司在 2010 年 3 月 24 日可正常接收货物。

Ruby 对五彩布厂的成品面料检验完毕后，查看包装，并与五彩布厂协商发货事宜，确定在 2010 年 3 月 24 日将面料运至宁波富亚达服饰有限公司仓库，并告知其具体地点。

 理论概述

一、原材料进仓

（一）协调送货

送货时间需要跟单员与供应商沟通协调确定，如果供应商在没有得到采购方许可的情况下送货，则会导致跟单操作过程的混乱，导致仓储费用增加等；如果跟单员在没有和供应商协调确定的情况下，通知供应商立即送货，则可能导致原材料不能按期到达的后果。

（二）协调接收

仓库分企业和社会仓库，企业仓库每天要进出大量的原材料、零部件、成品、半成品等，其过程有卸货、验收、入库信息操作、库房空间调配等。对于大数量、大体积的原材料，可能因为库房没有接收计划（主要是存储空间不够）而临时拒绝接收。在供应商送货前，跟单员一定要协调好仓库部门的接收工作，否则会出现供应商送货人员及运输车辆需要等待较长时间的情况，甚至会出现原材料被运回供应商所在地的情况。

二、通知进货

跟单员在经过协调送货和协调接收工作后，即可通知供应商送货，供应商在得到送货通知后，应立即组织专职人员进行处理，将原材料送至指定仓库。不过在特殊情况下，跟单员如得到公司通知此项原材料所属产品已经停产，并且没有任何产品能够使用此项原材料，那么跟单员应立即通知供应商停止送货活动，由公司与供应商商谈相应的赔偿事宜。

三、原材料、零部件入库

（一）原材料、零部件的库房接收过程

1）检查即将送达的货物清单信息是否完整（包括原材料、零部件的采购单、型号、数量等）。

2）接收原材料、零部件，对采购单进行核查。

3）检查送货单据及装箱单据。

4）检查包装与外观，注意原材料、零部件检验合格后才能卸货。

5）卸货，清点原材料、零部件，搬运入库。

6）填写原材料、零部件入库单据，注意原材料、零部件检验合格后才能填写一系列入库单。

7）将原材料、零部件入库信息录入存储信息系统。

8）处理原材料、零部件接收问题。

（二）原材料、零部件在接收过程中的问题

由于供应商或者跟单员方面的原因，原材料、零部件在接收环节上可能会出现以下问题。

1）原材料、零部件型号与采购单中的要求不一致。

2）未按照采购单中指定的原材料、零部件数量送货。

3）交货日期不对。

4）原材料、零部件的包装质量不符合要求等。

此类问题跟单员需与有关领导一同协调解决。

 课后训练

一、制定采购单

根据下面的形式发票和购销合同制定采购单。

1. 形式发票

NINGBO IMPORT AND EXPORT UNITED CO. LTD.

ADD: NO.132 ZHONGSHAN ROAD,NINGBO,CHINA

Tel: 0086-574-89777777　　　　　　　　Fax: 0086-574-86777777

PROFORMA INVOICE

PAGE NO:　1/1	P/O NO.:
DATE:Feb.15th, 2012	P / I NO.: HTMJ15-120214-1

TO MESSERS: SUN SHINE INTERNATIONAL

NO.	COMMODITY	QTY	FOB SHANGHAI（USD）	AMOUNT（USD）
Mould spare parts				
1	Marker Section Core Pin	40pcs	$80.00	$3 200.00
2	Marker Section Small Core Pin	30pcs	$40.00	$1 200.00
3	Marker Section Stripper Bush	30pcs	$25.00	$750.00
TOTAL:				$5 150.00

PACKING:　EACH MOULD PACKED IN WOODEN CASE

DESCRIPTION:　SPARE PARTS FOR MOULDS

DELIVERY:　60 DAYS FOR FIRST TRIAL SAMPLE UPON RECEIVING DEPOSITS

PAYMENT:　40% T/T IN ADVANCE,60% T/T AFTER CHECKING MOULDS ARE WORKING OK IN OUR FACTORY

SHIPPING MARKS:　ROTOMAC, INDIA, MADE IN CHINA

OUR BANK INFORMATION:

THE BENEFICIARY:　NINGBO IMPORT AND EXPORT UNITED CO. LTD

THE BENE'S ADD:　NO.132 ZHONGSHAN ROAD,NINGBO,CHINA

THE BENE'S BANK:　BANK OF CHINA, NINGBO BRANCH

THE BANK ADD:　YAOHANG RD.,NINGBO, CHINA

2. 购销合同

购 销 合 同

供方：------------------------------　　合同编号：------------------------------

需方：------------------------------　　签订地点：------------------------------

代理出口方：---------------------------　签订时间：------------------------------

产品名称、商标、型号、厂家、数量、金额、供货时间及数量：------------------------------

产品名称	图片	计量单位	数量	单位价（元）	总金额（元）

总金额：------------------------------

一、材质------------------------------

二、质量要求技术标准------------------------------

三、交（提）货地点、方式------------------------------

四、运输及到站港和费用负担------------------------------

五、包装------------------------------

六、结算方式及期限	
七、违约责任	
八、解决合同纠纷的方式	
九、交货时间	
十、其他约定事项	

供　　　　　方		需　　　　　方	
单位名称（章）		单位名称（章）	
单位地址		单位地址	
		法定代表人	
委托代表人		委托代表人	
电　话		电　话	
传　真		传　真	
开户银行		开户银行	
账　号		账　号	

二、知识巩固

（一）单项选择题

1. 跟单员进行原材料采购跟单工作的中心任务是确定（　　）。
   A. 交货时间合理　　　　　　B. 交货价格合理
   C. 交货地点合理　　　　　　D. 交货数量合理

2. 跟单员跟踪采购单的最后环节是（　　）。
   A. 跟踪原材料生产加工　　　B. 跟踪原材料
   C. 跟踪加工过程　　　　　　D. 跟踪包装入库

3. 以下不属于供应商由于管理方面原因所造成的原材料供应不及时现象的是（　　）。
   A. 质量管理不严　　　　　　B. 转包管理不严
   C. 交货期忽视　　　　　　　D. 超过产能接单

4. （　　）不属于供应商因管理方面原因造成的原材料供应不及时。
   A. 质量管理不到位
   B. 对再转包管理不严
   C. 交货期责任意识不强
   D. 超过产能接单

5. （　　）不属于原材料供应商在生产能力方面出现的问题。
   A. 生产交货时间计算错误
   B. 临时急单插入
   C. 小批量订单需合起来生产
   D. 需调度的材料、零配件采购延迟，生产量掌握不准确
   E. 不合格品产生较多

6. 适当的交货地点是指（　　　）。
   A. 供应商企业的仓库
   B. 采购商仓库
   C. 供应商企业的生产线上
   D. 只要离企业最近，方便取用装卸运输的地点都是适当的交换地点

7. 跟单员花费精力最多的跟单环节是（　　　）。
   A. 制作采购单
   B. 内部报批
   C. 采购单跟踪
   D. 原材料检验

8. 跟单员跟踪采购单的最后环节是（　　　）。
   A. 跟踪原材料供应商的生产加工工艺
   B. 跟踪原材料
   C. 跟踪加工过程
   D. 跟踪包装入库

（二）多项选择题

1. 原材料采购跟单的原材料应包括（　　　）。
   A. 零部件　　　　　　　　B. 说明书
   C. 辅料　　　　　　　　　D. 原材料采购设备

2. 跟单员采取催单的管理方法主要有（　　　）。
   A. 一般监视　　　　　　　B. 预定进度时程的监控
   C. 会计报表　　　　　　　D. 生产企业的实地查证

3. 跟单员进行催单的具体方法主要有（　　　）。
   A. 联单法　　　　　　　　B. 跟催箱法
   C. 统计法　　　　　　　　D. 电子提醒法

4. 以下由于采购商原因而导致原材料供应不及时的是（　　　）。
   A. 采购方对原材料供应商的生产能力或技术能力调查不深入，出现原材料供应商选定失误
   B. 采购方提供材料、零部件给生产方加工的供应延迟，造成生产方下达工序加工延误
   C. 采购方与供应商沟通存在问题，采购单或指示联络事项阐述不清，指示联络不切实际，单方面指定货期，业务手续不全造成工作延误
   D. 采购方对供应商生产工艺等技术指导、图纸接洽、变更说明等不到位，质量要求不明确，造成产品交货不符合要求

5. 以下属于原材料跟单基本要求的是（　　　）。
   A. 适当的交货时间
   B. 适当的交货质量
   C. 适当的交货地点
   D. 适当的交货数量

6. 如果交货期延迟，会产生的影响有（　　）。

　　A. 由于原材料进货的延误，出现生产待料空等或延误，导致生产效率下降

　　B. 为追上生产进度，需要加班或增加员工，致使人工费用增加

　　C. 采用替代品或使用低品质的原材料，造成产品质量不符合要求，引起纠纷

　　D. 交货延误的频率越高，跟催工作费用就越高

7. 跟单员在做催单的事前规划工作时，重点应该注意（　　）。

　　A. 确定交货日期及数量

　　B. 了解供应商生产设备利用率

　　C. 加强供应商的原材料及生产管理

　　D. 准备替代来源

8. 以下属于跟单员对原材料（零部件）进仓应该采取的步骤有（　　）。

　　A. 协调送货

　　B. 协调接收

　　C. 通知进货

　　D. 原材料、零部件入库

（三）思考题

生产企业不能及时交货的主要原因有哪些？

三、采购跟踪实训

根据任务一中的采购单，进行采购跟踪，并制作交期控制表及采购进度跟踪表。

1. 交期控制表

预定交期	请购日期	请购单号	物品名称	数量供应	供应商	单价	验收	日期	迟延日数

2. 采购进度跟踪表

下单日	料号	名称	请购数	交期	供应商	进度情况	结案

四、判断题

1. 所采购的原材料的交货时间宜早不宜迟，因此交货期越早越好。　　　　（　　）

2．对于原材料采购的交货地点，只要离企业最近、方便企业装卸运输的地点都是适当的交货地点。 （ ）

3．价格的确定是其他人交待的，是其他人的责任，跟单员不需要进行价格的确认。

（ ）

4．一般而言，长期合作的供应商的报价是最低的。 （ ）

5．《采购原材料辅料申请单》通常由跟单员制作。 （ ）

6．跟单员应该先于供应商协调送货并且跟仓库协调接收后再通知供应商送货，否则会引起货物机舱的混乱。 （ ）

7．跟单员应确认原材料采购量，原材料的采购数量应与对外合同、订单总量相匹配。

（ ）

8．跟单员跟踪原材料主要是监督供应商是否已经按要求备齐原材料。 （ ）

9．对于重要原材料、零部件的采购，除要求供应商按期递送进度表外，跟单员还可以实地前往供应商生产企业进行实地考察。 （ ）

10．对重要的原材料、零部件的包装入库，跟单员应去供应商的仓库查看。 （ ）

五、案例题

1．小王是 A 公司新进的跟单员，最近公司接到国外客户的一个大单，国外客户对原材料的要求比较严格，A 公司选定了一家供应商，业务经理让小王负责这个单子的跟进工作。对于刚毕业而且没有任何工作经验的他来说，这个工作的确是个不小的挑战。你觉得小王应该怎样进行催单的规划，以确保原材料能按要求供应？

2．小李是公司新来的跟单员，刚大学毕业，没有任何工作经验，负责一批纯棉布订单的跟单工作，他在跟供应商企业协调时，告诉供应商只要订单在规定时间内完成就可以，不必通知立即送货。你认为小李的送货安排是否合理，为什么？

项目四　生产进度跟进

项目导入

Ruby 将产前样寄出后，2010 年 4 月 5 日宁波诚通进出口贸易公司收到美国 PR Textiles 公司的电子邮件，内容如下：你公司于 2010 年 4 月 30 日寄送的产前样经我方质检部确认，我方对产前样非常满意，请依产前样生产大货。

知识目标

1. 掌握生产通知单的内容及制定方法。
2. 掌握分析供应商生产能力的方法。
3. 掌握制订生产计划的各种方式。
4. 掌握跟踪生产进度的方法及异常情况的处理方式。
5. 了解出口产品质量构成的要素。
6. 掌握生产制造过程质量控制的要求。
7. 掌握最终产品质量检验的主要内容及方法。
8. 了解不合格品的管理方式。

能力目标

1. 能够将订单要求转化为生产通知单。
2. 能够准确测算供应商的生产能力。
3. 能够准确制订生产计划。
4. 能够及时跟踪生产进度。
5. 能够按订单要求监控生产过程中的产品质量。
6. 能够严格检验最终产品的质量。

素质目标

1. 培养社会责任感及吃苦耐劳的意志品质。
2. 培养爱岗敬业、奉公守法的职业道德。
3. 培养灵活多变的工作思维。

任务分解

任务一　下达生产通知单与生产计划制订

任务二　生产进度跟踪及生产过程质量监控

任务三　最终产品验收

任务一　下达生产通知单与生产计划制订

【操作步骤】

1. Ruby 向宁波富亚达服饰有限公司下达生产通知书。
2. 根据宁波富亚达服饰有限公司的生产能力制订生产计划。

【操作分析】

收到美国 PR Textiles 公司允许生产大货的通知后，Ruby 与宁波富亚达服饰有限公司的技术部门将合同转化为企业下达生产任务的生产通知单，生产通知单应明确所订产品的名称、规格型号、数量、包装、出货时间等要求。2010 年 4 月 5 日，Ruby 与富亚达服饰有限公司技术科共同下达了如表 4-1 所示的生产通知单。

表 4-1　生产通知单

加工部门			生产一组、二组、三组和四组				
订单编号	100356		订货客户	宁波诚通进出口贸易公司		通知日期	2010.04.05
产品名称	男式灰色织长袖衬衫左胸带有绣花标志		交货方式	完工一次性交货		生产日期	2010.04.06～2010.05.20
规格型号	DN32 DN15		交货期限	2010.05.21		完工日期	2010.05.20
生产数量	DN32：10 000 件，S，M，L，XL 各 2 500 件 DN15：10 000 件，S，M，L，XL 各 2 500 件		特别规定事项 保证服装品质合格外，必须确保所有标唛准确无误。各尺码规格详见附件				
工艺要求	样衣、纸样工艺单等见技术科资料						
质检要求	工人自检，互检，QC 专检；大货完工后抽样检查						
包装要求	每件衬衫背后放入衬纸，一件装一个塑料袋，4 件混码装入一小盒，5 盒装一出口标准"双坑"纸箱，尾箱必须注明。胶袋和纸袋外必须印刷"可循环标志"						
使 用 材 料							
序号	料号	品名	规格	单位	单机用量	标准用量	损耗率	备注
1	11-18	男式长袖衬衫	DN32	件	2.2 米	2.1 米	0.1%	
2	11-18	男式长袖衬衫	DN15	件	2.2 米	2.1 米	0.1%	
生产方法								
附件								

生产通知单的制作应注意以下几点。

1）产品的规格型号需清楚注明，以便生产部门下达任务。

2）交货期限需根据宁波富亚达服饰有限公司的生产能力及订单的最终交货时间确定。第一，与外销合同的交货时间应有提前，因富亚达服饰有限公司交货之后，诚通进出口贸易公司需要进行出口制单、报关报检等出口手续，需有足够时间进行安排。第二，生产时间需根据富亚达服饰有限公司实际的生产能力进行安排。富亚达服饰有限公司实开多少条生产线给诚通进出口贸易公司此订单，每条生产线的生产能力，在合同范围内是否可保质保量完成等方面都需确定。

3）产品的数量、各尺码的要求等都需写明。

4）对产品的检验要求，符合哪种标准等都需一一写明。

5）包装的确定，货物包装完毕直接出口，所以所有包装需满足出口货物需求。

 理论概述

一、生产进度跟单的要求

1. 保证按时交货

按时交货跟单要点：①加强与生产管理人员的联系，明确生产、交货的权责；②减少或消除临时、随意的变更，规范设计、技术变更要求；③掌握生产进度，督促生产企业按进度生产；④加强产品质量、不合格产品、外协产品的管理；⑤妥善处理生产异常事务等。

2. 保证按质交货

跟单员在生产进度的跟单过程中要保证生产厂商按照合同约定的质量要求完成产品的生产加工，以便按质交货。

二、生产进度跟单流程

1. 下达生产通知书

对于外贸跟单员及生产企业跟单员在国内收购合同或订单签订后，需要及时将合同落实到具体企业生产，更要接触生产企业的下达生产通知工作。

（1）落实生产通知单内各项内容

跟单员接到订单后，应将其转化为生产任务的生产通知单，在转化时应明确客户所订产品的名称、规格型号、数量、包装、出货时间等要求。跟单员需与生产企业或本企业有关负责人对订单内容逐一进行分解，转化为生产企业的生产通知单内容。在对外交货时间不变的前提下，对本通知单内涉及的料号、规格、标准、损耗等逐一与生产部门衔接。不能出现一方或双方含糊不清或任务下达不明确的问题。

（2）协调生产通知单遇到的问题

有时会发生生产通知单受到生产车间具体生产操作上的技术、原材料供应等问题。跟单员需要进一步与车间或有关部门联系，协调解决具体问题，而不应有生产通知单下达后就完成任务的想法。跟单员必须及时了解掌握生产通知单具体下达到车间后，在生产执行时遇到的困难情况。对于生产车间不能解决的技术问题或生产出来的产品无法达到客户要求的情况，跟单员应及时与有关部门联系，在技术问题无法解决前，不能生产。

（3）做好生产通知后的意外事件处理

许多生产厂家为接订单，有时会出现抢单情况。即生产企业为保证企业生产开工，对于一些自认为可以生产的产品，在生产工艺、技术设备还达不到的情况下，冒险对外承诺，冒险对外接单。一旦订单下达了，企业内部具体安排生产时，就会出现生产车间技术、设备、工艺等达不到的情况，一时又无法解决外协的可能。这种情况会给按时、按质、按量完成交货带来严重的影响。跟单员需要反复核实，并做好多种应急事件处理准备工作，或及时调整生产通知单个别内容，或及时调整生产厂家另行下达生产通知单。

2. 分析生产能力

生产能力是指一个作业单元满负荷生产所能处理的最大限度。这里的作业单元可以是一个工厂、部门、机器或单个工人。

（1）确定生产能力的计算单位：投入和产出量

当企业以产出量作为计量单位时，则需考虑企业生产的产品种类有多少，如果只有一种主要产品，则可以以该产品作为计量单位；如果生产多种产品，则很难以其中某一种产品的产出量作为整体的计量单位，这时可采用代表产品计量法。

（2）确定影响生产能力的因素

1）产品因素。一般来说，产出越相近，其生产方式和材料就越有可能实现标准化，从而能达到更大的生产能力，此外设计的特定产品组合也必须加以考虑。

2）人员因素。组成一项工作的任务、涉及活动的各类人员，以及履行一项任务需要的培训、技能和经验，对潜在和实际产出有重要的影响。另外，相关人员的动机、缺勤和滚动与生产能力也有着直接的联系。

3）设施因素。厂址因素，包括运输成本、与市场的距离、劳动供应、能源和扩张空间。

4）工艺因素。如果产品质量不能达到标准，就会增加产品检验和返工工作，从而导致产量下降。

5）运作因素。一个组织由于存在不同设备生产能力的矛盾或工作要求的矛盾而产生的排程问题、存货储备的决策、发货的推迟、所采购的原材料部件的合意性，以及质量检验与制程控制，都对有效生产能力具有影响。

6）其他因素。产品标准，特别是产品最低质量标准，能够限制管理人员增加和使用生产能力的选择余地，如企业为了达到产品和设备的污染标准，经常会减少有效生产能力。

（3）计算成批加工企业的生产能力

1）计算单台设备产能。由于加工的零件不是单一品种，所有零件的形状大小不同，加工的工艺步骤也不同，而且加工的时间长短不一，这时不能用产出量计算，而只能采用设备能提供的有效加工时间来计算，称为机时。

2）计算班组产能。车间班组是最小生产单位，每个班组配备一定数量的加工工艺相同的设备，但它们的性能与能力不一定相同。所以计算班组生产能力是从单台设备开始，再将这些设备的生产能力整合计算。

3）确定车间产能。由于班组的加工对象是零件，它们的能力应该以机时计量。而由于车间的生产对象往往是产品或零部件配套数，因此它的生产能力应该以产量计量。

4）确定工厂产能。工厂生产能力可以根据主要生产车间的能力来确定，能力不足的车间，可以用调整措施解决。

（4）计算流水线企业的生产能力

1）计算流水线生产能力。流水线的生产能力取决于每道工序设备的生产能力，所以应从单台设备开始计算。

2）确定车间的生产能力。如果是制造车间，它既有零件加工流水线，又有部件装配流水线，这时它的生产能力应该由装配流水线的能力决定。即使有个别的零件加工能力低于装配流水线能力，也应该按照这个原则确定。如果是零件加工车间，每个零件有一条专用生产线，而所有零件又都是为本企业的产品配套，那么该车间的生产能力应该取决于生产能力最小的那条生产线的能力。

3）确定企业的生产能力。由于各车间之间加工对象和加工工艺差别较大，选用的设备性能差别很大，生产能力不一致，因此，基本生产车间的生产能力通常按主导生产环节来确定。而当基本生产车间和辅助生产部门的生产能力不一致时，企业的生产能力应由基本生产车间的生产能力决定。

3. 制订生产计划

生产计划是企业生产工作安排的依据，它的制订及实施关系到生产及交货的成败。跟单员应协助生产管理人员将订单及时转化为生产计划，以便产品的顺利制造。

生产计划的制订主要依据订单要求、前期生产记录、计划调整及产能分析。其计划的内容主要有各月份、各规格、设备及销售类别的生产数量，并且每月应进行一次修订。月度生产计划的制订是由3个月生产计划转化而来的，它是生产安排的依据，也是采购计划制订的依据。计划的内容包括当月各批号、产品名称、生产数量、生产日期、生产单位的产量等。一周生产计划是由月份生产计划或紧急订单转换而订制的，它是具体生产安排及物料控制的依据。

Ruby 与宁波富士达服饰有限公司一起下达生产通知单，根据宁波富士达服饰有限公司的生产能力，Ruby 制订了相应的生产计划。本订单计划生产时间为 45 天，周生产计划表如表 4-2 所示。

表 4-2　周生产计划表

NO.	批号	产品名称	数量/件	金额	制造单位	生产日期		预定出货日期	备注
						开工	完工		
1	100356	男式长袖衬衫	2 500		宁波富士达服饰有限公司	2010.04.06	2010.04.09		
2	100356	男式长袖衬衫	3 050		宁波富士达服饰有限公司	2010.04.12	2010.04.16		
3	100356	男式长袖衬衫	3 050		宁波富士达服饰有限公司	2010.04.19	2010.04.23		
4	100356	男式长袖衬衫	3 050		宁波富士达服饰有限公司	2010.04.26	2010.04.30	2010.05.21	
5	100356	男式长袖衬衫	3 050		宁波富士达服饰有限公司	2010.05.03	2010.05.07		
6	100356	男式长袖衬衫	3 050		宁波富士达服饰有限公司	2010.05.10	2010.05.14		
7	100356	男式长袖衬衫	2 350		宁波富士达服饰有限公司	2010.05.17	2010.05.20		

4. 跟踪生产进度

（1）生产进度控制工作程序

1）根据《生产日报表》统计调查每天的成品数量及累计完成数量，以了解生产进度并加以跟踪控制。

2）利用每日实际生产的数字同预定生产数字加以比较，看是否有差异，以追踪记录每日的生产量。

3）发现实际进度与计划进度产生差异，应及时查找原因。如属进度发生延误导致影响交货期，除追究责任外，应要求企业尽快采取各种补救措施，如外包或加班等。

4）调查补救措施是否有效，如效果不佳，应要求企业再采取其他措施，一直到问题得到解决。

5）补救措施无效，仍无法如期交货时，应及时联络并争取取得境外客户谅解，并征求延迟交货日期。

（2）生产进度控制重点

包括计划落实执行情况；机器设备运行情况；原材料供应保障；不合格及报废率情况；临时任务或特急订单插入情况；各道工序进程；员工工作情绪等。

任务二　生产进度跟踪及生产过程质量监控

【操作步骤】

1．Ruby 跟踪宁波富士达服饰有限公司的生产进度，确保能按时按期完成。

2．Ruby 对生产全过程进行质量监控，确保产品符合合同要求。

【操作分析】

一、生产进度跟踪

为了保证在合同规定时间按时出货，Ruby 应该紧盯富亚达服饰有限公司的生产进度。为此，在业务经理的指示下，Ruby 计划每周两次查看生产进度。跟踪生产进度主要从清点成品数量（合格品数）及查看生产车间的生产日报表入手，清点成品数量可以静态确定生产进度，查看生产日报表则可以动态检查生产情况，进而预测今后工作日中是否存在问题。因此，在生产进度跟单工作中，学会查看生产日报表是跟踪企业实际生产进度的有效工具和手段。

富亚达服饰有限公司是从 2010 年 4 月 6 日（星期二）开始生产宁波诚通进出口贸易公司订单的产品，每周工作 5 天，每天 2 个班次，每个班次工作 8 小时，表 4-3 是 Ruby 得到的该厂生产日报表汇总（其中废品已扣除）。

表 4-3　生产日报表汇总

生产日报表（1）

填表时间：2010 年 4 月 6 日 23 点 30 分　　　填表人：徐斌　　　　订单号：100358　　　单位：件

颜色	裁剪		缝制		后道		包装	
	当天	累计	当天	累计	当天	累计	当天	累计
DN32（S、M、L、XL）	640	640	420	420	0	0	0	0
DN15（S、M、L、XL）	0	0	0	0	0	0	0	0
小　计	640	640	420	420	0	0	0	0

生产日报表（2）

填表时间：2010 年 4 月 7 日 23 点 30 分　　　填表人：徐斌　　　　订单号：100358　　单位：件

颜色	裁剪		缝制		后道		包装	
	当天	累计	当天	累计	当天	累计	当天	累计
DN32（S、M、L、XL）	640	1 280	640	1 060	900	900	900	900
DN15（S、M、L、XL）	0	0	0	0	0	0	0	0
小　计	640	1 280	640	1 060	900	900	900	900

生产日报表（3）

填表时间：2010 年 4 月 8 日 23 点 30 分　　　填表人：徐斌　　　　订单号：100358　　单位：件

颜色	裁剪		缝制		后道		包装	
	当天	累计	当天	累计	当天	累计	当天	累计
DN32（S、M、L、XL）	640	1 920	640	1 700	700	1 600	700	1 600
DN15（S、M、L、XL）	0	0	0	0	0	0	0	0
小　计	640	1 920	640	1 700	700	1 600	700	1 600

生产日报表（4）

填表时间：2010 年 4 月 9 日 23 点 30 分　　　填表人：徐斌　　　　订单号：100358　　单位：件

颜色	裁剪		缝制		后道		包装	
	当天	累计	当天	累计	当天	累计	当天	累计
DN32（S、M、L、XL）	640	2 560	640	2 340	640	2 240	640	2 240
DN15（S、M、L、XL）	0	0	0	0	0	0	0	0
小　计	640	2 560	640	2 340	640	2 240	640	2 240

以后几天都是按照表 4-3 的速度生产，直到 4 月 30 日（星期五），如表 4-4 所示。

表 4-4　生产日报表

填表时间：2010 年 4 月 30 日 23 点 30 分　　　填表人：徐斌　　　　订单号：100358　　单位：件

颜色	裁剪		缝制		后道		包装	
	当天	累计	当天	累计	当天	累计	当天	累计
DN32（S、M、L、XL）	0	10 000	0	10 000	0	10 000	0	10 000
DN15（S、M、L、XL）	640	2 160	640	1 940	640	1 840	640	1 840
小　计	640	12 160	640	11 940	640	11 840	640	11 840

Ruby 对生产开始至 4 月 30 日的生产速度感到满意，因为按此速度不变，整个订单的生产可以提前完成。

但是从 5 月 1 日开始，由于电力紧张，进行限电使用，致使富亚达服饰有限公司每天的生产时间只能达到 12 小时。相应的每天生产能力调整如表 4-5 所示。

表 4-5 调整后的生产日报表汇总

生产日报表（1）

填表时间：2010 年 5 月 4 日 23 点 30 分　　填表人：徐斌　　　　　　　　订单号：100358　　　单位：件

颜色	裁剪		缝制		后道		包装	
	当天	累计	当天	累计	当天	累计	当天	累计
DN32（S、M、L、XL）	0	10 000	0	10 000	0	10 000	0	10 000
DN15（S、M、L、XL）	540	2 700	540	2 480	640	2 480	640	2 480
小　　计	540	12 700	540	12 480	640	12 480	640	12 480

生产日报表（2）

填表时间：2010 年 5 月 5 日 23 点 30 分　　填表人：徐斌　　　　　　　　订单号：100358　　　单位：件

颜色	裁剪		缝制		后道		包装	
	当天	累计	当天	累计	当天	累计	当天	累计
DN32（S、M、L、XL）	0	10 000	0	10 000	0	10 000	0	10 000
DN15（S、M、L、XL）	540	3 240	540	3 020	540	3 020	540	3 020
小　　计	540	13 240	540	13 020	540	13 020	540	13 020

生产日报表（3）

填表时间：2010 年 5 月 7 日 23 点 30 分　　填表人：徐斌　　　　　　　　订单号：100358　　　单位：件

颜色	裁剪		缝制		后道		包装	
	当天	累计	当天	累计	当天	累计	当天	累计
DN32（S、M、L、XL）	0	10 000	0	10 000	0	10 000	0	10 000
DN15（S、M、L、XL）	540	4 320	540	4 100	540	4 100	540	4 100
小　　计	540	14 320	540	14 100	540	14 100	540	14 100

Ruby 在 2010 年 5 月 7 日赴富亚达服饰有限公司查看生产进度时，Ruby 对调整过的生产速度进行了以下的分析。

1）服装生产的裁剪、缝制、后道和包装 4 个生产环节中，缝制是决定生产速度的关键环节，因此在没有发生人员变动的情况下，缝制能完成数量，则可以基本保证能完成全部产量，因此把缝制环节看作服装的产量。

2）由于电力紧张，5 月 1 日～5 月 8 日（其中 5 月 1 日～5 月 3 日属于劳动节法定节假日，富亚达服饰有限公司所有员工休假），每天工作时间从原来的 16 小时降到 12 小时，导致日产量从 640 件降到 540 件。如果按照这样的生产进度（每天 540 件），则剩余要生产的产品数量 20 000－14 100＝5 900（件），需要的工作日为 5 900÷540＝10.93≈11 个工作日，若仍然按照一周工作 5 天计算，则要到 5 月 24 日完成，这将不能如期完成合同。假设所生产的产品全部合格，也将影响诚通进出口贸易公司的制单出运安排。作为采购方，宁波诚通进出口贸易公司必须先做打算，给自己留更多的余地。

综合以上分析，Ruby 一方面及时向业务经理汇报了情况，同时与富亚达服饰有限公司的有关管理人员进行了协调。紧急磋商后，富亚达服饰有限公司同意调整生产计划：调整一周的工作天数，从 5 月 9 日开始，每周工作 6 天。这样产品要在 5 月 21 日才能交货，仍不能在合同期内完成。所以 Ruby 与富亚达服饰有限公司商议在 5 月 8 日开始多让一条生产线给诚通进出口贸易公司的订单生产。这样，自 5 月 8 日开始，本订单每日生产量为 720

件，需要工作日为 5 900÷720≈9 个工作日，若没有出现其他异常情况，剩余产品可以在 5 月 20 日完成生产。这样就能在规定的交货期内完成生产。

二、实施生产全过程的质量监控

1. 加强各道生产工序质量监控

因为富亚达服饰有限公司是新供应商，为确保产品质量，Ruby 与公司的 QC 时常深入该公司生产车间查看生产过程及成衣的质量是否符合订单要求，以及生产流程中有无脱节、停滞等不良现象。同时 Ruby 根据最新的生产排程，查看订单完成情况，紧紧跟进生产进度是否能满足订单的交货期，如若生产出现异常情况，以便马上同生产主管协商，确保准时交货。

（1）对生产过程进行全面监控

生产过程的质量控制是产品质量形成的核心和关键的控制阶段。这一阶段质量控制的基本要求如下：确保富士达服饰有限公司严格按照男士衬衫的样板和生产工艺单执行技术标准，使外套成衣达到合同质量要求；实施外套生产各工序裁剪、缝制、锁钉与手工及整烫包装的质量监督，确保工序质量水平。

加强对各个工序和工道的质量控制，就能够保证服装在各个生产阶段中的局部质量，最终使服装的整体质量达到最佳水平。此外，跟单员应检查并确保服装生产的各道工序，如裁剪、缝制、锁钉、整烫及包装都已经落实了工人自检、互检及 QC 专检的质量控制制度。

（2）对生产关键环节进行重点监控

对生产男士衬衫的关键环节——缝制进行检验时，Ruby 与公司的 QC 进行了如下的质量监控，以确保该环节的工作顺利进行：男士衬衫各部位顺直、平服、整齐、牢固、松紧适宜，不准有开线、断线、连续跳针；锁眼、订扣位置准确，大小适宜，整齐牢固；包缝牢固、平整、宽窄适宜，各部位套结定位准确、牢固。此外，Ruby 没有放松对吊牌、洗水唛、尺码唛的严格检查，重点检查了其位置、内容等是否正确，是否整齐牢固，因为按照合同约定，此项错误的话，宁波诚通进出口贸易公司将会被美国 PR Textiles 公司扣减货款。

2. 加强生产初期、生产中期、生产尾期的成衣检验

对于整个生产过程，Ruby 与公司的 QC 加强了在生产初期、中期、尾期的成衣检验工作。

（1）生产初期检验

投产初期，跟单员必须到每个车间、每道工序高标准地进行半成品的检验，如有问题及时向工厂反映，并监督、协助工厂落实整改。每个车间生产首件成衣后，跟单员要对其尺寸、做工、款式、工艺进行全面细致的检验，针对客户和工艺的要求及时修正不符点（如有的话），并对工艺难点进行攻关，以便大批量流水作业顺利进行。

（2）生产中期检验

一般安排在有部分批量的成衣从流水作业线出来后进行的检验。它主要检验所生产的成品是否符合工艺单的要求，是否与客户确认的样衣一致。另外，还要计算按目前的生产量是否赶得上大货的货期。

（3）生产尾期检验

生产尾期检验一般安排在生产进度为订单总量的 90% 以上的成品率的时候，并且有 80% 以上的成箱率。检验的方法可以采用 100% 的检验或抽查。成衣检验分外观质量检验和

内在质量检验。其大致的内容包括成衣外观、尺寸规格、缝合缝制、面料、色差、整烫、服装辅件、包装等。

三、突发事件处理

经过上次电力短缺造成的紧张情况，同时考虑到生产过程可能还会出现各种异常情况，Ruby 思考并准备好了如表 4-6 所示的协调应对措施。

表 4-6　协调应对措施

生产异常内容	异常现象	应对措施
应排产，未排产	影响生产及交货	1. 通知相关部门尽快列入排产计划； 2. 告知交货期管理约定
应生产，未生产	影响生产进度及交货	1. 通知相关部门尽快列入车间日生产计划； 2. 向相关部门发出异常通知； 3. 应至少于生产前 3 天催查落实情况
进程延迟	影响交货进度	1. 通知相关部门加紧生产； 2. 查清进程延迟原因，采取对应措施； 3. 进程延迟较严重，发出异常通知，要求给予高度重视； 4. 应至少于每天催查生产落实情况
应入库，未入库 应完成，未完成	影响整体交货	1. 查清未入库原因，采取对应措施； 2. 通知相关部门加班生产； 3. 发出异常通知，要求采取措施尽快完成
次品、不合格产品增多	影响整体交货	1. 通知相关部门检查设备性能是否符合要求； 2. 检查工艺单、工艺流程是否符合要求； 3. 增加补生产备料及增加补生产指令
补生产	影响整体交货	1. 进行成品质量抽查或检查； 2. 发出新的补生产指令

此外，对生产中出现的不合格品管理，Ruby 通过向前辈及 QC 的请教掌握了以下的不合格品处置方法。当生产过程的某个工序出现不合格品时，绝不允许对其做进一步的加工。如系生产过程失控造成，则在采取纠正措施前，应暂停生产过程，以免产生更多的不合格品。对于不合格品本身，应根据不合格品管理程序及时进行标识、记录、评价、隔离和处置。

针对具体情况，对不合格品可以采取以下处置办法：①对于可以通过再加工或其他措施使不合格品完全符合规定要求的进行返工；②返修；③不合格程度轻微，不影响成衣质量的，原样使用；④缺陷严重，不能再用的，报废。同时 Ruby 牢记了不合格品的管理不但包括对不合格品本身的管理，还包括对出现不合格品的生产过程的管理。

 理论概述

一、生产进度跟踪

（一）生产进度控制工作程序

生产进度控制工作程序见本项目任务一"4. 跟踪生产进度"相关内容。

（二）生产进度控制重点

生产进度控制的重点包括计划落实执行情况；机器设备运行情况；原材料供应保障；不合格及报废率情况；临时任务或特急订单插入情况；各道工序进程；员工工作情绪等。

（三）生产异常的处理

发生各种生产异常，其影响最终体现于生产进度无法按计划进行。跟单员在生产过程中要掌握生产异常情况，及时进行跟踪工作。

二、出口产品生产制造过程的质量监控

跟单员应会同生产企业质量管理部门对企业生产制造过程的质量进行监控，以使其能生产合格的产品。

（一）生产制造过程质量控制要求

在产品生产技术准备过程中，对产品、零部件都要进行工艺分析，划定工艺路线，并绘制工艺流程图。产品质量检验活动应在此基础上，把产品检验和试验程序也以流程图的方式简要地表达出来，使检验和试验工作达到标准化、程序化、规范化。

生产制造过程质量控制的要求体现在以下4个方面。

1）严格贯彻执行生产质量控制计划。根据技术要求及生产质量控制计划，建立责任制，对影响工序质量的因素（即人、机、料、法、测、环）进行有效的控制。

2）保证工序质量处于控制状态。运用控制手段，及时发现质量异常，并找出原因，采取纠正措施，使工序恢复到受控状态，以确保产品质量稳定，符合生产质量控制计划规定的要求。

3）有效地控制生产节奏，及时处理质量问题，确保均衡生产。严格按期按量按质的标准组织生产，有效地控制生产节奏，维持正常的生产秩序。适时开展预防、协调活动，及时处理质量问题，均衡地完成生产节奏。生产制造过程的质量职能活动主要有以下几项：明确质量责任；合理组织生产；加强岗位培训；提供设备保障；提供工装保障；提供计量保障；做好物资供应；严肃工艺纪律；执行"三自一控"（自检、自分、自作标记，控制自检正确率）；控制关键工序；加强在制品管理；组织文明生产；做好技术文件与资料的管理；严格工艺更改控制；加强检查考核。

4）生产制造过程质量控制的内容。通常包括工艺准备的质量控制、生产过程的质量控制、辅助服务过程的质量控制。

（二）工艺准备的质量控制

工艺准备是根据产品设计要求和生产规模，把材料、设备、工装、能源、测量技术、操作人员、专业技术与生产设施等资源系统合理地组织起来，明确规定生产制造方法和程序，分析影响质量的因素，采取有效措施，确保生产按规定的工艺过程正常进行，使产品的生产质量稳定地符合设计要求和控制标准的全部活动。工艺准备是生产技术准备工作的核心内容，是直接影响产品生产质量的主要体系要素。

当产品设计定型之后，工艺准备工作的质量对确保生产质量，提高工作效率，降低生产成本，增加经济效益将起到决定性的作用。尤其是在市场竞争机制下，新产品从开发设计到正式投产的周期越来越短，因此，在确保工艺准备质量的前提下缩短工艺准备的周期，具有十分重要与现实的意义。

1．制订生产过程的质量控制计划

为对产品的生产质量实施有效的控制，在产品批准投入批量生产之前，必须由工艺部门对生产制造过程的质量控制进行统筹安排，制订质量控制计划，以确保产品生产在受控的状态下进行。生产过程质量控制计划涉及工艺准备的各项职能活动，计划的内容视实际需要选择确定。

2．工序能力的验证

工序能力是体现工序质量保证能力的重要参数，是指工序能够稳定地生产出合格产品的能力，即工序处于受控状态下的实际加工能力。在生产过程中，工序是产品质量形成的基本环节，因此，在工艺准备中应对工序是否具备生产符合质量要求的产品的能力进行验证。

3．采购的质量控制

企业采购的物资和货品，如材料、零件、部件等都是产品的组成部分，并直接影响产品的质量。因此，应对全部采购活动进行控制。

4．辅助材料、公用设备和环境条件的控制

对质量特性起重要作用的辅助材料和设施，如生产用的水、压缩空气、能源、化学用品等也应加以控制并定期进行验证，以确保对生产过程影响的统一性。公用设施的质量控制是企业文明生产的重要组成部分。同样，对产品质量十分重要的环境条件，如温度、湿度和清洁度，也应规定一定的限度并加以控制和验证。

5．工艺文件的质量控制

工艺文件是产品生产过程中用以指导公认操作的技术文件，是企业安排生产计划，实施生产调度、劳动组织、材料供应、设备管理、质量检查、工序控制等的重要依据。通常，工艺文件除工艺规程外，还有检验规程、工装图样、工时定额表、原材料消耗定额表等。此外，根据质量要求，为了进行重点控制，应有工序质量控制点明细表、工序质量分析表、作业指导书、检验计划、检验指导书等。当采用数控设备或计算机控制和测试时，应编制和维护计算机软件，并使之成为受控工艺文件的组成部分。

工艺文件的形式有工艺过程卡、工艺卡、操作规程、工艺守则、检验卡、工艺路线等。采用何种形式的工艺文件，应视企业的产品类型、生产规模、生产方式特点而定。

对于制定的工艺文件必须贯彻执行，并保持相对的稳定性，若需修改，必须按规定的程序进行审批，以确保受控工艺文件的质量。

（三）生产过程的质量控制

生产过程的质量控制是指材料进厂到形成最终产品的整个过程中对产品质量的控制，是产品质量形成的核心和关键的控制阶段。其质量职能是根据产品设计和工艺文件的规定及生产质量控制计划的要求，对各种影响生产质量的因素实施控制，以确保生产制造出符合设计意图和规范质量，并满足用户或消费者要求的产品。生产过程质量控制的基本任务是严格贯彻设计意图和执行技术标准，使产品达到质量标准；实施生产过程中各个环节的质量保证，以确保工序质量水平；建立能够稳定地生产符合质量要求产品的生产制造系统。

（四）出口产品质量检验计划的编制

检验计划是跟单员或企业对产品质量检验工作进行系统筹划与安排的重要质量文件，它规定了检验工作的措施、资源和活动。检验计划对于实施检验的鉴别、把关和报告的质量职能，保证产品的质量起着十分重要的作用。

检验计划的深度因产品的重要性、复杂程度，以及与企业其他产品的差异而不同。但是，作为一个完整的检验计划，一般应包括的基本内容有检验流程：质量缺陷严重性分级表，检验指导书，测量和试验设备配置计划，人员调配、培训、资格认证等事项的安排，其他需要特殊安排的事宜。

1. 检验流程

检验流程用来表达检验计划中的检验活动流程、检验站点设置、检验方式和方法及相互关系，一般应以工艺流程图为基础来设计。为了便于理解与交流，可以用编制流程图的方式，但在编制时应尽可能地采用有关标准规定的统一符号。

2. 产品质量缺陷严重性分级

产品加工生产过程中不可能完全避免质量缺陷。对于不能满足预期使用要求的质量缺陷（如质量特性的重要程度、偏离规范的差别）实施严重性分级有利于检验质量职能的有效发挥，以及质量管理综合效能的提高。

3. 检验指导书

检验指导书是产品检验规程在某些重要检验环节上的具体化，是产品检验计划的构成部分。编制检验指导书的目的在于为重要的检验作业活动提供具体的指导。通常，对于工序质量控制点的质量特性的检验作用活动，以及关于新产品特有的、过去没有类似先例的检验作业活动都必须编制检验指导书。

任务三　最终产品验收

【操作步骤】

Ruby 在成品出货前对产品进行抽样检验。

【操作分析】

2010 年 5 月 20 日，富士达服饰有限公司按期完成了整批 20 000 件男士衬衫的生产，并已全部包装完毕，虽然在前期工作过程中，Ruby 都在对服装的生产、质量进行跟踪，但成品出货前依然要对其进行抽样检验。在抽样检验过程中，Ruby 按照中国出入境检验检疫局的标准即商检标准 SN/T 0553—2008《出口服装检验抽样方法》进行了抽样（男士衬衫检

验标准见项目二任务二"衬衫测量方法"中的 B31~B42)。

1. 男士衬衫检验

男士衬衫检验标准详见项目二任务二相关内容。

2. 查阅标准，掌握抽样要求

商检标准 SN/T 0553—2008《出口服装检验抽样方法》对抽样检验各要素作了如下规定。

1）检验批的划分：以同一合同在同一条件下加工的同一品种服装为一检验批。

2）抽箱数量：将总箱数开平房后乘以 0.6 取整数。

3）抽样方法：在总箱数内随机抽取应抽箱数，然后按规格、款式、颜色在样品箱中均匀抽取应抽样品。如规格、款式、颜色超过所抽样箱数，则不受抽箱数限制。

4）检查数量：规格检查按所抽样品数的 10% 进行，但每一规格不得少于 3 件（套），外观检验依据各类检验标准。

一次正常抽验表如表 4-7 所示。

表 4-7　一次正常抽验表

批量 N/件或套	抽验数 n	A 类		B 类	
		Ac	Re	Ac	Re
91~500	20	1	2	2	3
501~1 200	32	2	3	3	4
1 201~3 200	50	3	4	4	5
3 201~10 000	80	4	5	5	6
10 001~35 000	125	5	6	6	7
35 001~150 000	200	6	7	7	8

注：Ac 为合格判定数，Re 为不合格判定数。

A 类不合格品是指单位产品上出现的缝制不良、整烫不良、玷污、破洞、规格不符等无法修复、影响整体外观及穿着性能的缺陷。

B 类不合格品是指单位产品上出现缝制不良、线头、脏污等轻微影响整体外观及穿着性能的缺陷。

判定标准：

合格批：A 类 B 类不合格品数同时小于等于 Ac 的数字，则判定为全批合格。

不合格批：A 类 B 类不合格品数同时大于等于 Re 的数字，则判定为全批不合格。

当 A 类不合格品数大于等于 Re 时，不管 B 类不合格品数是否超出 Re，则判定为全批不合格。

当 B 类不合格品数大于等于 Re，A 类不合格品数小于 Ac 时，两项不合格品数之和，如小于两类不合格品 Re 总数，可判定为全批合格。如大于等于两类不合格品 Re 总数，则判定全批不合格。

3. 按照标准对 20 000 件男士衬衫抽样检验

由于整批服装为 20 000 件，因此批量 N=20 000 件，属于"10 001~35 000"的范围，对应的抽验数 n=125 件男士衬衫。抽箱数=1 000×0.6=18.97≈18（箱）。因此，Ruby 的抽样检验方案就是从 1 000 箱服装中随机抽取 18 箱，从 18 箱产品中均匀抽取 125 件进行检查。

Ruby 对抽取的 125 件服装进行了仔细的检查，通过检查面料、缝制工艺和整烫效果等服装外观的检查，结果发现 A 类不合格品 0 件，B 类不合格品 3 件，因此按照判定标准，整批产品合格。

理论概述

生产企业的生产经营活动是一个复杂的过程，由于受人、机、料、法、环境与检测等主客观因素的影响，往往会引起产品质量的波动，甚至会产生不合格品。为了保证出口产品质量，对生产过程中的原材料、外构件、外协件、毛坯、半成品、成品及包装等各生产环节和生产过程进行质量检验，严格把住质量关，是企业按标准、工艺、图样组织生产的要求，是确保国家利益和客户利益的需要，同时也是维护企业信誉和提高经济效益的需要。

一、AQL 检验抽样检验

AQL（accptance quality limit）是根据被检对象特征进行检验的一种方法标准。AQL 抽样检验被广泛地应用于各种对象，如原材料、成品、半成品等。

（一）AQL 抽样检验的主要内容

1）针对品质水平对于不同的质量水平或要求，AQL 有 26 种规定的数值（0.65～15）。根据服装加工的特征，常用的 AQL 数值有 1.0、1.5、2.5、4.0、6.5，其中又以 2.5 和 4.0 应用最为广泛。不同的数值体现了不同的质量水平。通常数值越小代表品质要求越高。

2）抽样水平在 AQL 中有 3 种普通抽样水平，即Ⅰ、Ⅱ、Ⅲ；有 4 种特殊抽样水平，即 S-1、S-2、S-3、S-4。

在 3 种普通抽样水平中Ⅱ是常规水平，也是经常采用的水平。Ⅰ～Ⅲ抽样的数量逐渐增加。如果以Ⅱ作为中间值，Ⅰ的抽样数为Ⅱ的 40%，它适用于品质较为稳定或产品出现不一致可能性极小的状况。Ⅲ的抽样数是Ⅱ的 160%，由于检验的样本数量大，从而使接受不合格产品的可能性降到最低，对客户来说是一种比较安全的抽样水平。

4 种特殊的抽样水平的特点是抽样数量少。因为在某些情况下，如检验的成本高、检验所花费的时间长、货物的品质比较稳定（单一产品的重复加工），通过少许的抽样检验就足以反应总体的品质水平。S-1～S-4 抽样的检验数逐步增加，应该采用哪种水平，与很多的因素有关。例如，产品的制造方法及质量特性，测试成本、测试时间的分析，供应商以往的质量状况，用户的要求分析，供应商的信用分析。

在制定检验方案时要综合考虑以上因素。在服装的辅料检验中有时采用以上的特殊抽样水平，如拉链、纽扣等的检验。

3）AQL 制定了 3 种检验标准，即正常（normal）、严格（tigtened）、宽松（reduced）。此外，随着可能发生的品质波动，AQL 还指定了 3 种检验标准的转换。

① 正常检验是最常用的检验标准，当刚开始检验新的供应商生产的货物时，应采用正常检验。

② 一旦采用了正常、严格、宽松中的任何一种检验标准，那么在以后对同系列或同类型产品的检验中都应采取这一标准，除非供应商的产品品质发生了波动。

③ 从正常转换到严格：当采用正常检验时，如果连续 5 次检验中有两次不合格，这时开始转换采用严格检验。

④ 从严格转换到正常：当采用严格检验时，如果连续 5 次都合格，这时可以转换采用正常检验。

⑤ 从正常转换到宽松：当采用正常检验时，连续 10 次检验均合格，并且生产处于稳定状态，这时可以转换使用宽松检验。

⑥ 从宽松转换到从正常：当采用宽松检验时，只要一次检验不合格或者生产处于波动状态，应立即转换为正常检验。

⑦ 终止检验：当连续 10 次都不得不采用严格检验时，这说明供应商的品质状况恶劣，这时需要采取措施提高产品质量。

4）一次抽样检验和二次抽样检验。

① 一次抽样检验：按照事先决定的检验标准所要求的数量，从大货中随机抽样并检验，如果疵点数小于或等于标准所规定的接受数，则该批货物可接受。如果疵点数大于标准所规定的接受数，则该批货物不予接受。

② 二次抽样检验：按照事先决定的检验标准所要求的数量，从大货中随机抽样检验，如果疵点数小于或等于标准所规定的接受数，则该批货物可接受。如果疵点数介于接受数和不接受数之间，则需要进行第二次检验。如果两次检验的累计疵点数超过标准所规定的疵点数，则该批货物不接受，反之则接受。

二次检验的目的是通过检验较少数量从而节约时间，然而当必须进行第二次检验时，抽样检验的总数要超过一次抽样检验的数量，所以二次抽样检验适合于质量比较稳定的、容易被接受的产品。

（二）AQL 抽样检验的方法和步骤

1）检验方案一般由客户决定，也可由客户和供应商协商决定。

2）在 AQL 中有一个抽样样本字码表（表 4-8），在决定检验方案后，可以根据该字码表来找到相关的数值。

表 4-8　抽样样本字码

批量	特殊检验水平				一般检验水平		
	S-1	S-2	S-3	S-4	Ⅰ	Ⅱ	Ⅲ
2～8	A	A	A	A	A	A	B
9～15	A	A	A	A	A	B	C
16～25	A	A	B	B	B	C	D
26～50	A	B	B	C	C	D	E
51～90	B	B	C	C	C	E	F
91～150	B	B	C	D	D	F	G
151～280	B	C	D	E	E	G	H
281～500	B	C	D	E	F	H	J
501～1 200	C	C	E	F	G	J	K
1 201～3 200	C	D	E	G	H	K	L
3 201～10 000	C	D	F	G	J	L	M
10 001～35 000	C	D	F	H	K	M	N
35 001～150 000	D	E	G	J	L	N	P
150 001～500 000	D	E	G	J	M	P	Q
500 001 及其以上	D	E	H	K	N	Q	R

3）在 AQL 中给出了一系列的抽样方案表格，这些表格给出了在不同的品质水平下抽样检验的样本数，给出了允收数（Ac）和拒收数（Re），如表4-9所示。

表 4-9 AQL 中抽样方案相关表格

（1）正常检验一次抽样方案

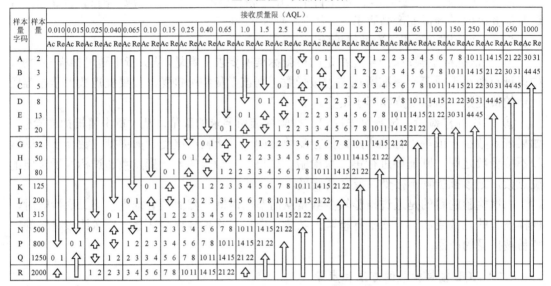

注：⇩为使用箭头下面的第一个抽样方案，如果样本量等于或超过批量，则执行100%检验。
⇧为使用箭头上面的第一个抽样方案。
Ac 为接收数。
Re 为拒收数。

（2）加严检验一次抽样方案

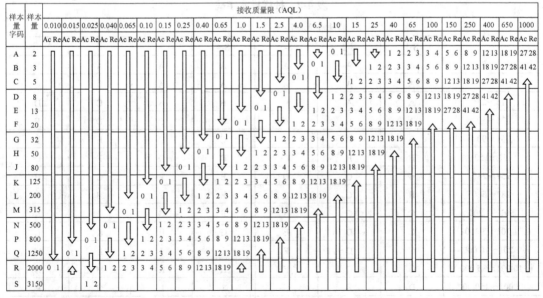

注：⇩为使用箭头下面的第一个抽样方案，如果样本量等于或超过批量，则执行100%检验。
⇧为使用箭头上面的第一个抽样方案。
Ac 为接收数。
Re 为拒收数。

（3）放宽检验一次抽样方案

样本量字码	样本量	接收质量限（AQL）																									
		0.010	0.015	0.025	0.040	0.065	0.10	0.15	0.25	0.40	0.65	1.0	1.5	2.5	4.0	6.5	10	15	25	40	65	100	150	250	400	650	1000
		Ac Re	Ac Re	Ac Re	Ac Re	Ac Re	Ac Re	Ac Re	Ac Re	Ac Re	Ac Re	Ac Re	Ac Re	Ac Re	Ac Re	Ac Re	Ac Re	Ac Re	Ac Re	Ac Re	Ac Re	Ac Re	Ac Re	Ac Re	Ac Re	Ac Re	Ac Re
A	2														0 1	↑		1 2	2 3	3 4	5 6	7 8	10 11	14 15	21 22	30 31	
B	2												↓	0 1	↑		2 3	3 4	4 5	6 7	8 9	11 12	15 16	22 23	30 31		
C	2									↓	0 1	↑		1 2	2 3	3 4	5 6	6 7	8 9	10 11	14 15	21 22					
D	3								↓	0 1	↑		1 2	2 3	3 4	5 6	6 7	8 9	10 11	14 15	21 22						
E	5						↓	0 1	↑		1 2	2 3	3 4	5 6	6 7	8 9	10 11	14 15	21 22								
F	8					↓	0 1	↑		1 3	2 3	3 4	5 6	6 7	8 9	10 11											
G	13					0 1	↑		1 2	2 3	3 4	5 6	6 7	8 9	10 11												
H	20				↓	0 1	↑	1 2	2 3	3 4	5 6	6 7	8 9	10 11													
J	32			↓	0 1	↑	1 2	2 3	3 4	5 6	6 7	8 9	10 11														
K	50			0 1	↑		1 2	2 3	3 4	5 6	6 7	8 9	10 11														
L	80		↓	0 1	↑	1 2	2 3	3 4	5 6	6 7	8 9	10 11															
M	125		↓	0 1	1 2	2 3	3 4	5 6	6 7	8 9	10 11																
N	200		0 1	↑	1 2	2 3	3 4	5 6	6 7	8 9	10 11																
P	315	0 1	↑	1 2	2 3	3 4	5 6	6 7	8 9	10 11																	
Q	500	0 1	↑	1 2	2 3	3 4	5 6	6 7	8 9	10 11																	
R	800	↑	1 2	2 3	3 4	5 6	6 7	8 9	10 11																		

注：↓为使用箭头下面的第一个抽样方案，如果样本量等于或超过批量，则执行100%检验。

　　　↑为使用箭头上面的第一个抽样方案。

　　　Ac为接收数。

　　　Re为拒收数。

4）从所要检验的产品中，按照以上所述的样本数，随机抽取样品，因为随机抽取可以保证检验结果真实可靠。跟单员在检验中应保证100%地检验所抽取的样品，即使在检验若干件后，发现疵点数已经超过拒收数，仍然应该继续检验剩余的样品。因为检验的目的除了要知道"接受"或"拒收"的结果外，还需要了解货物究竟处于何种质量水平，并且可以通过积累历史数据来判断供应商是否合格和决定以后对供应商的检验方案。同时供应商也可以清楚如何去改善产品的品质。

5）统计所有的疵点并计数。

6）对照抽样方案表格中的Ac和Re就可决定是"接受"还是"拒收"。

（三）AQL抽样检验实例

（1）一次抽样检验举例

【例1】某批服装的批量为5 000件，所要求的末期检验方案为Ⅱ、AQL4.0、一次正常抽样检验。

1）根据以上检验方案查阅抽样样本字码表，在批量一栏中找出5 000件所处的范围（3201～10 000），再在Ⅱ栏中找到字母"L"。

2）查标准检验用单次抽样计划（总表），找到"L"行查到抽样样本数为"200"，并在AQL4.0列中查得"Ac＝14，Re＝15"。

3）从大货中随机抽取200件样品进行检验，如果不合格品数量小于等于14件，则可判断该批服装可接受，如果不合格品数大于14件，则可判断该批服装不可接受。

（2）二次抽样检验举例

【例2】某批服装的批量为500件，客户所要求的检验方案为Ⅱ、AQL4.0、二次正常抽样检验。

1）根据以上检验方案查阅抽样样本字码表，在批量一栏中找出 500 件所处的范围（281～500），再在Ⅱ栏中找到字母"H"。

2）查标准检验用双次抽样计划（总表），找到"H"行查到第一次抽样样本数为"32"，"Ac＝2，Re＝5"。

3）从大货中随机抽取 32 件样品进行检验，如果不合格品数量小于等于 2 件，则可判断该批服装可接受，如果不合格品数大于等于 5 件，则可判断该批服装不可接受。如果不合格品的数量为 2～5 件，那么就需要进行第二次抽样检验。

4）回到标准检验用双次抽样计划（总表）中，查到第二次抽样样本数为 32 件，累计样本数为 64 件，查得"Ac＝6，Re＝7"（注意这里的 Ac、Re 也是累计疵点数）。

5）仍然从批量产品中抽取 32 件样品进行检验，如果第一次和第二次的不合格品数小于等于 6 件，则可判断该批服装可接受，反之，则可判断该批服装不可接受。

（四）其他

1）AQL 检验在国外被广泛使用。AQL 检验直观的设计使得其使用起来非常方便。所有的相关数据被有序地分组，以便取样方案能够一目了然。从 AQL0.65～AQL15，从普通抽样水平到特殊抽样水平，从严格检验到宽松检验，从一次抽样检验到二次抽样检验，检验涵盖了 AQL 检验的所有内容。

2）在实践中，可以将经常使用的 AQL 列成表格，放入有关的文件夹中，便于工作时使用。

3）对带有严重疵点的成衣计数时按 1 件计，对带有轻微疵点的成衣计数时可按 0.5 件计。关于疵点的判定因用户而异，因人而异，因款式而异。也有些客户，不区分严重疵点或轻微疵点，而是认为只要疵点是可视的就进行计数，但在实践中也是按较为明显的疵点计数的。

二、出口产品或零部件检验的主要目的

1）判定产品或零部件的质量合格与否。通过对产品或零部件的抽样检查或全数检验，判定产品或零部件的质量是否合格。

2）证实产品或零部件的符合性。通过检验和试验，证实产品或零部件是否达到规定的质量要求。

3）产品质量评定。通过质量检验和试验确定产品缺陷严重程度，为质量评定和质量改进提供依据。

4）考核过程质量，获取质量信息。通过对加工过程质量的检验，了解操作者贯彻执行工艺规程的情况，检查工艺纪律，考核过程质量是否处于稳定状态；对检验数据进行统计、分析、计算，为质量改进和广泛的质量管理活动提供有用的数据。

5）仲裁质量纠纷。对供需双方因产品质量问题产生的纠纷，或生产者对有关方面的质量检验提出疑义时，可进行检验检疫，以判定质量责任，做出公正的裁决。

三、出口产品质量检验工作职能

（一）鉴别职能

根据技术标准、产品图样、工艺规程、订货合同，以及相关法律法规的规定，通过观

察和判断，适当结合测量、试验或产品或零部件的质量特性，根据检验结果判定产品或零部件的合格与不合格，从而起到鉴别的作用。

（二）把关职能

在产品形成全过程的各生产环节，通过认真的质量检验，剔除不合格品，使不合格品的原材料不投产，不合格的过程所加工的零件不转入下道工序，不合格的产品不出厂，把住产品质量关，实现把关职能。

（三）预防职能

通过质量检验，可获得生产全过程的大量数据和质量信息，为质量管理与质量控制提供依据，对影响产品质量的异常因素加以控制与管理，实现既严格把关又积极预防。

（四）报告职能

把在生产全过程质量检验中获得的质量信息、数据和情报，认真做好记录，及时进行整理、分析和评价，通过各种方式向各有关部门沟通和向领导报告生产过程即企业的产品质量状态，为质量的持续改进提供信息，为相关管理部门及领导的质量决策提供依据。

（五）四项职能相互关系，密不可分

1）检验工作的首要职能就是把关。要把好原材料外构件、外协件配套产品入厂检验质量关；把好生产全过程质量关；把好成品出厂质量关；把好工厂交货验收关。因此，把关是检验工作的核心，是四项职能中最重要的一项职能。

2）鉴别职能是把关职能的前提。如果无法在检验中发现产品质量存在的问题或质量状态，也就难以把住质量关。

3）报告职能是把关职能的继续和延伸。通过报告职能，把在检验中发现的产品质量存在的问题或质量状况，及时与有关部门沟通和向领导报告，为领导决策提供重要依据。

4）对生产全过程进行检验具有预防作用。例如，开展首件必检、巡回流动检验等科学的检验和质量控制方法，既可以及时发现质量问题，又可以预防潜在不合格或成批质量事故的发生，有利于把好质量关。

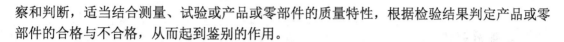

自我评价

完成情况及得分 评价项目	很好（5）	良好（4）	一般（3）	较差（2）	很差（1）	分项得分
掌握成品生产的工作流程						
了解产品生产进度控制情况						
能处理生产过程出现的问题						
能进行成品生产的检验						
了解成品检验的程序						
会抽样检查						
掌握生产质量控制的流程						
了解服装检验的相关规定						

 **课后训练**

一、生产通知单实训

1. 跟单员将订单转化为生产通知单时应注意落实哪些问题？
2. 根据下面的购销合同制作生产通知单。

产品购销合同

供方：奉化市万里铸造有限公司　　　　　　　　　　合同编号：ST100720J5
需方：TENGDA PRECISION CASTING CO.,LIMITED　　签订地点：宁波
代理出口方：浙江博康进出口有限公司　　　　　　　签订时间：2010 年 07 月 20 日

产品名称、商标、型号、厂家、数量、金额、供货时间及数量

产品名称	图片	计量单位	数量	公斤价（元/kg）	重量（kg）	单位价（元）	总金额（元）
4T23RP		件	50	10.6	12.5	132.5	6 625.00
13451		件	50	10.6	19	201.4	10 070.00

总金额：16 695.00 元
一、材质：T3
二、质量要求技术标准：颜色：卡特黄（无标记）。
三、交（提）货地点、方式：需方指定宁波仓库。
四、运输及到站港和费用负担：需方承担。
五、包装：适合海运木箱。
六、结算方式及期限：30%货款预付，70%交货时付清。
七、违约责任：由违约方承担由此引起的法律责任和直接经济责任。
八、解决合同纠纷的方式：按合同法的有关规定。
九、交货时间：30 天。
十、其他约定事项：本合同以传真形式签订同样有效，对合同的任何修改无效。
　　　　供方　　　　　　　　　　　　　　需方
　　奉化市万里铸造有限公司　　　　　TENGDA PRECISION CASTING CO.,LIMITED

生产通知单

加工部门					
订单编号		订货客户		通知日期	
产品名称		交货方式		生产日期	
规格型号		交货期限		完工日期	
生产数量		特别规定事项			
工艺要求					
质检要求					
包装要求					

使 用 材 料								
序号	料号	品名	规格	单位	单机用量	标准用量	损耗率	备注
生产方法								
附件								

3．根据任务一中的生产通知单制定生产计划，并制定周生产计划表。

周生产计划表

NO.	批号	产品名称	数量	金额	制造单位	生产日期		预定出货日期	备注
						开工	完工		

二、生产进度控制的相关问题

1．跟单员进行生产进度控制的工作程序是怎样的？

2．根据任务上一题中的生产计划表得出，跟单员预计每件生产的周期需要半个月，根据交货期限为 30 天，应如何保证生产企业按期交货？在生产过程中会发生哪些突发事件导致生产无法按时完成？跟单员又该如何处理这些突发事件？请列举具体突发事件并制定相应的处理方案。

三、单项选择题

1．一般检查水平分为Ⅰ、Ⅱ、Ⅲ三级，如无特殊说明，则先选取（　　）。
　　A．Ⅰ级　　　　　　　　　　　　B．Ⅱ级
　　C．Ⅲ级　　　　　　　　　　　　D．视实际情况而定

2．关于完工检验，以下说法错误的是（　　）。
　　A．完工检验必须严格按照程序和规程进行，严格禁止不合格零件投入装配
　　B．完工检验有时需要模拟产品的使用条件和运行方式
　　C．完工检验必须是全数检验
　　D．A 和 B 正确

3．关于进货检验，以下说法错误的是（　　）。
　　A．进货检验的深度主要取决于企业对供应商质量保证体系的信任程度
　　B．进货必须有合格证或其他合法证明，否则不予验收
　　C．进货检验应在货品入库前或投产前进行，因此必须在供应商处检验
　　D．进货检验可以在供应商处检验，也可在本企业检验

4．以下关于工序检验的说法，错误的是（　　）。
　　A．工序检验通常表现为首件检验、巡回检验、末件检验
　　B．工序检验的目的是在加工过程中防止出现大批不合格品，避免不合格品流入下道工序
　　C．工序检验仅指对产品的检验，即剔除不合格品
　　D．工序检验除了检验产品外，还要检验环境等质量影响因素

5．全数检验适合（　　）。
　　A．电视机的寿命检验　　　　　　B．钢管的强度检验
　　C．冰柜的制冷效果检验　　　　　D．大量螺母的螺纹检验

6. 每次仅随机抽取一个单位产品进行检验，检验后即按判定规则做出合格、不合格或再抽下个单位产品的判断，一旦能做出该批产品合格或不合格的判定时，就终止检验。这种检验方法称为（　　）。

  A．一次抽检方法   B．二次抽检方法

  C．多次抽检方法   D．序贯抽检方法

7. 调整型抽检方法（　　）。

  A．适用于孤立批产品的质量检验

  B．按转移规则更换抽检方案，即正常、加严或放宽抽检方案的转换

  C．不考虑产品批的质量历史

  D．以上说法都不对

8. 德国安全认证标志的英文缩写是（　　）。

  A．PCC   B．UL   C．EPA   D．GS

9. 一般而言，商品质量是指（　　）。

  A．产品的设计质量   B．产品的制造质量

  C．产品的使用质量   D．以上都是

10. 我国国家标准 GB/T 2828.1—2012《计数抽样检验程序第 1 部分：按接收质量限（AQL）检索的逐批检验抽样计划》规定，计数多次抽样检查的抽检次数为（　　）次。

  A．4   B．5   C．6   D．7

11. 下图 A、B、C、D 处的填写正确的是（　　）。

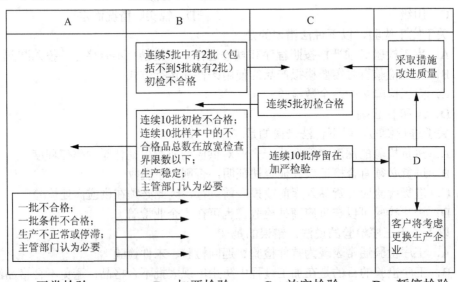

  A．正常检验   B．加严检验   C．放宽检验   D．暂停检验

四、多项选择题

1. 生产制造过程质量管理的内容通常包括（　　）。

  A．工艺准备的质量控制   B．生产过程的质量控制

  C．辅助服务过程的质量控制   D．A 和 B

2. 有效地控制生产节奏，要求执行"三自一控"，"三自一控"是指（　　　）。

    A．自检   B．自分

    C．自作标记   D．控制自检正确率

3. 工艺准备的质量控制的内容通常包括（　　　）。

    A．制订生产过程的质量控制计划、工艺文件的质量控制

    B．采购的质量控制

    C．工序能力的验证

    D．辅助材料、公用设施和环境条件的控制

4. 进货检验的首件（批）样品检验通常用于（　　　）。

    A．供应商首次交货   B．供应商产品生产工艺有重大变化

    C．供应商产品设计或结构有重大变化   D．以上都不是

5. 对不合格品的管理，以下说法正确的是（　　　）。

    A．不允许对不合格品进行进一步的加工

    B．对不合格品及时进行标识、记录、评价、隔离和处置

    C．对已作了标识和记录的不合格品实行严格控制，以防在此之前被动用

    D．跟单员对不合格品的管理仅仅指对不合格品本身的管理，不包括对生产过程的管理

五、思考题

1. 对于生产企业的次品、不合格产品增多的生产异常情况，跟单员应该采取哪些应对措施？

2. 出口产品或零部件检验的主要目的是什么？

3. 品质检验有哪些方法？出口产品质量检验工作职能主要有哪些？

4. 生产过程质量控制的职能和任务是什么？主要包括哪些环节？

5. 对不合格品的处置通常有哪些方式？

六、实务技能操作题

【操作一】

1. 操作资料

产品名称：全棉弹力牛仔女裙

产品数量：18 000 条

MAJOR 的 AQL：1.0

MINOR 的 AQL：4.0

检验水平（IL）：II

检查结果：MAJOR 的不合格产品数量为 6 条，MINOR 的不合格产品数量为 20 条

2. 操作要求

请你以诚通进出口贸易公司跟单员 Ruby 的身份，根据国家标准 GB/T 2828.1—2012 抽

样方法判断该批产品是否合格，需列出具体步骤。

【操作二】

1. 操作资料

产品名称：迷彩全棉女式中裤

产品数量：4 550 条

MAJOR 的 AQL：1.0

MINOR 的 AQL：4.0

检验水平（IL）：II

检查结果：MAJOR 的不合格产品数量为 5 条，MINOR 的不合格产品数量为 14 条

2. 操作要求

请你以诚通进出口贸易公司跟单员 Ruby 的身份，根据国家标准 GB/T 2828.1—2012 抽样方法判断该批产品是否合格，需列出具体步骤。

项目五　出口包装与运输跟单

 项目导入

2010 年 3 月 10 日，宁波诚通进出口贸易公司与美国 PR Textiles 公司签订了合同号为 TX9086 的男式衬衫出口合同，Ruby 继续负责这个项目的包装与运输跟单任务。为了完成这个项目，Ruby 应该掌握相关的知识并具备相应的操作能力。

 知识目标

1. 了解出口产品的包装方式与类型。
2. 熟悉国际上主要出口包装法规及主要包装材料与特点。
3. 掌握运输标志的内容。
4. 掌握计算装箱数量的方法。
5. 了解出口包装检验的主要内容和方法。
6. 了解出口货物的主要运输方式。
7. 掌握海运、空运运输的主要程序。
8. 熟悉出口货物运输的主要流程。

 能力目标

1. 明确合同的包装要求。
2. 能按合同进行内包装及选取外包装。
3. 能够刷制运输标志。
4. 能计算具体的箱数。
5. 能够协助进行出口包装的检验。
6. 能够协助办理出口货物的订舱运输手续。
7. 能处理与进口商指定货代的往来业务。
8. 能安排货物运输、集港等业务。

 素质目标

1. 培养耐心细致、一丝不苟的工作作风。
2. 培养良好沟通与表达能力。
3. 培养灵活多变的工作思维。

任务一　选择合适的包装
任务二　计算箱数与协助订舱
任务三　协助出口报检与报关

任务一　选择合适的包装

【操作步骤】

1. 明确合同的包装要求。
2. 能按合同要求进行内包装并能选取合适的外包装。
3. 能够按照合同落实包装要求。

【操作分析】

一、明确合同的包装要求

包装条款是合同中的主要条款之一，如果货物的包装与合同的规定或行业惯例不符，买方有权拒收货物，因此包装工作容不得出现任何差错。Ruby 将合同中有关包装的条款罗列出来，如图 5-1 所示。

Packing: Each to be packed in a polybag, 4pcs with assorted sizes in a small box and then 5 boxes to an export carton, Please lay paper of silk at the back of the shirt.

For detailed packing instruction, pls follow our separate instruction.

Style no & Size	S	M	L	XL
DN32	2 500PCS	2 500PCS	2 500PCS	2 500PCS
DN15	2 500PCS	2 500PCS	2 500PCS	2 500PCS

Main label: PR Position; center neck back.
Care label: with correct composition and detailed washing instruction at left side seam 7cm up from hem.
Hang tag: PR hangtag with PR logo; Position: through main label.
Price ticket: Detailed information will be advised later by buyer.

图 5-1　包装条款

将这些条款进行总结，归纳出具体的包装要求是两个货号（DN32/DN15）每个尺寸（S/M/L/XL）各 2 500 件，每件装入一个塑料袋，4 件混码（含 4 个尺寸）装入一个小盒，5 盒装入一个出口纸箱，并且要求每件衬衫背面都要放入衬纸。同时详细的包装要求另行告知。

每件衣服上要有主标、洗标、吊牌和价格牌。其要求如下：主标为 PR，位置在后颈中部；洗标要显示正确成分和洗涤说明，位置在左摆缝下摆朝上 7cm 处；吊牌为 PR 商标，位置是穿过主标；价格牌的要求另行告知。

美国 PR Textiles 公司在衬衫加工期间与诚通进出口贸易公司再次确认了详细的包装要求：出口纸箱准备采用双瓦楞纸箱，采用 60cm×40cm×20cm 包装尺寸，外箱毛重不得超过 15kg，耐破强度为 1 100kPa，边压强度为 7 800N/M，戳穿强度为 90kg/cm。同时确认了运输标志，主唛由卖方决定，侧唛要包含商品名称、货号、毛重和产地。

二、选取合适的外包装

包装纸箱最常见的是瓦楞纸箱。它以瓦楞纸板种类、内装物重量和纸箱综合尺寸（即纸箱内尺寸的长宽高之和）来区分，可分为 3 类，第一类为出口运输包装，第二类是内销商品运输包装，第三类为短途或低廉商品运输包装，如表 5-1 所示。

表 5-1　瓦楞纸箱

种类	内装物最大重量/kg	最大综合尺寸/mm	瓦楞结构	代　号					
				1 类		2 类		3 类	
				纸板	纸箱	纸板	纸箱	纸板	纸箱
单瓦楞纸箱	5	700	单瓦楞	S-1.1	BS-1.1	BS-2.1	BS-2.1	BS-3.1	BS-3.1
	10	1 000		S-1.2	BS-1.2	BS-2.2	BS-2.2	BS-3.2	BS-3.2
	20	1 400		S-1.3	BS-1.3	BS-2.3	BS-2.3	BS-3.3	BS-3.3
	30	1 750		S-1.4	BS-1.4	BS-2.4	BS-2.4	BS-3.4	BS-3.4
	40	2 000		S-1.5	BS-1.5	BS-2.5	BS-2.5	BS-3.5	BS-3.5
双瓦楞纸箱	15	1 000	双瓦楞	D-1.1	BD-1.1	BD-2.1	BD-2.1	BD-3.1	BD-3.1
	20	1 400		D-1.2	BD-1.2	BD-2.2	BD-2.2	BD-3.2	BD-3.2
	30	1 750		D-1.3	BD-1.3	BD-2.3	BD-2.3	BD-3.3	BD-3.3
	40	2 000		D-1.4	BD-1.4	BD-2.4	BD-2.4	BD-3.4	BD-3.4
	55	2 500		D-1.5	BD-1.5	BD-2.5	BD-2.5	BD-3.5	BD-3.5

纸箱分类的技术等级主要是从瓦楞纸板的品质和纸箱的内在质量角度来区分的，各类纸箱对瓦楞纸板的技术要求如表 5-2 所示。

表 5-2　技术要求

纸箱种类		纸板代号	耐破强度/kPa	边压强度/（N/m）	戳穿强度/（kg/cm）	含水量/%
单瓦楞	1 类	S-1.1	588	4 900	35	
		S-1.2	784	5 800	50	
		S-1.3	1 177	6 860	65	
		S-1.4	1 569	7 840	85	
		S-1.5	1 961	8 820	100	
	2 类	S-2.1	409	4 410	30	10±2
		S-2.2	686	5 390	45	
		S-2.3	980	6 370	60	
		S-2.4	1 373	7 350	70	
		S-2.5	1 764	8 330	80	
	3 类	S-3.1	392	3 920	30	
		S-3.2	588	4 900	45	
		S-3.3	784	5 880	60	
		S-3.4	1 177	6 860	70	
		S-3.5	1 569	7 840	80	
双瓦楞	1 类	D-1.1	786	6 860	75	
		D-1.2	1 177	7 840	90	
		D-1.3	1 569	8 820	105	10±2
		D-1.4	1 961	9 800	128	
		D-1.5	2 550	10 780	140	

续表

纸箱种类		纸板代号	耐破强度/kPa	边压强度/（N/m）	戳穿强度/（kg/cm）	含水量/%
双瓦楞	2类	D-2.1	686	6 370	90	10±2
		D-2.2	980	7 350	85	
		D-2.3	1 373	8 330	100	
		D-2.4	1 756	9 310	110	
		D-2.5	2 158	10 290	130	
	3类	D-3.1	588	5 880	70	
		D-3.2	784	6 860	85	
		D-3.3	1 170	7 840	100	
		D-3.4	1 570	8 820	110	
		D-3.5	1 960	9 800	130	

　　Ruby 根据双方对于外包装双瓦楞纸箱的要求，参考我国瓦楞纸箱的分类及瓦楞纸箱的技术要求，按照如下步骤选出合适的纸板。

　　第一步，纸箱综合尺寸为 600mm＋400mm＋200mm＝1 200mm，毛重不得超过 15kg，故选择最大综合尺寸为 1 400mm。

　　第二步，选择纸板类型。因是出口纸箱所以选第一类，并且要求采用双瓦楞。因此，可以选择的纸板和对应的纸箱分别为 D-1.2 和 BD-1.2；

　　第三步，根据耐破强度为 1 100kPa，边压强度为 7 800N/M，戳穿强度为 90kg/cm，D-1.2 达到瓦楞纸箱的技术要求，因此选择瓦楞纸箱的种类为双瓦楞纸板 D-1.2，纸箱 BD-1.2。

三、按照合同落实包装要求

　　Ruby 对服装的内外包装都进行了仔细的核查，以确保按照合同要求落实包装。

　　（一）内包装检查

　　1）查验产品包装形式是否准确。衬衫的包装方式有标准折法，混码 4 件装一小盒。

　　2）检查衣服上的主标、洗标、吊牌和价格牌是否符合要求，如吊牌是否穿过主标，价格牌是否满足要求等。

　　3）检查衬衫背面是否垫衬纸。

　　4）核对纸箱内是否使用了防潮纸（拷贝纸）。垫防潮纸（拷贝纸）的目的一方面是为了防止衣服受潮，更重要的则是为了防止搭色或出现挤压痕（特别是合成面料的服装产品容易出现搭色或挤压痕）。一般金属或比较硬的服装辅料，如拉链头、纽扣等也需要用防潮纸包扎起来，因为衣服可能在车船等交通工具上滞留的时间较长，难免出现遇高温受潮的情况。虽然在合同中，买方没有对使用防潮纸（拷贝纸）提出明确要求，但按照行业习惯，以及出于对客户利益的考虑，在核查包装时，应要求装箱工人在箱内垫防潮纸（拷贝纸）。

　　5）包装材料及规格是否准确。因为合同规定每件衬衫必须装在一个透明胶袋里面，因此 Ruby 应检查衬衫装入胶袋后是否平整，封口松紧是否适宜，不得有开胶、破损现象。

（二）外包装检查

1. 瓦楞纸箱检查

作为跟单员，Ruby 必须考虑选用的纸箱包装能否顺利完成报检报关工作。因为对出口纸箱包装的商品，出入境检验检疫机构在抽样、品质检验、重量鉴定、验舱监装、下厂监督检查中，同时例行对纸箱进行检查。如发现包装破损、污染及不符合出口要求的纸箱，则会联系海关，严格把关。查验包装时，以出口合同中的包装条款和有关产品标准中的包装技术条件为依据；出口合同、标准中没有规定具体包装条件的，则以国内购销合同规定的包装条件为依据。凡不符合出口合同、标准规定的纸箱包装条件，或者纸箱包装存在下列各项情况的，不予出证放行：①箱身塌陷或破烂；②采用黏合剂封盖或用胶带封口而未经封盖封口的；③黏胶剂或黏胶带黏合力不强，易被揭开重封而不留撕痕。因此，在检查瓦楞纸箱时，Ruby 重点检查落实了以下工作。

1）瓦楞纸箱应保持内外清洁、牢固、干燥，适应长途运输。

2）纸箱封口时衬垫防割破材料，起到保护商品的作用。

3）箱底、箱盖封口严密、牢固。封箱纸贴正，两侧通常下垂 10cm。

4）装箱适度，不可出现"胖顶"（超装）或"空箱"（未装满）现象。

5）包装带要正且松紧适宜，不准脱落，卡扣牢固。

6）箱体标签字体要清晰、端正，不得有任何污染。

2. 瓦楞纸箱标志检查

对于外箱的标志及字体，Ruby 也做了仔细的检查。因为按照合同的约定，主唛由我方设计，侧唛包含商品名称、货号、毛重和产地，因此 Ruby 明确所采购的纸箱上唛头刷制如下。

出口纸箱的正面刷上如下唛头，即正唛（运输标志）：

SHIPPING MARKS：
PR TEXTILES LLC
TX9086
BOSTON
C.NO.：1-1000

出口纸箱的侧面刷上如下唛头，即侧唛：

Commodity：Men's shirts
Style No.：DN32
G.W.：
Made in China

 理论概述

一、出口产品包装类型

产品包装是为在流通过程中保护产品、方便贮运、促进销售，按一定技术方法而采用的容器、材料及辅助物等的总称。产品包装也指为了达到上述目的而采用容器、材料及辅助物的过程中施加一定技术方法等的操作活动。

按包装在物流过程中的使用范围划分，产品包装可分为运输包装和销售包装。

1. 运输包装

运输包装又称大包装或外包装，通常又分为单件运输包装和组合包装（集合运输包装）两类。它是货物装入特定容器，或以特定方式成件或成箱包装。运输包装的作用有两个：一是保护货物在长时间和远距离的运输过程中不被损坏和散失；二是方便货物的搬运和储存。

2. 销售包装

销售包装是直接与顾客见面的包装形式，通常又有 3 种表现形式：一是便于陈列的销售包装；二是便于使用的销售包装；三是有利于增加销量的销售包装。根据产品的特征和形状，销售包装可采用不同的包装材料和不同的造型结构与式样。

二、出口包装的主要材料

包装材料是指用于制造包装容器和包装运输、包装装潢、包装印刷、包装辅助材料及与包装有关的材料的总称。在考虑选用包装材料时，必须兼顾经济实用和可回收再利用的原则，即通常所说的"绿色包装"。所谓"绿色包装材料"是指在生产、使用、报废及回收处理再利用过程中，能节约资源和能源，废弃后能迅速自然降解或再利用，不会破坏生态平衡，来源广泛、耗能低、易回收且再生循环利用率高的材料和材料制品。能用作出口包装材料的品种有很多，如木材、纸、塑料、金属是主要包装材料，此外还有玻璃、陶瓷、天然纤维、化学纤维、复合材料、缓冲材料等。它们的成分、结构、性质、来源、用量及价格，决定着包装的性质、质量和用途，并对包装的生产成本和用后处理等有重要影响。

（一）木材包装材料

木材作为包装材料，具有悠久的历史，现在虽然出现了许多优质的包装材料，但木材具有很多优点：木材分布广，可以就地取材，质轻且强度高，有一定的弹性，能承受冲击和振动作用，容易加工，具有很高的耐久性且价格低廉等。因此木材在现今的包装工业中仍然占有很重要的地位。

为了保证木质包装箱内不含任何有害昆虫，联合国粮农组织和《国际植物保护公约》秘书处颁布了《国际贸易中木质包装材料管理准则》国际植物检疫措施标准第 15 号出版物，即所有的贸易出口国（地区）必须在木质包装材料上贴上全球统一的标签，以证明其木质包装箱已经过加热和烟熏处理。

1. 木质包装箱的用材选择

跟单员应了解出口包装箱对使用木材的基本要求，不同的木材其价格不同。目前，产品包装正在进行一场革命，尽管曾经充当主角的木制品包装正在被塑料制品包装、纸制品包装、金属包装等所取代，但就目前的发展水平看，传统的木制品包装还在出口包装行业中起着举足轻重的作用。出口常用的木制品包装有木箱、木桶、夹板等。较为笨重的五金、机械和怕压、怕摔的仪器、仪表及纸张等商品大都使用这类包装。木制品包装的木材根据出口产品包装的内容物不同，有不同的要求。因此，木材的密度、相应的硬度和握钉力等性能及木材的价格是选做包装用材等级的重要依据。

2. 出口包装用人造板材

人造板材的种类很多，主要有胶合板、纤维板、刨花板等。除胶合板外，其他人造板材所使用的原料均系木材采伐过程中的剩余物，这使枝杈、截头、板皮、碎片、刨花、锯木等废料都得到利用。而且人造板材强度高、性能好。$1m^3$ 的人造板材可相当于数立方米的木材；3mm 厚的纤维板、胶合板相当于 12mm 厚的板材。因此，世界各国为了充分利用木材，都竞相发展人造板材。

（二）纸质包装材料

纸质包装材料是当前国际流行的"绿色包装"所使用的材料。由于纸质包装材料的主要成分是天然植物纤维素，易被微生物分解，减少了处理包装废弃物的成本，而且纸质包装的原材料丰富易得，在包装材料中占据主导地位。

与其他包装材料相比，纸类包装材料有性价比高，具有良好的弹性和韧性，对被包装物有良好的保护作用，符合环保要求，可回收利用等优点，被广泛利用。

纸质包装材料包括纸、纸板及其制品，它们在包装材料中占据着主导地位。从发展趋势预测，纸与纸板无论在现在还是将来，都是一种主要的包装材料。

1. 出口包装用纸

包装用纸大体上可分为食品包装用纸与工业品包装用纸两大类，但有些包装纸既可作为食品包装用，也可作为工业品包装用。食品包装用纸除要求有一定强度外，还要符合卫生标准。而工业包装纸则要求强度大、韧性好，以及某些符合特种包装要求的特别性能。这两大类包装用纸都要求不但保护商品安全，还能起到装潢产品的作用。

2. 出口包装用纸板

1）牛皮箱纸板。又称挂面纸板，是运输包装用的高级纸板。它具有物理强度高、防潮性能好、外观质量好等特点。它主要用于制造外贸包装纸箱及国内高级商品的包装纸箱，作为电视机、电冰箱、大型收录机、缝纫机、自行车、摩托车、五金工具、小型电机等商品的运输包装用。国家标准有一号、特号牛皮箱纸板两种。一号主要制作用于包装高档轻纺产品、日用百货、家用电器等。特号牛皮箱板纸主要用于出口包装，不仅要具有高于一号牛皮箱纸板的物理强度，还要具有更高的防潮性能，可用于包装出口冷冻食品，能经受 $-30 \sim -15 \, ^\circ\!C$ 低温冷藏，纸箱不能变形，不瘪箱。近年，国家发展了一些质量略低于牛皮箱纸板的仿牛皮箱纸板，以 20% 左右的木浆（或竹浆、红麻杆浆、胡麻杆浆）挂面，80% 左右的草浆，废纸浆作芯浆、底浆进行生产。

2）箱纸板。生产箱纸板所用原料由于各个国家、地区的资源情况不同而有所不同。森林资源丰富的国家主要用木浆和废纸，木材资源缺乏的国家则主要以草类纤维原料为主。我国箱纸板生产大多以草浆为主。箱纸板与牛皮箱纸板一样，都是制作运输包装纸箱的主要材料，但箱纸板质量低于牛皮箱纸板，以草类制作的是中低包装纸箱，用于一般百货包装。国产箱纸板按标准规定分为一号、二号、三号 3 种。一号为强韧箱纸板，二号为普通箱纸板，三号为轻载箱纸板。我国生产的多数为二号、三号两种，一般都统称为普通箱纸板。箱纸板定量按规定有 $310g/m^2$、$365g/m^2$、$420g/m^2$、$475g/m^2$、$530g/m^2$ 5 种，目前多数生产 $420g/m^2$，成品规格有卷筒纸与平板纸。

3）瓦楞纸板。它是由瓦楞纸与两面箱板纸融合制成的纸板。典型的瓦楞纸板至少是由两面层纸板，一中层瓦楞芯纸，用胶黏剂黏合而成的复合加工纸板。瓦楞纸板的类别主要是依据构成瓦楞纸板的瓦楞规格、瓦楞形状和用纸层数 3 个方面的情况来区分的。

瓦楞规格指的是用不同的瓦楞型号轧制的瓦楞纸板。不同的瓦楞型号具有不同的瓦楞高度（楞谷和楞峰之间的高度），不同的瓦楞数（楞与楞之间的疏密程度）和不同的瓦楞收缩率。瓦楞规格的型号以瓦楞轮廓的大小粗细程度为序依次列为 K、A、C、B、D、E、F 7 种型号，其中 A、C、B、E 4 种型号使用比较普遍。目前世界各国对瓦楞型号种类的代号称谓比较统一，但对于每一种瓦楞型号种类的技术要求并不完全一致，有的略有差异。

瓦楞形状是指瓦楞齿形轮廓的波纹形状，主要区别在于瓦楞波峰与波谷圆弧半径的大小。瓦楞形状有 3 种：U 形、V 形、UV 形。U 形的峰、谷圆弧半径较大，V 形的较小，UV 形处于中间状态。

综观 U、V、UV 3 种瓦楞形状的优缺点，U 形和 V 形的利弊均显而易见，UV 形的优点虽然不是最理想，但缺点也不突出，综合性能比较能适应大多数瓦楞包装的普遍要求，因此，UV 形瓦楞在世界各国都比较广泛地得到采用。当然，有些需要特别强调缓冲性能和减震作用的包装，或者对于某些要求硬度和挺立特别高的瓦楞包装容器，则应选用在这些方面具有某种特殊效果的 U 形和 V 形瓦楞来满足那些特定的内容物的特殊包装要求。

用纸层数指的是用以瓦被制成瓦楞纸板的厚纸层数。一般有以下 4 种：二层瓦楞纸板（又称单面瓦楞纸板）、三层瓦楞纸板（又称双面瓦楞纸板）、五层瓦楞纸板（又称双层瓦楞纸板）、七层瓦楞纸板（又称三层瓦楞纸板）。

不同层数纸张构成瓦楞纸板的基本组合形式。二层瓦楞纸板通常作为包装衬垫物料使用。多数用瓦楞高度较低的 C、B、E 型瓦楞和弹性比较好的 U 形或 UV 形瓦楞来制作。三层瓦楞纸板通常用来制作中小型瓦楞纸箱和衬板用，大多采用 A、C 等瓦楞高度较高和物理性能适中的 UV 形瓦楞来制作。至于用来制作瓦楞纸盒内包装的三层瓦楞纸板，则多采用 B、E 等瓦楞高度较低、印刷效果较好的瓦楞型号和瓦楞性能适中的 UV 形瓦楞来制作。五层瓦楞纸板通常是用来制作包装容积较大、内容物较重的大型或中性的瓦楞纸箱，以及衬板或其他瓦楞包装构件。五层瓦楞纸板应根据其包装功能的要求，选择适宜的瓦楞型号和瓦楞形状的配置，一般多选用厚度较高的 A、C 型或 B 型瓦楞来制作。在实际使用过程中，往往要根据包装功能的需要和流通运作的特点，考虑以缓冲性能较佳的 A 型和 C 型瓦楞来制作里层的芯纸，而用 C 型或 B 型平压强度较高的楞型作为外层瓦楞。瓦楞形状的配置，由于设备和工艺上的局限，较难按理想要求随意搭配，所以一般多采用 UV 形的瓦楞来制作。如果条件允许，尽可能考虑采用不同楞形和其他型号的瓦楞来制作，以便达到更加理想的包装效果。七层瓦楞纸板一般用以加工制作成大型及特大型的瓦楞纸箱，也可以结合木质托盘或者与其他材料构件配套制成超重型的瓦楞包装容器，它具有很高的承重抗压性能。七层瓦楞纸箱或容器的内容物大都是体大量中的货物。一般可考虑采用 B＋A＋B 的瓦楞结构来制作瓦楞纸板，这种结构方式既可保证纸板有一定的总厚度和负载力，又能使纸板的里外层都具有一定的平面耐压强度，使箱体的表层和里层都具有承受来自外部冲撞和内容物挤压的相应抗强能力。在某种特定要求的情况下，也可采取 B＋A＋C、C＋A＋C、B＋A＋A、A＋A＋A 乃至 E＋B＋A 等瓦楞型号组合方式制作七层瓦楞纸板。至于瓦楞形状的选择除特殊要求外，通常都比较一致地采用 UV 形瓦楞。

4）黄纸板。又称草纸板，是一种低级包装纸板。它主要用作衬垫，以及将印刷好的或未经印刷的胶版印刷纸等表糊在表面，制作各种中小型闸盒来包装食品、糖果、皮鞋等。黄纸板虽属低级包装纸板，但要求其表面细洁，不许有谷壳、草节等硬质杂物，纸板要平整，不许有翘曲现象，否则会影响制盒时的质量。黄纸板具有黄亮的色泽，为原料的本色，还要求具有一定的耐破度和挺度。黄纸板的质量等级分特号、一号两种，现在生产的多数为一号。其定量规格分 6 种，从 $310 \mathrm{g/m}^2$ 开始，每递增一个规格，定量增加 $110 \mathrm{g/m}^2$。黄纸板多数为平纸板，尺寸为 787mm×1 092mm，也有少量卷筒纸。

5）白纸板。白纸板是销售包装的重要包装材料，其主要用途是经彩色套印后制成纸盒，供商品包装用，起着保护、装潢、美化和宣传商品的作用。作为一种重要的包装材料，白纸板的生产已有百年历史。作为包装材料，白纸板具有一系列其他包装材料（如塑料）难以相比的优点，并在包装材料日新月异的形势下，依然保持着其重要的地位。

（三）塑料包装材料

塑料是可塑性高分子材料的简称，具有质轻、美观、耐腐蚀、机械性能高、可塑性强、易于加工和着色等特点。随着科技的发展，不断地出现了性能高、功能强、无毒、易回收利用或降解的新型塑料包装材料，这些包装材料被广泛用于各类产品的包装。

1．塑料的分类

塑料的品种很多，根据它们的组成、性质和用途可分为如下几种。

1）通用塑料：一般指产量大、用途广、成型性好、廉价的塑料，如聚乙烯、聚丙烯、聚氯乙烯、聚苯乙烯、酚醛塑料、ABS 塑料、有机玻璃、赛璐珞等。

2）工程塑料：一般指机械强度较高、刚性大，常用于取代钢铁和有色金属材料以制造机械零件和工程结构受力件的塑料，如聚甲醛、聚酰胺、聚碳酸酯、氯化聚醚、聚砜等。

3）热固性塑料：指因受热或其他条件能固化成不溶性物料的塑料，如酚醛塑料、环氧塑料等。

4）热塑性塑料：是指在特定温度范围内能反复加热软化和冷却硬化的塑料，如聚乙烯、聚四氟乙烯等。热塑性塑料又分为烃类、含极性基因的乙烯基类、工程类、纤维素类等多种类型。

5）特种塑料：一般是指具有特殊功能，可用于航空、航天等特殊应用领域的塑料，如含氟塑料和有机硅具有突出的耐高温、自润滑等特殊功用，增强塑料和泡沫塑料具有高强度、高缓冲性等特殊性能，这些塑料都属于特种塑料的范畴。

2. 塑料薄膜

塑料薄膜在塑料包装中占据相当大的比重。以塑料薄膜做包装，根据内容物的种类与包装方式，要求有所不同。塑料薄膜的品种很多，常常可用下列一些简便的方法加以鉴别。由于各种塑料薄膜在物理性能方面有一定差异，通常先观察外观，如光泽、透明度、色调、挺立、光滑性等。无色透明、表面有漂亮的光泽、光滑且较挺实的薄膜是拉伸聚丙烯、聚丙乙烯、聚酯、聚碳酸酯；手感柔软的薄膜是聚乙烯酸、软质氯乙烯；透明薄膜经过揉搓后变成乳白色的是聚乙烯、聚丙烯；振动时发出金属清脆响声的薄膜是聚酯、聚苯乙烯等。

（四）金属包装材料

金属是 4 种主要包装材料之一，广泛被应用于食品、饮料、化工、医药、建材、家电等行业，是食品罐头、饮料、糖果、饼干、茶叶、油墨、油漆、染料、化妆品、医药和日用品等的包装容器。金属包装材料中产量和消耗量最多的是镀锡薄钢板，其次是铝合金薄板，镀铬薄钢板位居第三。下面介绍几种主要包装用的金属材料。

1. 镀锡薄钢板

镀锡薄钢板简称镀锡板，俗称马口铁，是两面镀有纯锡（1 号、2 号锡锭）的低碳薄钢板。以热浸工艺镀锡的称热浸镀锡板，以电镀工艺镀锡的称电镀锡板。电镀锡板未加涂料的称电素铁，电镀锡板加上涂料的称涂料镀锡板（涂料铁）。镀锡板对空气、水、水蒸气等有很好的耐蚀性，且无毒，具有易变形和可焊性的特点，表面光亮、美观，能进行精美的印刷和涂饰，目前电镀锡板大部分用于包装工业用品。镀锡薄钢板的原料是含碳小于 0.25%的低碳钢，生产方法是将钢锭或连续铸造钢材经过热轧和冷轧，轧成毫米之间的厚度，最常用厚度为 0.2mm、0.23mm、0.25mm、0.28mm 4 种规格，可按照罐型大小、内装物性质进行选择。目前我国使用较多的规格是 714mm×510mm 和 827mm×730mm 等。

判断镀锡包装材料的优劣主要看其表面质量，其表面应光亮、洁净，没有裂纹、破口、折边、分层、锈斑、油迹、宽带锡流、群集的锡堆积、漏铁点等，但允许有不超过规定的缺陷。

镀锡薄钢板虽有较高的耐蚀性，但若长期存放，锡也会因缓慢氧化而变黄，在潮湿空气或工业性气氛中也会因生锈而失去光泽。因此，镀锡薄钢板需库内存放，存放期一般不要超过 6～12 个月。此外，由于锡的电极电位比铁高，当镀锡层发生破损时，会加速钢板的锈蚀，因此，在装卸、搬运、保管、使用过程中，均应注意不要插伤、损坏镀锡层。

2. 镀铬薄钢板

镀铬薄钢板又称铬系无锡钢板（TFS-CT），简称镀铬板，是为节约用锡而发展的一种镀锡板代用材料。镀铬板目前广泛应用于罐头和其他制罐工业，罐头工业应用最多是啤酒和饮料罐及一般食品罐、罐盖等。镀铬板用的原板和镀锡原板一样，都是低碳冷轧薄钢板或带钢，只是把钢板表面镀锡改成镀铬，其他工序（冷轧、退火、平整、纯化、涂油等）完全相同。与镀锡板相比，镀铬板的特点是成本低。其成本比镀锡板低约 10%，但外观光泽不及镀锡板好看；耐蚀性稍差，镀层薄而针孔率高，因此使用时内外表面要上涂料；附着力强，对有机涂料的附着力比镀锡板强 3～6 倍；抗硫化腐蚀能力也比镀锡板强；镀铬板不能锡焊，只能采用搭接电阻焊或黏合；韧性差，制罐时易破碎，因而不宜冲拔罐，可用于深冲罐。常用作啤酒或饮料罐。

3. 镀锌薄钢板

镀锌薄钢板简称镀锌板，俗称白铁皮，是低碳薄钢板镀上一层厚 0.02mm 以上的锌作为防护层，使钢板的防腐蚀能力大大提高。依生产工艺镀锌板主要分为热镀锌板和电镀锡板。热镀锌板的锌镀层较厚，占镀锌板产量的绝大部分；电镀锌板的锌镀层较薄，主要用作涂塑料和涂漆的底层。包装工业上采用热镀锌板制造各种容量的桶和特殊用途的容器，耐腐蚀和密封性良好，用于包装粉状、浆状和液状产品。热镀锌板是应用较多的一种金属包装材料。

镀锌板的技术要求主要针对表面质量、机械性能、镀锌强度、钢板不平度和周边斜切等。机械性能要用反复弯曲试验，测定夹在虎钳（钳口半径 3mm）上的试样向两边弯曲 90°至折断时能经受的反复弯曲次数。包装容器常用的镀锌板标准厚度有 0.50mm、0.60mm、0.80mm、1.0mm、1.2mm、1.4mm、1.6mm、1.8mm、2.0mm。

4. 低碳薄钢板

低碳薄钢板是指含碳量不大于 0.25% 的薄钢板，薄钢板经过剪裁、成型（如滚弯、涨筋）和连接（如焊接、卷边）可直接制造金属包装容器，如各种规格的钢桶等。采用薄钢板的优点是供应充分、成本低廉、加工性能好，制成的容器有足够的强度和刚度。钢板按厚度分为厚钢板（厚度＞4mm）与薄钢板（厚度≤4mm）两种。生产包装容器只用薄钢板。薄钢板的厚度范围是 0.35～4mm，宽度范围为 500～1 500mm，长度范围为 1 000～4 000mm。按轧制方法可分为热轧薄钢板与冷轧薄钢板两种。冷轧薄钢板的表面比较平整光洁，厚度误差小。未经酸洗的热轧钢板有淡蓝色薄层氧化铁，经过酸洗的冷轧钢板有轻微浅黄色薄膜。一般钢板应在酸洗条件下剪成矩形供应，亦可成卷供应。钢板的厚度、长度、宽度、表面质量、不平度、横向剪切的斜切和镰刀弯等都有相应的标准规定。

我国用于制造包装容器的低碳薄钢板有两种，即普通碳素结构薄钢板和优良碳素结构薄钢板。普通碳素结构钢板的炼制与优质碳素结构钢的主要区别是对碳含量、性能范围要求及对磷、硫等有害元素含量的限制。

5. 铝系金属包装材料

铝是钢以外的另一大类包装用金属材料。包装用铝材主要以铝板、铝箔和镀铝薄膜 3 种形式应用。铝板主要用于制作铝质包装容器，如罐、盆、瓶及软管等。铝箔多用于制作多层复合包装材料的阻隔层，制成的铝箔复合薄膜用于食品包装（主要为软包装）、香烟包装、药品、洗涤剂和化妆品等方面的包装。镀铝薄膜是复合材料的另一种形式，是一种新型复合软包装材料，它是以特殊工艺在包装塑料薄膜或纸张表面（单面或双面）镀上一层极薄的金属铝，即成为镀铝薄膜。这种镀铝薄膜复合材料主要用于食品，如快餐、点心、肉类、农产品等的真空包装，以及香烟、药品、酒类、化妆品等的包装及装潢、商标材料。

1）铝板。铝是一种轻金属，在大气中非常稳定，加工工艺性能优良，是一种应用非常广泛的金属。铝合金（主要是铝镁合金、铝锰合金）板材的强度较纯铝更高。由于铝对酸、碱、盐不耐蚀，所以铝板均需经涂料后使用。铝板主要用于制作铝质包装容器，如罐、盒、瓶等。此外，铝板因加工性能好，是制作易开瓶罐的专用材料。

2）铝箔。用于包装的金属箔中，应用最多的是铝箔。铝箔是采用纯度为 99.3%～99.9% 的电解铝或铝合金板材压延而成，厚度在 0.20mm 以下。我国现在生产的工业用铝箔有 4 种宽度范围，18 种不同厚度，其系列产品如下。

铝箔宽度：10～39mm，39～130mm，130～220mm，220～600mm。铝箔厚度：0.005mm、0.0075mm、0.010mm、0.012mm、0.014mm、0.016mm、0.020mm、0.025mm、0.030mm、0.040mm、0.050mm、0.060mm、0.070mm、0.080mm、0.100mm、0.120mm、0.150mm、0.200mm。

3）铝箔复合薄膜。铝箔复合薄膜属软包装材料，是由铝箔与塑料薄膜或纸张复合而成。常用的塑料薄膜有聚乙烯、聚丙烯、聚酯、聚偏二氯乙烯、尼龙等。镀铝薄膜的基材是塑料膜和纸。最常用的塑料薄膜有聚酯、尼龙、双向拉伸聚丙烯、低密度聚乙烯、聚氯乙烯等。前 3 种镀铝薄膜有极好的黏结力和光泽，是性能优良的镀铝复合材料。镀铝聚乙烯薄膜则因价格低、装潢性好受到欢迎。镀铝聚丙烯薄膜还可制成易启封的封口，用于药品的易开包装。镀铝基材的优点是成本比塑料膜低，它和铝箔/纸复合材料相比较，更薄而且更美观，它的加工性能则较铝箔/纸好得多，如模切标签时利落整齐，印刷中不易产生卷曲，不留下折痕。因此，镀铝薄膜目前大量取代铝箔纸而成为新型商标标签及装潢材料。

三、包装标志

（一）运输标志

在进出口货物的交接、运输、通关和储存的过程中，为了便于识别货物，避免错发，在每件货物的外包装上，必须以不易脱落的油墨或油漆刷上一些易于识别的图形、文字和数字等明显标志。

运输标志（shipping mark）简称唛头，其内容一般包括收货人简称、合同编号、目的港（地）和件数等。运输标志一般由卖方决定，有时也可由买方指定，但需在合同中明确规定买方应在货物装运前若干天告之卖方，以免影响货物发运。运输标志如图 5-2 所示。

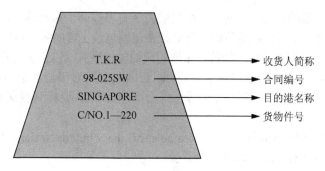

图 5-2 运输标志

（二）指示性标志

指示性标志（indicative mark）是关于操作方面的标志。它是根据货物的特性，对一些容易破碎、残损、变质的货物以简单醒目的文字、图形或图案在运输包装上做出标志，用以提醒操作人员在货物的运、储存和搬运过程中应引起注意，以免损坏货物。常用的指示性标志如表 5-3 所示。

表 5-3　常用的指示性标志

中文	英文	图示标志
小心轻放 玻璃制品 易碎品	Handle With Care Glass Fragile	（白纸印黑色）
禁用手钩	Use No Hooks	（白纸印黑色）
此端向上	The Way Up	（白纸印黑色）
怕热	Keep In Cool Place	（白纸印黑色）

（三）警告性标志

警告性标志又称危险品标志。凡在运输包装内装有爆炸品、易燃品、有毒物品、腐蚀性物品、氧化剂和放射性物品等危险货物时，都必须在运输包装上标明各种危险品的标志，以示警告，使装卸、运输和保管人员按货物特性采取相应的防护措施，以保护货物和人身的安全。

除我国颁布的《危险货物包装标志》外，联合国政府间海事协商组织也规定了一套《国际海运危险品标志》，因此，在我国危险货物的运输包装上，要标明我国和国际上所规定的两种危险品标志。

有关联合国危险货物运输标志（Symbols of the United Nations Committee for the Transport of Dangerous Goods）如图 5-3 所示。

（a）爆炸品　　　　　　（b）有毒物品（第 2 类和第 6.1 类）　　　　（c）易自燃物品

UN Transport symbol 　　 UN Transport symbol for poisonous 　　 UN Transport symbol for

for explosives 　　 substances（gases Class 2．other 　　 substances liable to

poisonous substances Class 6.1）　　 spontaneous combustion

图 5-3　联合国危险货物运输标志

自我评价

评价项目　　　　　　　完成情况及得分	很好（5）	良好（4）	一般（3）	较差（2）	很差（1）	分项得分
明确合同的包装要求						
按合同要求进行内包装并能选取合适的外包装						
按照合同落实包装要求						

任务二　计算箱数与协助订舱

【操作步骤】

1．了解进口商，指定货代资信。

2．估算箱量。

3．签订货代协议并装柜集港。

【操作分析】

一、了解进口商，指定货代资信

该合同为 FOB 条件下买方指定货代的合同。在 FOB 贸易术语下，买方指定货代主要考虑到可以主动选择与之关系良好的货代公司提供专业服务，而且，通常国外货代公司与外国的班轮公司关系良好，有可能获得较为优惠的运价。所以买方从成本、服务与安全性 3 方面考虑可能会选择 FOB 贸易术语，由其指定货代，安排运输事宜。而作为卖方来讲，可以避免运价波动给自己带来的损失，在某种程度上也愿意签订 FOB 条件合同。但是，在 FOB 买方指定货代，安排运输的情况下，卖方必须注意以下几点：核实指定货代的资信情况，如果属于无名货代，则千万要注意货物的安全。一旦遭遇这样的情况，就会使卖方面临"钱货两空"的境遇。

因此，跟单员必须对进口商指定货代资信进行一定的调研。PR Textiles 公司指定的货代是 WORLDWILD 货代公司，因此 Ruby 首先登录 WORLDWILD 货代公司的网页，了解该货代公司的情况，获悉该货代公司从事货代行业已经有近 24 年的历史了，能够为客户提供专业、个性化的服务，服务水平高，综合服务能力强，能够提供陆路、水路、空运运输服务。总体看来，该货代公司应该是一家较为资深的货代公司。随后，Ruby 又向国内曾经合作的货代公司了解该公司在业界的信誉，得到了肯定的回复。

二、估算箱量

在确定货代公司的信誉良好后，Ruby 再次与衬衫加工厂确认瓦楞纸箱的尺寸为 600mm×400mm×200mm，每箱毛重为 8kg，每箱净重为 7.4kg，共 1 000 箱。如果出口运输准备采用 40ft 钢质集装箱，Ruby 开始估算集装箱数量。各种集装箱尺寸及装载重量如表 5-4 所示。

表 5-4　各种集装箱尺寸及装载重量

集装箱分类 尺寸及载重		干货集装箱								散货集装箱			冷藏集装箱			
		20ft			40ft					20ft			20ft			40ft
		钢质	钢质高柜	铝质	钢质	钢质高柜	玻璃钢质	铝质	铝质高柜	钢质	钢质高柜	玻璃钢质	铝质	铝质高柜	玻璃钢质	铝质
外尺寸	长/mm	6 058	6 058	6 058	12 192	12 192	12 192	12 192	12 192	6 058	6 058	6 058	6 058	6 058	6 058	12 192
	宽/mm	2 438	2 438	2 438	2 438	2 438	2 438	2 438	2 438	2 438	2 438	2 438	2 438	2 438	2 438	2 438
	高/mm	2 438	2 591	2 591	2 591	2 896	2 591	2 591	2 896	2 438	2 591	2 438	2 438	2 591	2 591	2 591
内尺寸	长/mm	5 917	5 902	5 925	12 050	12 034	11 977	12 045	12 060	5 887	5 824	5 892	5 477	5 360	5 085	11 398
	宽/mm	2 336	2 338	2 344	2 343	2 345	2 273	2 350	2 343	2 330	2 335	2 333	2 251	2 242	2 236	2 256
	高/mm	2 249	2 376	2 391	2 386	2 677	2 300	2 377	2 690	2 159	2 375	2 202	2 099	2 148	2 220	2 113
内容积/m³		31	32.84	33.1	67.4	75.9	61.3	67.4	76	29.6	32.3	30.3	25.9	25.51	25.1	52.04
总重/kg		24 000	22 396	21 372	30 480	30 480	30 480	30 373	30 480	20 320	24 386	20 320	20 320	21 241	24 384	30 848
自重/kg		1 860	2 275	1 794	3 100	4 080	4 763	2 981	3 000	2 530	2 351	2 450	2 520	3 004	3 372	4 519
载重/kg		22 140	20 121	19 578	27 380	26 400	25 717	27 392	27 480	17 790	22 035	17 870	17 800	18 237	21 012	26 329

注：①干货集装箱又称杂货集装箱，是用以装载除液体货和需要调节温度的货物外，以一般杂货为主的集装箱。②散货集装箱是用于装载麦芽、化学品、谷物等散货的一种密闭式集装箱。③冷藏集装箱是专为运输要求保持一定温度的冷冻货或低温货，如鱼、肉、新鲜水果、蔬菜等食品进行特殊设计的集装箱。

通过查询集装箱种类表，得出 20ft 钢质集装箱内尺寸为 12 050mm×2 343mm×2 386mm，内容积 67.4m³，最大载重 27 380kg。

40ft 钢质集装箱的装箱数计算如下：

（1）按体积计算

按体积计算，40ft 钢质装箱的装箱量如表 5-5 所示。

表 5-5　按体积计算的装箱量

项目 \ 纸箱放置方法	方法一			方法二			方法三		
铜质集装箱内尺寸/mm	长12 050	宽2 343	高2 386	长12 050	宽2 343	高2 386	长12 050	宽2 343	高2 386
纸箱在集装箱内的对应位置/mm	长600	宽400	高200	宽400	长600	高200	高200	长600	宽400
集装箱共可装箱量/箱	长20.1	宽5.9	高11.9	长30.1	宽3.9	高11.9	长60.3	高3.9	宽5.9
去纸箱误差，集装箱长宽高各面可装纸箱数/箱	长20	宽5	高11	长30	高3	宽11	长60	高3	宽5
体积/m³	52.8			47.52			43.2		
集装箱可装箱总数/箱	1 100			990			900		

通过人工简单的按体积计算，显然"方法一"是最佳的一般性计算装箱量方案。

（2）按重量计算

$$纸箱数量＝27\ 380÷8＝3\ 422.5（箱）≈3\ 422（箱）$$

通过体积计算，可装箱数最多为 1 100 箱。通过重量计算，可装箱数最多为 3 422 箱。根据箱数计算取整取小原则，所以这个集装箱最多可以装 1 100 箱。

结论：由于这批货有 1 000 箱，因此需要 40ft 钢质集装箱数量为 1 个，体积为 1 000×0.048＝48m³。

Ruby 在估算箱量后电话联系 WORLDWILD 货代公司，通知该公司 PR Textiles 公司所购男式衬衫最终决定采用 600mm×400mm×200mm 的瓦楞纸箱包装，每箱毛重为 8kg，每箱净重为 7.4kg，共 1 000 箱，需要 1 个 40ft 钢质集装箱。货代公司询问了货物生产进度，当得知大货生产已经基本完成时表示，货代公司将马上落实订舱提箱事宜。

三、签订货代协议并装柜集港

（一）签订货代协议

Ruby 确认通过进口商指定货代来办理货物运输事宜后，遂就订舱事宜与 WORLDWILD 货代公司签订委托协议，明确 FOB 条件下货代必须保障在接到出口商放单指令前物权凭证应控制在出口商手中，如果货代违反约定，货代公司必须承担因此产生的一切损失与责任。

在 FOB 术语下，出口商与进口商指定货代，签订协议，约定双方权责是非常有必要的，无论提单出单方式是采用承运人提单还是货代提单，由于指定货代与进口商的关系相对较近，因此，指定货代的信誉及操作是否规范都将影响到出口商的利益，关乎货物的安全，所以，出口商与指定货代签订协议，明确双方权责是对出口商利益的保障。

（二）装柜集港

2010 年 5 月 26 日，WORLDWILD 货代公司联系 Ruby，询问货物的生产、准备情况，请 Ruby 核实进口商的订舱要求与实际货物情况是否一致。Ruby 告知 WORLDWILD 货代公司，衬衫已经基本完成生产，将在 5 日内完成最后的生产、包装工作。

Ruby 与货代公司认真核对进口商订舱委托书的具体要求，包括货物信息、托运人、收货人、通知人、装运信息等重要信息，与货代公司确定信息无误，请货代公司安排订舱运输事宜。WORLDWILD 货代公司表示会立即安排订舱（订舱委托书如图 5-4 所示），同时，与诚通进出口贸易公司确定装柜方式采用内装箱还是门到门方式。内装箱方式是指出口商将货物送到货代指定仓库，在仓库内进行装柜；门到门方式则指货代指定车队将空箱从码头空箱堆场提回，送至指定地点（一般为工厂所在地）安排装柜。考虑到 WORLDWILD 公司的拖柜费仅略高于国内货代公司报价，可以接受，这样也可以减少周转环节，提高工作效率，Ruby 遂与货代确定装柜方式为门到门装柜。

订舱委托书			合同号	TX9086		业务编号	XX20100035		
日期		2010 年 5 月 26 日	银行编号	NYB134654		信用证号	RT31250140		
根据《中华人民共和国合同法》与《中华人民共和国海商法》的规定，就出口货物委托运事宜订立本合同。			开证银行	NEW YORK BANK，SH BR.					
			汇票付款人	NEW YORK BANK，SH BR.					
托运人	PR Textiles, llc Address: 1313 Missouri St. South Houston, TX 77587, USA		付款方式	L/C AT SIGHT					
提单抬头	TO ORDER		贸易性质	一般贸易		贸易国别	The United States		
			运输方式	BY SEA		消费国别	The United States		
通知人	PR Textiles, llc Address: 1313 Missouri St. South Houston, TX 77587, USA		装运期限	JUN.6, 2010		出口口岸	NINGBO		
			有效期限	JUN. 20, 2010		目的港	BOSTON		
			可否转运	Y	可否分批	Y	运费预付		到付	Y
			正本提单	3	副本提单	2	价格条件	FOB NINGBO	
标志唛头	货名规格、海关编号	件数及包装式样	毛重（kg）		净重（kg）		价格币制	EUR		
							单价	总价	
PR TEXTILES LLC TX9086 BOSTON C.NO.: 1-1000	MEN'S YARN DYED GREY L/S SHIRT WITH LEFT CHEST HAVING EMB LOGO	1000CTNS	8000KGS		7400KGS		USD35.00/PC	USD700 000.00	
TOTAL							USD700 000.00		
法定商检	有进料不超过 20%	来料加工	来料费	加工费		总尺码	48m³	FOB 价	USD700 000.00
受托人注意事项			指定货代	WORLDWILD					
			运费				确认		
			随附单据	1.发票 3 份	2.装箱单 3 份	3.报关单 份			
				4.核销单 1 份	5.许可证 份				
委托人注意	SHIPPED IN 1×40GP FCL		保险条款						
			保险金额		赔款地点				
	发运信息		危险品	N	制单员	×××			
受托人（承运人或货运代理人）			委托人（即托运人）						
名称			名称	PR Textiles, llc					
电话		传真	电话	713-947-8044		传真	713-947-8842		
委托代理人签章			联系人	×××					

图 5-4 订舱委托书

2010 年 5 月 31 日,工厂通知已经完成生产、包装、刷唛。此时,Ruby 接到 WORLDWILD 货代公司的电话,告知舱位已订妥,预计启航日期为 2010 年 6 月 6 日。货代公司已经安排好车队于 2010 年 6 月 3 日前往指定地点装柜,请 Ruby 与之确定装柜地点。Ruby 将工厂的具体地址通知货代公司,同时,将装柜安排通知工厂。

2010 年 6 月 3 日,Ruby 前往工厂监装,上午 9:30 WORLDWILD 公司指定的车队将 1 个 40ft 普柜提至工厂,开始装柜。装柜于 11:00 全部完成,Ruby 记录箱号及封号后遂与 WORLDWILD 公司联系,通知其货物已经全部装妥,请其与车队保持联系。

自我评价

完成情况及得分　　评价项目	很好（5）	良好（4）	一般（3）	较差（2）	很差（1）	分项得分
了解进口商指定货代资信						
估算箱量						
签订货代协议并装柜集港						

任务三　协助出口报检与报关

【操作步骤】

1. 出口报检。
2. 出口报关。
3. 结算费用并结汇。

【操作分析】

一、出口报检

2010 年 5 月 31 日,在货物生产基本完成后,Ruby 委托宁波诚通进出口贸易公司长期合作的宁波——货代公司向商检局报检,并同时制作出境货物报检单和报检委托书,并附上商业发票、装箱单等单据,如图 5-5 和图 5-6 所示。

		中华人民共和国出入境检验检疫							
		出境货物报检单							
报检单位（加盖公章）		宁波诚通进出口贸易公司				*编　号			
报检单位登记号	3466825658	联系人	李玮	电话	27780626	报检日期	2010　年	6　月	1　日
发货人	（中文）	宁波诚通进出口贸易公司							
	（外文）	NINGBO CHENGTONG IMPORT AND EXPORT CO.,LTD.							
	（中文）	美国 PR 纺织品公司							
	（外文）	PR Textiles,llc.							

货物名称（中/外文）	H.S.编码	产地	数/重量	货物总值	包装种类及数量
男式衬衫 MEN'S SHIRT	61059000	宁波	20 000 件	700 000 美元	1 000 箱

运输工具名称号码	船舶	贸易方式	一般贸易	货物存放地点	浙江宁波市鄞州区机场路 228 号	
合同号	TX9086		信用证号		用途	其他
发货日期	2010.6.6	输往国家（地区）	美国	许可证／审批号		
启运地	宁波	到达口岸	波士顿	生产单位注册号		

集装箱规格、数量及号码	1×40'FCL

合同、信用证订立的检验检疫条款或特殊要求	标 记 及 号 码	随附单据（划"✓"或补填）	
	PR TEXTILES LLC TX9086 BOSTON C.NO.: 1-1000	（✓）合同 （ ）信用证 （✓）发票 （ ）换证凭单 （✓）装箱单	（✓）包装性能结果单 （ ）许可/审批文件 （ ） （ ） （ ）

需要证单名称（划"✓"或补填）		*检验检疫费	
（ ）品质证书 ＿正＿副 （ ）重量证书 ＿正＿副 （ ）数量证书 ＿正＿副	（ ）植物检疫证书 ＿正＿副 （ ）熏蒸/消毒证书 ＿正＿副 （✓）出境货物换证凭单 ＿正＿副	总金额 （人民币元）	
		计费人	
		收费人	

报检人郑重声明： 1. 本人被授权报检。 2. 上列填写内容正确属实，货物无伪造或冒用他人的厂名、标志、认证标志，并承担货物质量责任。	领 取 证 单	
	日期	
	签名	

　　注：有"*"号栏由出入境检验检疫机关填写。　　　　　　　　　　　　　　　◆国家出入境检验检疫局制

图 5-5　出境货物报检单

报 检 委 托 书	
宁波出入境检验检疫局	

　　本委托人声明，保证遵守《中华人民共和国进出口商品检验法》、《中华人民共和国进出境动植物检疫法》、《中华人民共和国国境卫生检疫法》、《中华人民共和国食品卫生法》等有关法律法规的规定和检验检疫机构制定的各项规章制度。如有违法行为，自愿接受检验检疫机构的处罚并负法律责任。

　　本委托人所委托受委托人向检验检疫机构提交的报检单和随附各种单据所列内容是真实无讹的。具体委托情况如下

本单位将于	2010	年	6	月间进／出口如下货物
品　　　名	男式衬衫			
数（重）量	20 000 件			
合　同　号	TX9086			
信 用 证 号				

特委托	宁波一一货代有限公司	（地址：宁波市鄞州区钱湖南路 500 号）
代表本公司办理本批货物所有的检验检疫事宜，请贵局按有关法律规定予以办理		
委托单位名称（签章）：宁波诚通进出口有限公司		受委托单位名称（签章）：宁波一一货代有限公司
单位地址	浙江省宁波市鄞州区姜山镇茅山工业区	单位地址　宁波市鄞州区钱湖南路 500 号
邮政编码	315000	邮政编码　315010

图 5-6　报检委托书

法人代表	颜容						法人代表	陈一一				
本批货物业务联系人		李玮					本批货物业务联系人		××××			
联系电话（手机）		27882700					联系电话（手机）		88326788			
企业性质	私营有限责任公司						企业性质	私营有限责任公司				
日 期	2010	年	6	月	2	日	日 期	2010	年	6	月	2	日

本委托书有效期至	2010	年	8	月	6	日

图 5-6 报检委托书（续）

二、出口报关

2010 年 6 月 3 日，商检通过后，Ruby 随即开始准备报关材料。Ruby 将报关委托书连同报关材料一并交给宁波一一货代公司，委托其办理货物报关手续，报关委托书如图 5-7 所示。

进出口货物代理报关委托书

编号：

委托单位	宁波一一货代有限公司	十位编码	733143××××		
地 址	宁波市鄞州区钱湖南路 500 号	联系电话	0574-88326788		
经 办 人	×××	身份证号	××××		
我单位委托	宁波一一货代有限公司				

代理以下进出口货物的报关手续，保证提供的报关资料真实、合法，与实际货物相符，并愿承担由此产生的法律责任

货物名称	男式衬衫	商品编号	××××	件 数	20000 件
重 量	8 000KGS	价 值	USD 700 000	币 制	USD
贸易性质	一般贸易	货物产地	浙江宁波	合 同 号	TX9086
是否退税	是	船名/航次	YONGYUN, VOY. NO. 367S		
委托单位开户银行				账号	

随附单证名称、份数及编号：

1. 合同	1	份；	6. 机电证明		份、编号：
2. 发票	3	份；	7. 商检证	1	份；
3. 装箱清单	3	份；	8.		
4. 登记手册		本、编号：	；	9.	
5. 许可证		份、编号：	；	10.	

（以上内容由委托单位填写）

被委托单位		十位编码	
地 址		联系电话	
经 办 人		身份证号	

（以上内容由被委托单位填写）

代理（专业）报关企业章及法人代表章		委托单位章及法人代表章	宁波诚通进出口贸易公司
			××××
		2010 年 6 月 3 日	

图 5-7 报关委托书

另外，报检报关期间发生的费用实报实销，由一一货代公司凭付款发票向诚通进出口贸易公司要求支付。

三、结算费用并结汇

2010 年 6 月 4 日，Ruby 接到一一货代公司电话，告之其货已顺利进港，Ruby 请一一货代公司督促船公司尽早签发提单，以便尽快结算费用，完成业务。2010 年 6 月 6 日，一一货代公司将提单确认件交至诚通进出口贸易公司核对。Ruby 核对无误后，通知货代公司提单无误，可以出单。

由于该笔业务选择 FOB 术语交易，则国外运费由进口商负责，故诚通进出口贸易公司只需与货代公司结算国内订舱相关费用。根据双方约定，实际发生费用为 2 275 元（表 5-6），Ruby 请财务将运输订舱相关费用合计 2 275 元人民币电汇至该公司账号，将汇款回执传真给一一货代公司。2010 年 6 月 7 日，Ruby 收到一一货代公司快递的正本提单（提单样本略），提单交给公司单证员以交单结汇，完成该笔交易。

表 5-6　实际发生费用清单

序号	收费项目	收费标准（RMB）
1	订舱费	600/票
2	THC	560/40'GP
3	文件费	115/票
4	拖箱费	1 000/40'GP
合计		2 275

　理论概述

国际贸易采用的运输方式主要有水路运输、铁路运输、公路运输、航空运输和管道运输，由此也涉及国内运输、联合运输、散装运输、集装箱运输等方式。跟单员应掌握各类运输的业务知识，以便在办理各种类型的外贸业务时，运用好各种运输方式，使货物及时，准确地交付给客户。

一、国内水路运输

国内水路运输主要工作环节有托运、承运、装船、运输、卸船、到达通知、提货验收等。外贸跟单员在工作中常涉及的是托运（签订运输合同，提交托运货物），到达通知（告知收货人做好接货准备）及提货验收 3 个环节，有关承运、装船、运输、卸船、到达通知通常由货运单位办理。

（一）托运

所谓托运是指货物托运人或发货人向承运人提出要求运输货物的行为。货物托运人在办理托运时，需与水路运输单位签订货物托运合同，办理运输手续。对于贵重货物的托运，可考虑办理货物运输保险。跟单员在办理货物托运时应按合同要求履行托运人的权利与义务。

1）托运人应当及时办理港口、公安和其他货物运输所需的各项手续，并将已办理的各项手续的单证送交承运人。

2）托运人托运的货物名称、件数、重量、体积、包装方式、识别标志，应当与运输合同的约定相符。

3）散装货物，托运人确定重量有困难时，可以要求承运人提供船舶水尺计量数作为申报的重量。

托运人在提交货物前或当时，应支付有关的费用，如启运港的港口使用费、运费、中转费等。如发生延期交付时，则应支付滞纳金。

（二）提交托运货物

托运人应在保证运输安全和货运质量的前提下，根据货物的性质和运输距离的长短，以及中转等条件做好货物的包装，使货物能适应运输和装卸。托运人向承运人提交货物，与承运人一起根据运单记载内容进行审核。由于货物的运输条件不同，承运人对货物交接和验收也存在区别。

1. 对货物重量交接

对按货物重量或货物件数和重量承运的件杂货，托运人与承运人共同确定货物重量，并将交接的实际重量记载在货物运单的计费单位一栏内。因为货物重量准确与否，不仅会影响承运人交付货物时可能承担的责任，而且也会影响托运人的运费支出。

2. 对货物尺码交接

根据现行的水运法规，承运人对有些货物可按尺码与重量选择较高的计费，因此，托运人应与承运人共同检查货物的尺码是否与托运人填写的内容相符，并将交接的实际尺码记载在货物运单计费单位一栏内。

3. 对货物件数交接

按件数承运的货物，托运人与承运人共同在启运港交接承运时点收清楚。如实际件数与运单记载不符，托运人应补足货物件数或在运单上予以更正。

4. 对货物包装交接

托运人与承运人共同对货物包装进行检查，不仅要检查交接货物的实际包装是否符合运单所填写的包装形式，而且还要查看交接货物包装的外部及内部形态是否良好，包装是否完整，对货物包装不符合要求的，应由托运人整修合格后提交承运人。对危险货物的包装应严格检查是否符合危险货物运输规则的包装要求。

5. 对运输包装标志交接

托运人与承运人共同对运输包装标志进行检查，主要是检查货物是否已按照有关规定做好运输标志、指示标志及危险品标志，标志的内容是否准确、完整，图形和文字是否清晰。

6. 承运人交接签字盖章

承运人一旦接受托运人提交的货物，在承运收货单上盖港戳后，承托关系即已成立，也就是说承托双方应各自履行水运法规所规定的权利和义务。承托双方之间的权利和义务是相互依存的，一方的权利也是另一方的义务，承托双方必须依据水运法规作为自己在货物运输全过程中的行动准则。承托关系的建立则意味着托运人取得了托运货物的权利，也承担了使货物处于良好发运状态的义务和支付运费的义务；承运人应负责及时地、完好地将货物运抵运单中记载的目的港，也就取得了收取运费的权利。

（三）通知收货人做好接货准备

货物托运后，将货物已托运的信息及时告知收货人，请收货人注意承运人的到货通知。所谓到货通知是承运人向收货人发出货物已运达且已具备提货条件的通知。到货通知的主要作用如下：可让收货人做好提货准备工作；可依据到货通知的发出计算货物的保管费；到货通知是计算货物是否按时运抵的依据之一，是划分承托双方责任的依据之一。

跟单员应及时将货物已托运的信息告知收货人，请收货人及时做好接货准备，这在运输货物数量较大的情况下是十分必要的。

（四）接收货物

在国内运输中常常出现托运人就是收货人的情况，同时生产企业跟单员也经常遇到其他企业的跨省、市水路运输交货等，都会涉及在企业所在地之外的第三地接收货物的情况。跟单员在接收货物时需要注意以下事项。

1）收货人接到到货通知后，应当及时组织提货，不得因对货物进行检验而滞留船舶。

2）承运人交付货物时，要核对证明收货人单位或者身份及经办人身份的有关证件，因此跟单员在提货时，要提前带齐有关证件。

3）收货人在提货时应验收货物，并签发收据，发现货物损坏、灭失的，交接双方应当编制货运记录，为货物处理做好取证工作。

4）如果收货人在提取货物时没有就货物的数量和质量提出异议，视为承运人已经按照运单记载交付货物，除非收货人提出相反的证明。

二、国际海洋出口运输

海洋运输是利用货船在国内外港口之间通过一定的航线和航区进行货物运输的一种方式，在国际贸易货物总量中约有 2/3 是通过海洋运输的。海运出口货物运输业务，指根据贸易合同中的运输条件，把售予国外客户的出口货物加以组织和安排，通过海运方式运到国外港口的一种业务。凡以 CIF 和 CFR 条件签订的出口合同，皆由卖方安排运输。卖方需根据买卖合同中规定的交货期安排运输工作。如凭信用证方式结汇时，卖方需等收到信用证后方可安排运输。海运出口货物运输工作，一般包括以下几个环节。

（一）审核信用证中的装运条款

出口单位在收到信用证以后，要对其进行严格审核，如发现信用证中的有关条款与贸易合同内容不符，应及时要求进口方修改信用证。

审核信用证中的装运条款，要重点审核装运期、装运港、目的港、结汇日期、转船和分批装运等，要根据货物出运前的实际情况，决定对信用证中的有关运输条款是否接受、修改或拒绝。

（二）备货、报验和领证

出口方收到信用证后，要按信用证上规定的交货期及时备好出口货物，并按合同及信用证的要求对货物进行包装、刷唛。对需经检验机构检验出证的出口货物，在货物备齐后，应向检验机构申请检验，取得合格的检验证书。

（三）租船和订舱

履行以 CIF 和 CFR 价格条件对外成交的出口贸易合同，由卖方派船装运出口货物。卖方要按照合同或信用证规定的交货期（或装运期），办理租船、订舱手续。对出口数量多的，需要整船装运的大宗货物，应洽租适当的船舶装运；对成交批量不大的件杂货，则应洽订班轮舱位。租整船运输出口的货物时，一般是委托租船经纪人（shipbroker）在国际租船市场上洽租所需船舶。在我国，一般委托中国对外贸易运输（集团）总公司所属的中国租船公司来办理租船业务。

洽订班轮舱位则向船公司或其代理人提出订舱委托单，经船公司同意后，向托运人签发装货单，运输合同即告成立。

（四）出口货物集中港区

确定船舶或舱位后，货方应在规定的时间内将符合装船条件的出口货物发运到港区内指定的仓库或货场，以待装船。向港区集中时，应按照卸货港口的先后和货物积载顺序发货，以便按先后次序装船。处理大宗出口货物可联系港区提前发货。对可以直接装船的货物，按照装船时间将货物直接送至港区船边现装，以简化进出仓的手续，节省费用。对需特殊运输工具、起重设备和舱位的特殊商品，如危险品、重大件、冷冻货或鲜活商品、散油等，应事先联系安排好调运、接卸和装船作业。发货前要按票核对货物品名、数量、标记、配载船名、装货单号等各项内容，做到单货相符和船货相符。同时还要注意发货质量，如发现货物外包装有破损现象，发货单位要负责修理或调换。

（五）出口报关和装船

货物集中港区后，发货单位必须备妥出口货物报关单、发票、装货单、装箱单（或磅码单）、商检证（如检验机构来不及出证时，可由检验机构在报关单上加盖合格单）及其他有关单证向海关申报出口。经海关人员对货物查验合格后，在装货单上加盖放行章方可装船。如果海关发现货物不符合出口要求，则不予放行，直到符合要求时为止。

海关查验放行后，发货单位（包括外运分公司和各进出口分公司）应与港务部门和理货人员联系，做好装船前的准备和交接工作。发货单位的现场工作人员应严格按照港口的规章与港方办妥交接手续，做好现场记录，以便划清船、港、货 3 个方面的责任。在办理交接过程中，如货物数量短少或包装破损、污染等，应由发货单位补齐、换货、修理或更换包装。

在装船过程中，发货单位应派人进行监装，随时掌握装船情况和处理装船过程中所发生的问题。对舱容紧、配货多的船只，应联系港方和船方配合，合理装载以充分利用舱容，防止货物被退关。如舱位确定不足，应安排快到期的急运的货物优先装船。对必须退关的货物，应及时联系有关单位设法处理。

监装人员对一级危险品、重大件、贵重品、特种商品和驳船来货的船边接卸、交接工作，要随时掌握情况，防止接卸和装船脱节。对装船过程中发生的货损，应取得责任方的签证，并联系原发货单位做好货物调换和包装修整工作。

（六）投保

如果合同规定需要在装船时发出装船通知，由国外收货人自办保险，发货人应及时发出装船通知。如因发货人延迟或没有发出装船通知，致使收货人不能及时或没有投保而造成损失，发货人应承担责任。如由发货人负责投保，一般应在船舶配妥后及时投保。

（七）支付运费

船公司为正确核收运费，在出口货物收入港区仓库或库场后申请商检机构对其进行衡量。对需要预付运费的出口货物，船公司或其代理人必须在收取运费后签给托运人运费预付的提单。如属于到付运费货物，则在提单上注明运费到付，其运费由船公司卸港代理在收货人提货前向收货人收取。

（八）出口货运单证

1. 托运单

托运单又称订舱委托书，由托运人根据贸易合同条款及信用证条款的内容填制，并凭此单向承运人或其代理人办理货物托运。其内容包括托运人、启运港、目的港、货名、标记及号码、件数、重量、体积、装船日期、运费支付方式、结汇日期、可否转船、分批装运等事项，为承运人配载提供参考，如有特殊条款，也需列出。

2. 装货单

装货单是远洋运输中的主要货运单证之一，它是作为承运人的船公司或其代理人在接受托运人提出托运申请后，签发给托运人或货运代理人的证明，又是海关监管进出口货物的单证，还是通知码头仓库或船长将单上货物装船的命令。

3. 收货单

收货单是货物装船后，承运船舶的大副签发给托运人的货物收据。它表示该船已收到货物并已经将其装船。收货单又称大副收据。

4. 提单

提单是购买运输服务所使用的基本单证。它对所装运的商品和数量起到了收据和证明文件的作用，因此，对货物进行精确的描述和点数是至关重要的，在货物发生灭失、损坏或延误的情况下，提单是请求损害赔偿最基本的证明。提单上所指定的个人或买主是货物唯一真实的受领人，承运人则有责任按照提单上所载明的指示适当地交付货物。除统一提单外，其他常用的提单类型还有订货通知提单或可转让提单、出口提单和政府提单。

5. 装货清单

装货清单是承运人根据装货单留底，将全船所装货物按目的港和货物性质加以归类，依航次靠港顺序排列而制成的全船装运货物的汇总清单。装货清单是承运船舶的大副编制积载计划的重要依据，其内容包括装货单编码、货名、件数、包装种类、毛重、尺码及对装运的要求（如装在水线下、下可靠近锅炉）等。其内容正确与否，对编制积载计划有重要影响。除凭此编制积载计划外，装货清单还是现场理货人员进行理货，港口安排驳运，货物进出仓库，以及承运人掌握托运人备货情况的业务单证。

6. 载货清单

载货清单又称舱单，是根据收货单或提单，按目的港分票编制的全船出口货物的汇总清单。其内容包括船名、航次、船长、启运港和目的港、开航日期、发货人、收货人、货名、包装、标志及号码、件数、毛重、尺码等项。

7. 货物积载计划

货物积载计划是大副在装货前根据装货清单按货物装运要求和船舶性能绘制的一个计划受载图，所以又称货物积载图。图中列明各批货物应装入船舶的具体舱位，用以指导有关方面安排泊位、出仓、下驳、搬运等，货物装船后再按实际装船情况进行改正。货物积载计划是船方进行货物运输、保管、卸货等工作必要的查阅资料，也是卸货港的港方、卸货部门用来安排泊位、货物进仓、派驳调车，理货人员进行理货的原始资料。

8. 危险品清单

装运危险品，承运人往往要求托运人提供危险品清单。其内容包括货物名称、性能、件数、包装、重量、危规等项。危险品装运时应按港口规定，申请有关部门监督装货，货物装毕后监督部门发给船方一份《危险品安全装载证明书》。

三、铁路运输

铁路运输是使用铁路列车运送客货的一种运输方式。铁路运输主要承担长距离、大数量的货运，在没有水运条件的地区，几乎所有大批量货物都是依靠铁路运输的，它是在干线运输中起主力运输作用的运输形式。铁路运输的优点是速度快，运输不太受自然条件限制，载运量大，运输成本较低。主要缺点是灵活性差，只能在固定线路上实现运输，需要与其他运输手段配合和衔接。铁路运输经济里程一般在 200km 以上。

（一）国内铁路运输

铁路货物运输分整车、零担、集装箱 3 种。如一批货物的重量、体积或形状需要一辆 30t 以上货车运输的，应按整车托运。不够整车托运的，则按零担运输。符合集装箱运输条件的，则可办理集装箱托运。必须说明，按零担托运的货物，一件体积最小不得小于 $0.02m^3$（一件重量在 10kg 以上的除外），每批不得超过 300 件。

1）下列货物不能按零担托运：①需要冷藏、保温或加温运输的货物；②根据规定应按整车办理的危险货物；③易于污染其他货物的污秽品；④蜜蜂；⑤不易计数的货物；⑥未装入容器的活动物（铁路局有按零担运输的办法者除外）；⑦一件货物重量超过 2t，体积超过 $3m^3$，或长度超过 9m 的货物（经发站确认不致影响中转站或到站装卸车作业的除外）。

2）按一批托运的货物，发货人、收货人、发站、到站必须相同（整车分卸货物除外）。整车货物每车分为一批。但直通运输的整车货物，一批重量或体积应符合：①重质货物重量为30t、50t、60t；②轻活货物体积为60m³、95m³、115m³。

3）集装箱货物运输主要是将零担货物中适合集装箱运输的货物组织使用装箱，其要求如下：①应在铁路集装箱办理站办理运输；②必须是适合集装箱装载的货物；③必须符合一批办理的条件；④由发货人、收货人负责装、拆箱；⑤必须由发货人确定重量。

4）零担货物或使用集装箱运输的货物，以每张货物运单为一批。使用集装箱运输的货物，每批必须是同一箱型，至少一箱，最多不得超过铁路一辆货车所能装运的箱数。但下列货物不得按一批托运：①易腐货物与非易腐货物；②危险货物与非危险货物；③根据货物性质不能混装运输的货物；④运输条件不同的货物。

（二）国内铁路运输货物的托运、受理、承运

发货人要求铁路运输整车货物，应向铁路提出月度要车计划，车站根据要车计划受理货物。在进行货物托运时，发货人应向车站按批提出货物运单一份，如使用机械冷藏车运输的货物，同一到站，同一收货人可数批合提一份运单。对于整车要求分卸的货物，除提出基本货物运单一份外，每一分卸站应另增加分卸货物运单两份（分卸站、收货人各一份）。

对同一批托运的货物因货物种类较多，发货人不能在运单内逐一填记，或托运集装箱货物，以及同一包装内有两种以上的货物，发货人应提出物品清单一式三份，其中一份由发运站存查，一份随同运输票据递交到达站，一份退还发货人。对在货物运单和物品清单内所填记事项的真实性，发货人应负完全责任，如谎报货物品名，则应按有关规定核收违约罚款。

对根据国家或省（市）、自治区规定，需凭证明文件运输的货物，发货人应将证明文件与货物运单同时提出，并在货物运单由发货人记载事项一栏内注明文件名称、号码，车站在证明文件的背面注明货物托运数，并加盖车站日期戳，证明文件用完后需退还发货人或按规定留在车站以便存查。

对托运的货物，发货人应根据货物的性质、重量、运输要求，以及装载等条件，使用便于运输、装卸，并能保证货物质量的包装。对有国家包装标准或专业包装标准的，应按其规定进行包装。对没有统一规定包装标准的，车站应会同发货人研究制定货物运输包装暂行标准。

发货人托运干零担货物时，应在每件货物上标上清晰明显的标记，在使用拴挂的标记（货签）时，应用坚韧材料制作，在每件货物两端各拴挂、粘贴或钉固一个。不适宜用纸制作货签的货物，应使用油漆在货件上书写标记，或用金属、木质、布、塑料板等材料制成的标记。

零担和集装箱货物由发运站接收完毕，整车货物装车完结，发运站在货物运单上加盖承运日期戳时，即为承运。实行承运前保管的货物，对发货人交由车站的整车货物，铁路从接收完毕时起负有承运前的保管责任。对办理海关检验检疫手续及其他特殊情况的证明文件，以及有关货物数量、质量、规格的单据，发货人可委托铁路代递至到站交收货人。

对应派押运人的货物，发货人必须派人押运，押运人数除特定者外，每批不应超过两个，并应做到以下几点。

1）发货人应支付押运人乘车费。发货人应在货物运单内注明押运人姓名、证明文件名称及号码。

2）押运人应乘坐所押运的货车，或该货车不适合乘坐时，可乘坐守车或车长指定的车。

3）押运人对所押运的货物负有保证安全的责任，如发生任何有损货物质量的情况，应及时向车长或站长提出声明，由车长或站长协助其进行适当处理。

（三）国内铁路货物的装车、卸车

凡在铁路车站装车的货物，发货人应在指定的日期将货物运至车站。车站在接受货物时，应对货名、件数、运输包装、标记等进行检查。对整车运输的货物来说，如发货人未能在铁路指定的日期内将货物全部运至车站，则自指定运至车站的次日起至再指定装车之日或将货物全部运出车站之日止。

铁路货物的装车和卸车工作，凡在车站内进行的则由铁路负责，在其他场所进行的均由发货人或收货人负责。由发货人或收货人负责装卸车的货车，车站应将调车的时间通知发货人或收货人，发货人或收货人在装卸车作业完毕后，将装卸车完毕时间通知铁路车站。对由发货人、收货人负责组织装卸的货车，超过装卸时间规定或停留时间规定，铁路应向发货人、收货人核收规定的货车延期使用费。

（四）国内铁路货物的到达、交付

凡由铁路负责卸车的货物，到达站应在不迟于卸车完毕的次日内，用电话或书信向收货人发出催领通知，并在货票内证明通知的方法和时间。此外，收货人也可与到达站商定其他通知方法。收货人应于铁路发出或寄发催领通知的次日（不能实行催领通知或合同收货人卸车的货物为卸车的次日）起算，在两天内将货物提走，超过这一期限将收取货物暂存费。从铁路发出催领通知日起（不能实行催领通知时，则从卸车完毕的次日起）满30天仍无人领取货物（包括收货人拒收，发货人又不提出处理意见的货物），铁路则按无法交付货物处理。

收货人在领取货物时，应出示提货凭证，并在货票上签字或盖章。在提货凭证未到或遗失的情况下，则应出示单位的证明文件。收货人在到达站办妥提货手续和付清有关费用后，铁路应将货物连同运单一起交收货人。

（五）至香港的铁路运输

供应香港地区的货物由产地经铁路运至深圳北站，也属国内铁路运输，但又有其不同之处。例如，供港货物先到深圳北站，由收货人指定的口岸代理运输公司接货后，需再办理港段铁路托运手续，货抵九龙后，交给港方收货人，出口企业凭国际货运代理公司出具的承运收据办理收汇手续。

从沿海港口或内地经铁路运往港澳的货物，其托运的方法尚不一致，但通常的程序如下。

1）出口单位或货代（一般可找当地的外运公司）向当地铁路办理托运后，均凭托运地国际货代公司签发的承运货物收据（cargo receipt）向银行办理结汇。

2）出口单位或货代均应委托深圳的口岸代理企业为收货人办理接货、出口报关（如发货地有条件也可在发货地办理出口报关）、租车过轨等中转手续。

3）出口单位或货代必须事先将有关单证，如供港货物委托书、出口许可证、出口报关单、商检证、商业发票、装箱单或重量单等寄给深圳的口岸代理企业，货物装车后应及时拍发启运电报以便深圳口岸代理企业办理中转。如单证不全或有差错，或拍发启运电报不及时，或发生货物破损、变质、被盗等情况，货车便不能过轨。

4）凡具备过轨手续的货车，由深圳的口岸代理企业向海关办理出口报关，经海关审单无误后即会同联检单位对过轨货车进行联检，联检无问题的由海关、过检站共同在出口货车组成单上签字放行。

5）放行后的货车由铁路运到深圳北站以南 1km 与港段罗湖站连接处，然后由罗湖站验收并拖运过境。过境后由香港九广铁路公司向港段海关报关，并在罗湖站办理启运票港段承运后，即将过轨货车送到九龙站，由香港九广铁路公司负责卸车并将货物分别交付给各收货人。

办理委托手续。国内外有关部门与客户签约后，凡需通过铁路由深圳进口的货物应先将合同副本寄深圳口岸代理运输的公司，对来料加工、补偿贸易、装配业务、合作生产等除寄合同副本外，还要寄上级主管机关的批准文件。与此同时，订货部门或收货人应通知香港发货人向香港九广铁路公司办理委托发送手续。

香港委托人需填写委托书一式四份，并应随附发票 4 份、装箱单 4 份、合同副本两份、有关证明的复印件 4 份，以及其他必要的单证送交"中旅"。"中旅"应于货物进口前 3 天将上述有关单证送交深圳口岸代理运输的公司，以便办理进口报关手续。货物办妥进境手续后再由深圳口岸代理运输的公司代办国内段的铁路运输。

货物进口的方式如下：①在九龙装整车的货物或拼装同一到站的零担货物均经深圳原车过轨，并由深圳外运公司托至内地目的站（限设有海关的站）；②在九龙站以铁路包裹（快件）托运的，在罗湖桥由中旅与深训外运公司办理交接，并由深圳外运公司就地分拨，并以包裹、零担、邮件等方式运往内地各目的地。

（六）国际铁路出口联运

1．托运前的工作

在托运前必须将货物的包装和标记严格按照合同中的有关条款、国际货协和议定书中规定的条款办理。

货物包装应能充分防止货物在运输中灭失和腐坏，保证货物多次装卸不致毁坏。货物标记、标示牌及运输标记、货签，内容主要包括商品的记号和号码、件数、站名、收货人名称等。字迹均应清晰，不易被擦掉，保证在多次换装中不致脱落。

2．货物托运和承运的一般程序

发货人在托运货物时，应向车站提出货物运单和运单副本，以此作为货物托运的书面申请。车站接到运单后，应进行认真审核，对整车货物应检查是否有批准的月度、旬度货物运输计划和日要车计划，检查货物运单各项内容是否正确。如确认可以承运，车站即在运单上签证时写明货物应进入车站的日期和装车日期，即表示接受托运。发货人按签证指定的日期将货物搬入车站或指定的货位，并经铁路根据货物运单的记载查对实货，认为符合国际货协和有关规章制度的规定，车站方可予以承认。整车货物一般在装车完毕，发站在货物运单上加盖承运日期戳时即为承运。发货人发运零担货物时不需要编制月度、旬度要车计划，即可凭运单向车站申请托运。车站受理托运，发货后，发货人应按签证指定的日期将货物搬进货场，送到指定的货位上，经查验过磅后，即交由铁路保管。从车站将发货人托运的货物，连同货物运单一同接收完毕，在货物运单上加盖承运日期戳时，即表示货物业已承运。铁路对承运后的货物负保管、装车发运的责任。

总之，承运是铁路负责运送货物的开始，表示铁路开始对发货人托运的货物承担运送义务，并负运送上的一切责任。

3. 货运单据

1）国际铁路联运运单（international through rail waybill）是发货人与铁路之间缔结的运输契约，它规定了铁路与收、发货人在货物运送中的权利、义务和责任，对铁路和收、发货人都具有法律效力。

2）添附文件：我国出口货物必须添附出口货物明细单和出口货物报关单及出口外汇核销单，另外根据规定和合同的要求还要添附出口许可证、品质证明书、商检证、卫生检疫证、动植物检查及装箱单、磅码单、化验单、产地证及发运清单等有关单证。

4. 出口货物交接的一般程序

1）联运出口货物实际交接是在接收路国境站进行。口岸外运公司接到铁路交接所传递的运送票据后，依据联运运单审核其附带的各种单证份数是否齐全，内容是否正确，遇有矛盾、不符等缺陷，则根据有关单证或函电通知订正、补充。

2）报关报检：运送单证经审核无误后，将出口货物明细单截留3份（易腐货物截留两份），然后将有关运送单证送各联检单位审核放行。

3）货物的交接：单证手续齐备的列车出境后，交付路在邻国国境站的工作人员会同接收路工作人员共同进行票据和货物交接，依据交接单进行对照检查。交接分为一般货物铁路方交接和易腐货物贸易双方交接。

四、航空运输

航空运输是使用飞机或其他航空器进行运输的一种形式。航空运输的单位成本很高，因此，航空运输主要适合运载的货物有两类：一类是价值高，运费承担能力很强的货物，如贵重设备的零部件、高档产品等；另一类是紧急需要的物资，如救灾抢险物资等。

航空运输的主要优点是速度快，不受地形的限制。在火车、汽车都达不到的地区也可依靠航空运输，因而航空运输有其重要意义。

（一）国内航空运输的货物托运条件

货物托运人在托运货物时应做到以下几点。

1）凭单位介绍信或其他有效证件，填写货物托运单，向承运人或其代理人办理托运手续。

2）货物托运单的内容应填写清楚，如收、发货人具体单位、姓名、地址；货物的名称、种类、包装、价值、件数；是否办理货物航空保险及运输要求等。

3）如托运政府限制托运的货物，以及需要办理公安和检疫等各项手续的货物，均应附有效证明文件。

4）托运的货物中不准夹带禁止运输和限制运输的物品，如危险品、贵重物品、现钞、证券等。

5）对不同的运输条件或根据货物性质不能统一运输的货物，则应分别填写货物托运单。

（二）国内航空运输货物包装要求

货物托运人要求运输的货物，对货物的包装应做到：能保证在运输途中货物不致散失、渗漏、损坏或污染飞机设备和其他物件。凡国家主管机关规定有标准包装的货物，则应按国家标准包装。

托运人应在每件货物上标明发站、到站，收、发货人的单位、姓名、地址。

民航接收的每件货物均应黏贴或拴挂货物标签，如发货人利用旧包装，则必须除去原包件上的任何残旧标志。

（三）国内航空运输货物重量和尺码的计算

对空运货物的重量、尺码的计算应依据：如货物重量按毛重计算，计算单位为千克，最小计量单位为 0.5kg，尾数未足 1kg 的则按四舍五入处理；如每千克货物的尺码超过 6 000cm³ 则为轻活货物，以每 6 000cm³ 折合 1kg 计重。

每一件货物的重量一般不能超过 80kg，尺码一般不能超过 40cm×60cm×100cm，超过者则为超限货物，每件货物的最小尺码长宽高合计不得少于 40cm，最小一边长不得少于 5cm。

如发货人托运超限货物，则应提供货物的具体重量、体积，并经民航同意后办理托运，且按承运人的规定支付超限货物的附加费。

（四）国内航空运输货物押运

对承运的航空货物需押运时，则应具备以下 3 个条件：根据货物的性质，运输途中需专人照料、监护的货物，则应由发出人派人押运；对由押运人员负责照料、监护的货物，民航应协助押运人员完成押运任务；货物的押运应预先征得承运人的同意，押运人员应按规定办理客票和乘机手续。

（五）出口货物航空运输的程序

出口单位如委托空代办理空运出口货物，应向空代提供空运出口货物委托书和出口合同副本各一份，对需要包机运输的大宗货物，出口单位应在发运货物前 40 天填写包机委托书送交空代。对需要紧急运送的货物或必须在中途转运的货物，应在委托书中说明，以便空代设法利用直达航班派送和安排便于衔接转运的航班运送。

空代根据发货人的委托书向航空公司填写国际货运托运书办理订舱手续。托运书上要写明货物名称、体积、重量、件数、目的港和要求启运的时间等内容。订妥舱位后，空代应及时通知发货人备货、备单。

出口单位备妥货物，备齐所有出口单证后送交空代，以便空代向海关办理出口报关手续。

空运出口货物要妥善包装，每件货物上要有收货人和托运人的姓名、地址、箱号、唛头、拴挂或黏贴有关的标签，对需特殊处理或照管的货物要黏贴指示性标志。空代在接货时要根据发票、装箱单逐一清点和核对货物的名称、数量、合同号、唛头，检查包装是否符合要求，有无残损等。

对于大宗货物和集中托运货物一般由货代在自己的仓库场地装箱，也可在航空公司指定的场地装板、装箱。在装板、装箱时要注意以下问题：不要用错板型、箱型。因不同航空公司的集装板、集装箱的尺寸不同，用错了就装不上飞机了。货物装箱时不得超过规定的重量、高度和尺寸。一定型号的板、箱用于一定的机型，一旦超装，就无法装机。所以既不可超装，又要用足板、箱的负荷和尺寸。要封盖塑料薄膜以防潮防雨。要衬垫平稳、整齐，使结构牢靠，系紧网索，以防倒塌。对于整票货尽可能装一个或几个板、箱，以防散乱、丢失。

航空运费一般是按实际重量或体积重量计算，以两者中较高者为准（即"从高计算的原则"）。一般而言，体积重量是按 6 000cm³ 或 365in³ 折合 1kg 的，至于尾数，一般采用四舍五入法；对于特殊货物，航空公司采用"附加附减原则"，如书报杂志是在正常运价的基础上附减一定的百分比，而对于如灵柩等，则是在正常运价的基础上附加一定的百分比。

航空货运单（air waybill）是航空运输的正式凭证，是承运人收到货物后出立的货物收据。货物运低目的地后，承运人向收货人发出到货通知，收货人凭到货通知提取货物，并在货运单上签收。因此，航空货运单非物权凭证，也是不可转让的。

五、集装箱运输

集装箱运输是以集装箱为集合的包装和运输单位，适合门到门交货的成组运输方式，是成组运输的高级形态，也是国际贸易运输高度发展的必然产物。目前，它已成为国际上普遍采用的一种重要的运输方式。

（一）集装箱运输的优点

集装箱又称货柜、货箱，原意是一种容器，即具有一定的强度和刚度的专供周围使用并便于机械操作和运输的大型货物容器，因其外形像一只箱子，又可集装成组货物，故称集装箱。

集装箱是用钢、铝、胶合板、玻璃钢或这些材料混合制成的，具有坚固、密封和可以反复使用等优越性，是任何运输包装都无法与之比拟的。集装箱放在船上等于是货舱，放在火车上等于是车皮，放在卡车上等于是货车。因此，无论在单一运输方式下或多式运输方式下均不必中途倒箱，集装箱的内部容量较大，而且易于装满和卸空，在装卸设备配套的情况下能够迅速搬运。

集装箱运输的优点如下：可露天作业、露天存放，不怕风雨，节省仓库；可节省商品包装材料；可保证货物质量、数量，减少货损差；便于装卸作业机械化，节省劳动力和减轻劳动强度；提高装卸速度，提高车船的周转率，减少港口拥挤，扩大港口吞吐量。据统计，一个集装箱码头的作业量堪比 7～11WH 的普通码头，一台起吊设备装卸集装箱比装卸普通杂货快 30 倍，一艘集装箱船每小时可装卸货物 400kt，而普通货轮每小时只能装卸 35t，每小时的装卸效率相差 11 倍。集装箱还可以减少运输环节，进行门到门的运输，从而加快了货运速度，缩短了货物的在途时间，减少了运输开支，降低了运费。据国际航动界报道，集装箱运费要比普通件杂货运费低 5%～6%。

（二）集装箱的种类

集装箱规格根据国际标准化组织的规定有 3 个系列 13 种之多。而在国际航运上运用的主要为 20ft 和 40ft 两种，即 1A 型 8ft×8ft×40ft，1C 型 8ft×8ft×20ft。如按用途来分，集装箱可分为以下几种。

1）杂货箱。这类箱形除大部分是箱头开门外，还有的是箱顶开门或箱侧开门，适用于装运各种杂货。它是最常用标准集装箱，国际标准化组织建议使用的 13 种集装箱均为此类集装箱。

2）保温箱。这类箱分两种：一种是防热箱，另一种是冷藏箱。它们适用于装运因温度变化而容易变质的商品。

3）散装干货箱。这类箱可用吸力或压力装卸，适用于装运散装的谷物、豆类、肥类、种子等。

4）平板箱。这类箱的角柱和边围侧板均可被拆开，折叠成平板，适用于装运钢材、木材等商品。

5）罐装箱。这是一种圆桶形的不锈钢槽，内部是密闭罐形，上下有进出口管，适用于装运散装液体和压缩气体。

6）牲畜箱。这类箱的箱壁为金属网，附有饲料槽，适用于装运马、牛、羊等活牲畜。

7）载车箱。这是一种框架式的集装箱，适用于装运大型卡车、叉车等货物。

（三）集装箱运输的方式

集装箱运输是指将一定数量的单件货物装入标准规格的金属箱内，以集装箱作为运送单位所进行的运输，可适用于海洋运输、铁路运输及国际多式联运。

集装箱运输方式有整箱货（full container load，FCL）和拼箱货（less than container load，LCL）之分。凡装货量达到每个集装箱容积之 75%的，或达到每个集装箱负荷量之 95%的即为整箱货，整箱货由货主或货代自行装箱后以箱为单位向承运人进行托运。凡货量不到上述整箱标准的，按拼箱托运，即由货主或货代将货物送交集装箱货运站（container freight station，CFS），货运站收货后，按货物的性质、目的地分类整理，而后将去同一目的地的货物拼装成整箱后再行发运。

两者货物交接方式也有所区别：整箱货由货主在工厂或仓库进行装箱，货物装箱后直接运交集装箱堆场（container yard，CY）等待装运，货到目的港（地）后，收货人可直接从目的港（地）集装箱堆场提货，即"场到场"方式；拼箱货是指由于货量不足一整箱，所以需由承运人在集装箱货运站负责将不同发货人的少量货物拼在一个集装箱内，货到目的港（地）后，再由承运人拆箱分拨给各收货人，即"站到站"的方式。

其中，当交接方式为场到场时，则发货人整箱交货，收货人整箱接货；当交接方式为站到站时，则发货人拼箱交货，收货人拆箱接货。此外，集装箱运输亦可实现门到门的运输服务，即由承运人在发货人工厂或仓库接货，在收货人工厂或仓库交货。

集装箱的交接方式应在运输单据上予以说明。国际上通用的表示方式有以下几种。

1．FCL/FCL

FCL/FCL，即整箱交/整箱收。在这种交接方式下，集装箱的具体交接地点有以下 4 种情况。

1）Door to Door，即"门到门"。指在发货人的工厂或仓库整箱交货，承运人负责运至收货人的工厂或仓库整箱交收货人。

2）CY to CY，即"场到场"。指发货人在启运地或装箱港的集装箱堆场整箱交货，承运人负责运至目的地或卸箱港的集装箱堆场整箱交收货人。

3）Door to CY，即"门到场"。指在发货人的工厂或仓库整箱交货，承运人负责运至目的地或卸箱港的集装箱堆场整箱交收货人。

4）CY to Door，即"场到门"。指发货人在启运地或装箱港的集装箱堆场整箱交货，承运人负责运至收货人的工厂或仓库整箱交收货人。

2. LCL/LCL

LCL/LCL，即拼箱交/拆箱收。在这种交接方式下集装箱的具体交接地点只有一种情况，为 CFS to CFS，亦即"站到站"。这是指发货人将货物运往启运地或装箱港的集装箱货运站，货运站将货物拼装后交承运人，承运人负责运至目的地或卸箱港的集装箱货运站进行拆箱，再由货运站按拨交各个有关收货人。

3. FCL/LCL

FCL/LCL，即整箱交/拆箱收。在这种交接方式下，集装箱的具体交接地点有以下两种情况。

1）Door to CFS，即"门到站"，指在发货人的工厂或仓库整箱交货，承运人负责送至目的地或卸货港的货运站，货站拆箱按件拨交各有关收货人。

2）CY to CFS，"场到站"，指发货人在启运港或装箱港的集装箱堆场整箱交运，承运人负责目的地或卸货港的集装箱货运站，货站拆箱按件拨交有关收货人。

4. LCL/FCL

LCL/FCL，即拼箱交/整箱收。在这种交接方式下，集装箱的具体交接地点也有以下两种情况。

1）CFS to Door，即"站到门"。指发货人在启运地或装箱港的集装箱货运站按件交货，货运站进行拼箱，然后由承运人负责运至目的地收货人工厂或仓库整箱交货。

2）CFS to CY ，即"站到场"。指发货人在启运地或装箱港的集装箱货运站按件交货，货运站进行拼箱，然后，承运人负责运至目的地或卸箱港的集装箱堆场，整箱交收货人。

每个集装箱都有固定的编号，装箱后封闭箱门的钢绳铅封上印有号码。集装箱号码和封印号码可取代运输标志，显示在主要出口单据上，成为运输中的识别标志和货物特定化的记号。

（四）集装箱运输的主要货运单证

集装箱运输的货运单证，出口的主要有托运单（含场站收据）、装箱单、设备交接单和提单；进口的主要有提货单。现分别简介如下。

1. 托运单

托运单一般为一式九联（含场站收据，其英文为 dock receipt，即 D/R），由发货人或货代根据轮船公司印就的格式进行填制。船公司或其代理接受订舱后便在托运单上加列船名、航次及编号，该编号不得用手写，并应与事后签发的货物提单号相一致，然后由托运人持托运单办理发货、报关等有关事项。当货物送至集装箱码头堆场或货运站时，由接收货物的工作人员在场站收据上签字后，将该联退还给托运人。现以天津外运公司的托运单为例，说明各联的用途。

第一联为白色，称集装箱托运单，由货主留存。

第二联为白色，名称同上，由货代留存。

第三联为白色，由货代留存，如未经货代托运，则此联无用。

空白联为白色，此联不编号，由堆场或货运站收到货物后留存。

第四联为浅蓝色，称场站收据副本相当于一般海运货物的装货单，故在该联上冠有"装货单"字样。此联用以报关和通知船长接收货物，货物装船后，此联由港方留存。

第五联为粉红色，称场站收据副本大副联，相当于一般海运货物的大副收据，货箱上船由大副签收后将此联退理货代公司留存。

第六联为黄色，称场站收据，整箱由堆场收到货箱后在其上签字退托运人。拼箱货由货运站于收讫货物后在其上签字退托运人，托运人事后凭此联向轮船公司换取正式提单，所以此联一经场站工作人员签字后承运人便开始承担责任。

第七联为白色，称海关副本，由海关验放货物后留存。

第八联为浅蓝色，称港口费用结算联，供港口方向货主或货代结算费用，并由港口方留存。

2. 装箱单

装箱单（container load plan，CLP）既是详细记载每箱货物的具体资料，又是向海关申报的必要单证，还是货、港、船 3 方交接货箱，船方编制船舶积载计划、制作舱单、装卸港（地）安排运输和拆箱作业不可或缺的资料。

装箱单每箱一单，每单一式十份，各有各的用途。装箱单的主要内容包括船名、航次、装货港、收货地点、卸货港、交货地点、箱号、集装箱规格、铅封号、场站收据号或提单号、收/发货人、通知人、货名、件数、包装种类、标志和号码、重量、尺码、装箱日期及地点、驾驶员签收、堆场/货运站和装箱人签署等。另外，对于需要检疫的货物，必须注明是否已检疫；对于危险品要注明危险品标志、分类及危规号；对于冷藏货或保温货要注明对温度的要求。总之，单上的所有内容必须逐项详细填写。

整箱货托运时此单由货主或货代填制，拼箱货托运时由货运站填制。无论由谁填制，所填内容必须与托运单上的相关内容相一致，如互不一致，其后果严重。例如，①装货港若与托运单不符，可能会造成退关；②卸货港若与托运单不符会造成配舱错位。如箱内所装货物品种不一，其在箱内的位置，必须要按装箱单上标示的"底（front）"至"门（door）"的顺序填写，不能任意乱填，否则会给查验、拆箱等造成困难。

3. 设备交接单

设备交接单（equipment interchange receipt）是供集装箱所有人与用箱人/运箱人之间划分责任的依据，也是用箱人/运箱人进出港区、场站进行提箱、还箱的凭证。因此设备交接单应为一箱一单、箱单同行、箱单相符。如货物在运输过程中发生短少残损，设备交接单也是进行索赔和理赔的重要单证之一。

设备交接单为一式六联，前 3 联是供集装箱出场时使用的，其上均印有"OUT"字样。第一、第二联于发放空箱后由堆场留存，第三联由用箱人/运箱人留存。后 3 联是供集装箱进场时使用的，其上均印有"IN"字样。第一、第二联交付港区道口，而后由港区将第一联转船方以掌握该箱的去向，第二联由港区留存，第三联由用箱人/运箱人留存备查。

办理集装箱和设备交接单的手续通常都是在堆场的门口进行的，出场/进场时都应由堆场的工作人员与用箱人/运箱人共同检查集装箱及设备的情况和设备交接单上所列的内容。

对空箱的交接要求如下：箱体完好（指无损伤、变形、破口、擦伤等）、水密、不漏光、清洁、干燥、无味、箱号清晰、特种集装箱的机械及电器运转正常。

对重箱的交接要求如下：箱体完好（指无损伤、变形、破口、擦伤等）、箱号清晰、封志完好、特种集装箱的机械电器运转正常。

双方在交接时无论有无问题都需签字并以此单作为分清双方责任的依据。

4. 集装箱提单

集装箱提单的内容与传统的海运提单略有不同，其上有集装箱的收货地点、交货地点、集装箱号和铅封号等内容。对整箱货来说，提单上需填明货物件数、集装箱数，同时还要将箱内所装的件数列明，以防发生货损货差时能按箱内的件数索赔，否则承运人只按集装箱数进行理赔。对于拼箱货的件数仍按传统方法填写。

对于支线运输承运人出具的集装箱海运提单属于直达提单而不是转船提单，该提单供发货人向银行办理议付结汇用。支线船到达中转港后，集装箱需转装二程船，二程船公司所出具的提单称记录提单，只供收货人在目的港提货用，这种提单只起货物收据作用。

5. 提货单

进口收货人或其代理在收到到货通知后，需持正本提单向承运人或其代理换取提货单（delivery order），然后向海关办理报关，经海关在提货单上盖章放行后，才能凭该单向承运人委托的堆场或货运站办理提箱或提货，提货时收货人或其代理要在提货单上盖章，以证明承运人的责任结束。

提货单一般为一式五联，第一联称提货单，此联由港方留存；第二联称费用账单，此联由收货人留存；第三联也是费用账单，此联由港方留存；第四、第五联均称交货记录，收货人提货时需在此两联上盖章，第四联由港区留存，第五联由港区转船代留存。

（五）集装箱出口运输运作

1. 订舱

发货人根据实务合同或信用证中的条款，或者货代根据委托人的委托书内容向船公司或其代理填写集装箱货物托运单，办理订舱（即订箱）手续。

2. 接受托运并制作场站收据

理论上，船公司或其代理接受订舱后应根据托运单的内容制作场站收据，但实际上包括场站收据在内的全套托运单均由发货人或货代制作。船公司或其代理接受订舱后应在托运单上加填船名、航次和编号（该编号应与事后签发的提单号相一致），同时还应在第四联上加盖船公司或其代理的图章以示确认，然后将有关各联退还发货人或货代，以便其办理报关装船和换取提单之用。

3. 发送空箱

整箱货所需的空箱由船公司或其代理送交，或由发货人领取；拼箱货所需的空箱由货运站领取。

4. 整箱货的装箱与交货

发货人或货代收到空箱后，应在装箱前（最晚不得晚于装箱前 24 小时）向海关办理报关，并应在海关监管下进行装箱，装毕由海关在箱门处施加铅封，铅封上的号码称为"封志号"（Seal No.）。然后，发货人或货代应及时将货箱和场站收据一并送往堆场，堆场装卸区的工作人员点收货箱无误后，代表船方在场站收据上签字并将该收据退还来人，证明已收到所托运的货物并开始承担责任。

5. 拼箱货的装箱与交货

对拼箱货，发货人亦应先行办理报关，然后将货物送交货运站，但也可委托货运站办理报关，如属这种情况，则发货人应将报关委托书及报关所需要的单证连同货物一并送交货运站。货运站点收到货物后，根据货物的性质、流向、目的港（地）的不同进行拼装。这时发货人最好派人在现场监装，以防发生短装、漏装、错装等事故。货运站的工作人员在点收货物后或在拼装完毕后应代表船方在场站收据上签字并将该收据退交发货人，证明收到所托运的货物并开始承担责任。

6. 货物进港

发货人或货站接到装船通知后于船舶开装前 5 天即可将货箱运进指定的港区备装，通常在船舶吊装前 24 小时便停止货箱进港。

7. 换取提单

场站收据是承运人或货运站收货的凭证，也是发货人凭以换取提单的唯一凭证。如信用证上规定需要已装船提单，则应在货箱装船后换取已装船提单。

8. 货箱装船

集装箱船在码头靠泊后，便由港口理货公司的理货人员按照积载计划进行装船。

9. 寄送资料

船公司或其代理应于船舶开航前 2 小时向船方提供提单副本、舱单、装箱单、积载图、特种集装箱清单、危险货物集装箱清单、危险货物说明书、冷藏集装箱清单等全部随船资料，并应于启航后（近洋开船后 24 小时内，远洋开船后 48 小时内）采用传真或电传或邮寄的方式向卸货港或中转港发出卸船的必要资料。

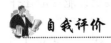 自我评价

完成情况及得分 评价项目	很好（5）	良好（4）	一般（3）	较差（2）	很差（1）	分项得分
出口报检						
出口报关						
结算费用并结汇						

 课后训练

一、根据合同内容，回答问题

杭州月亮有限公司（Hangzhou Moon Co., Ltd.）是一家流通性外贸企业，2009 年 12 月 15 日收到德国 KKK Co., Ltd.的订单，合同中包装条款如图 5-8 所示。

PACKING	THE CARTION MEASUREMENT WHICH CAN BE USED
8pcs per export carton, assorted colors and size, per color in blister polybag	12 040cm, 8 060cm, 6 940cm, 4 030cm, 3 020cm, 2 015cm The min. height of the carton must de 10cm. The max. weight of a carton is 15 kg
SAMPLE	SEW IN LABEL

PACKING	THE CARTION MEASUREMENT WHICH CAN BE USED
Approval samples to be sent latest 30 Jan., 2010 Lab Dips to be sent latest 20.Apr, 2010 Pre-production samples to be sent latest 05 May., 2010	KKK woven label beside, at sideseam composition and care Instructions: SHELL: 100%COTTON LINING: 100%POLYESTER FUR: 100%ACRYLIC First time wash separately, with similar colors and inside out, +order number on each required

图 5-8　合同中的包装条款

1．订单要求用哪种包装物？每个包装物装几件商品？装哪些规格和颜色的商品？

2．每个包装物的高度和毛重有何要求？

3．A 工厂准备采用 80cm×60cm×20cm 的包装尺寸的出口纸箱，除了订单中提到的装箱要求之外，德国 KKK Co., Ltd.还要求纸箱达到以下技术要求，耐破强度为 1 569kPa，边压强度为 8 000N/m，戳穿强度为 100kg/cm，请查《我国瓦楞纸箱分类》、《各类纸箱对瓦楞直板的技术要求》，选择最合适的包装材料。

二、计算题

假设包装纸箱采用尺寸为 580mm×550mm×300mm 的瓦楞纸箱，每箱毛重为 6.5kg，每箱净重为 5.4kg，共 1 700 箱，请计算需要的 40ft 钢质集装箱的箱数并说明装箱方式。

三、根据以下资料，填制出口货物报检单与出口报关委托书

Sales　Contract

No.BR2001218

DATE：MAY 20，2001

Seller：Huadong Food Co.，Ltd.

Buyer：　Toko Trade Corporation

Name of commodity：　Frozen Peapods

Quantity：　30M/T

Unit Price ：　CIF Osaka USD 1 020.00 Per M/T

Amount ：　USD30 600.00

Shipment ：　From Nantong，　China To Osaka，　Japan Not Later Than June 15，2001

Packing：　By Seaworthy cartons

N.W：　20kgs/ctn

G.W：21kgs/ctn

Payment：　By irrevocable letter of　Credit at Sight

Shipping Marks：

Toko/ Made in China/ No.1-up

其他制单材料：

出口口岸：南通海关

出口单位编码：3103945120

贸易方式：一般贸易

运输工具名称：Lirong，　E33

配舱回单号码：cosu211

境内货源地：南通

其他：运费总价为220美元，保险费总价为210美元

中华人民共和国出入境检验检疫

出境货物报检单

报检单位（加盖公章）						*编　　号		
报检单位登记号		联系人		电话		报检日期	年　月	日
发货人	（中文）							
	（外文）							
收货人	（中文）							
	（外文）							

货物名称（中/外文）	H.S.编码	产地	数/重量	货物总值	包装种类及数量

运输工具名称号码		贸易方式		货物存放地点		
合同号		信用证号			用途	其他
发货日期		输往国家（地区）		许可证/审批号		
启运地		到达口岸		生产单位注册号		
集装箱规格、数量及号码						

合同、信用证订立的检验 检疫条款或特殊要求	标 记 及 号 码	随附单据（划"✓"或补填）	
		（ ）合同 （ ）信用证 （ ）发票 （ ）换证凭单 （ ）装箱单	（ ）包装性能结果单 （ ）许可/审批文件 （ ） （ ） （ ）

需要证单名称（划"✓"或补填）		*检验检疫费	
（ ）品质证书　　__正__副 （ ）重量证书　　__正__副 （ ）数量证书　　__正__副 （ ）兽医卫生证书　__正__副 （ ）健康证书　　__正__副	（ ）植物检疫证书 （ ）熏蒸/消毒证书　__正__副 （ ）出境货物换证　__正__副 　　　凭单　　　　__正__副 （ ）放行	总金额 （人民币元）	
		计费人	
		收费人	

报检人郑重声明： 　1．本人被授权报检。 　2．上列填写内容正确属实，货物无伪造或冒用他人的厂名、标志、 认证标志，并承担货物质量责任。	领 取 证 单	
	日期	
	签名	

注：有"*"号栏由出入境检验检疫机关填写　　　　　　　　　◆国家出入境检验检疫局制

进出口货物代理报关委托书

编号：

委托单位		十位编码	
地　址		联系电话	
经办人		身份证号	

我单位委托　　　　　　　　　公司代理以下进出口货物的报关手续，保证提供的报关资料真实、合法，与实际货物相符，并愿担由此产生的法律责任。

货物名称		商品编号		件　　数	
重　量		价　值		币　制	
贸易性质		货物产地		合 同 号	
是否退税		船名/航次			

委托单位开户银行		账　号	

随附单证名称、份数及编号：

1. 合同　　　　份；	6. 机电证明　　　份、编号：
2. 发票　　　　份；	7. 商检证　　　份：
3. 装箱清单　　份；	8.
4. 登记手册　　本、编号：	9.
5. 许可证　　　份、编号：	10.

（以上内容由委托单位填写）

被委托单位		十位编码	
地　址		联系电话	
经 办 人		身份证号	

（以上内容由被委托单位填写）

代理（专业）报关企业 章及法人代表章		委托单位章及法 人代表章	
			年　月　日

四、某份合同的部分内容如下所示，请根据资料回答下列问题

MARKS	DESCRIPTION OF GOODS	QUANTITY	UNIT PRICE	AMOUNT
	Style no.925 100% Cotton Blouse （EEC-7）	2 250PCS	FOB Shanghai (incl.quota) USD15.20/PC	USD3 4200.00
	Style no.926 95% Cotton 5% Spandex Culotte（裙裤）（EEC-6）	3 750PCS	USD14.20/PC	USD53 250.00
TOTAL		6 000PCS		USD87 450.00

Attention

1. Pls compare approval smpl measurement with new revised measurement in size spec. All measurement must be adjusted according to new revised size spec.

2. Pls send size set in size 38～42 for re-approval by us before starting production.

3. Packing：1 piece in polybag & flat, with G.W. no more than 10 kgs per carton, solid colour and solid size with style no.925, 1 piece in polybag & flat and 8 pcs per carton，assorted colour and size with style no.926.

4. Export carton must be strong.

5. Shipping mark must show H.YOUNG, style no., quantity, colour and carton no.

   Side mark must show gross weight, net weight，size of carton.

6. Pls inform us by fax/mail of all inquiries regarding delivery before shipment.

问题：

（1）如果 925 款的每件净重为 400g，纸箱自重 2kg，根据客户的要求，跟单员王平需要订购多少只纸箱？为了更好地保护纸箱内的衣服，需要在纸箱内的底部和上部各加一张单瓦楞衬板（俗称天地盖），则需要订购多少张单瓦楞衬板才能达到目的（不考虑损耗）？

（2）根据以上所给的资料，请设计运输唛头。

正唛	侧唛

项目六　来料加工业务跟单

 项目导入

　　中国的贸易顺差主要来自以跨国公司为主的加工贸易。加工贸易是指经营企业进口全部或者部分原辅材料、零部件、元器件、包装物料（俗称料件），经加工或者装配后，将制成品复出口的经营活动，包括来料加工和进料加工。来料加工是指来料、来样、来件加工，"三来"的规范全称应是对外加工装配。

　　为了能够顺利进行来料加工跟单业务，跟单员应具备相关能力。

 知识目标

1．熟悉来料加工业务审批、备案、申领《加工贸易手册》等的工作流程。
2．掌握来料加工业务的相关政策法规。
3．熟悉来料加工进口业务的工作过程。
4．掌握来料生产进度监管和质量监管的步骤和方法。
5．熟悉来料加工成品出口托运操作流程。
6．了解来料加工成品出口报关操作流程。
7．熟悉来料加工贸易核销业务流程。

 能力目标

1．能准确填制《加工贸易企业经营状况及生产能力证明》。
2．能根据相关政策申办《加工贸易业务批准申请表》。
3．能根据相关政策申领《加工贸易手册》。
4．能进行接货操作并制作相关单据。
5．会制作作业日程安排表。
6．能办理加工产品出运委托代理业务。
7．能办理来料加工核销手续。

 素质目标

1．培养良好的服务意识及团队合作精神。
2．培养灵活多变的工作思维。
3．培养认真细致、考虑周全的职业素质。

任务分解

任务一　办理来料加工业务审批
任务二　接收来料
任务三　料件加工生产
任务四　出口成品成本核算

任务一　办理来料加工业务审批

【操作步骤】

1. 办理《加工贸易企业经营状况及生产能力证明》。
2. 申领《加工贸易业务批准证》。
3. 到主管海关备案并领取《加工贸易手册》。
4. 到国税局办理加工贸易合同备案。
5. 到中国银行设立保证金台账。

【操作分析】

一、办理《加工贸易企业经营状况及生产能力证明》的审批

为全面掌握我国加工贸易发展现状，客观评价加工贸易对国民经济发展的作用，2003 年商务部要求从事加工贸易的企业包括经营企业和加工企业，每年填写一次加工贸易企业经营状况和生产能力核查（简称生产能力核查）。《加工贸易企业经营状况及生产能力证明》实行网上申报，加工贸易企业需通过中国国际电子商务中心网（http://jmsa.ec.com.cn/）填报有关数据。

（一）简要流程

1）登录中国国际电子商务中心网站（详见理论概述）。

2）注册登录账户：登录网站后单击"登录后填写"，再单击"注册新用户"。特别注意：一个企业只能注册一个账户，并且企业应牢记用户名及密码，认真填写好企业电子邮箱，以便日后忘记密码时找回（非常重要）。

3）在线申报：三资及民营进出口企业填写表二，来料加工企业填写表三，在线填报时需确保录入数据的准确性。

4）上网申报后打印一式两份，经法定代表人签名后送所在地加工贸易主管部门审核，所在地加工贸易主管部门审核无误后，签章予以确认，一份存档备查，一份供企业上网填报电子表格。

加工贸易企业均要填写加工贸易企业经营状况和生产能力核查，《加工贸易企业经营状况和生产能力证明》（表 6-1）共有 3 个表，分别由不同性质企业填写。表一：加工贸易经营状况，进出口经营企业填写；表二：加工贸易经营状况及生产能力证明，由各类有进出口经营权的生产型企业（含外商投资企业）填写，只统计本企业既为经营企业又为加工企业的加工贸易业务，受委托从事加工贸易的业务由相关经营企业统计；表三：加工贸易生产能力证明，无经营权、承接委托加工贸易业务的企业填写。加工贸易企业经营状况和生产能力核查每年填写一次，有效期为自填报日期起一年。

表 6-1　加工贸易企业经营情况及生产能力证明

表一：加工贸易经营状况（由进出口经营企业填写）

企业名称：			
进出口企业代码：	海关注册编码：		法人代表：
外汇登记号：	联系电话：		联系传真：
税务登记号：	邮政编码：		工商注册日期：　　年　　月　　日
基本账号及开户银行：			
地址：			
企业类型（选中划"√"）：□1. 国有企业　□2. 外商投资企业　□3. 其他企业			
海关分类评定级别（选中划"√"）：□A类　□B类　□C类　□D类　（以填表时为准）			
是否对外加工装配服务公司或外经发展公司的加工企业　　　　　□是　　　□否			
（外商投资企业填写）（万$）	注册资本：	累计实际投资总额（截至填表时）：	实际投资来源地（按投资额度或控股顺序填写前五位国别/地区及累计金额）： 1. 2. 3. 4. 5.	外商本年度拟投资额： 外商下年度拟投资额：
（非外商投资企业填写）（万￥）	注册资本：	资产总额（截至填表时）：	净资产额（截至填表时）：	本年度拟投资额： 下年度拟投资额：
研发机构： □改进型　□自主型　□核心　□外围		是□　否□　世界500强公司投资（选择"√"） （根据美国《财富》杂志年评结果，主要考察投资主体）	
研发机构投资总额（万$）：			
产品技术水平：□A 世界先进水平　　□B 国内先进水平　　□C 行业先进水平			
累计获得专利情况：1. 国外（　　个）　　2. 国内（　　个）			
企业员工总数：	文化程度：1. 本科以上（　　）2. 高中、大专（　　）3. 初中及以下（　　） （在括号内填入人数）		
经营范围：（按营业执照）			

上年度	营业额（万￥）：		利润总额（万￥）：	
	纳税总额（万￥）：		企业所得税（万￥）：	
	工资总额（万￥）：		个人所得税总计（万￥）：	
	加工贸易进出口额（万$）：		出口额（万$）：	进口额（万$）：
	进料加工进出口额（万$）：		出口额（万$）：	进口额（万$）：
	来料加工进出口额（万$）：		出口额（万$）：	进口额（万$）：
	加工贸易合同份数：		进料加工合同份数：	来料加工合同份数：
	进出口结售汇差额（万$）：		出口结汇额（万$）：	进口售汇额（万$）：
	进料加工结售汇差额（万$）：		进料加工结汇（万$）：	进料加工售汇（万$）：
	加工贸易转内销额（万$）：		内销补税额（万￥含利息）：	来料加工（工缴费 万$）：
	内销主要原因：1. 国外市场方面　　2. 国外企业方面　　3. 国外法规调整　　4. 客户 （可多项选择）5. 国内市场方面　　6. 国内企业方面　　7. 国内法规调整　　8. 产品质量			
	深加工结转总额（万$）：		转出额（万$）：	转进额（万$）：
	本企业采购国产料件额（万￥）：（不含深加工结转料件和出口后复进口的国产料件）			

续表

国内上游配套企业家数：	国内下游用户企业家数：	
直接出口订单来源：□A 跨国公司统一采购　　□B 进口料件供应商　　□C 自有客户　　□D 其他客户		

上年度加工贸易主要进口商品（*按以下分类序号选择"√"，每类可多项选择*）

大类：□1. 初级产品　□2. 工业制成品

中类：□A 机电　　　　□B 高新技术　　□C 纺织品　　□D 工业品　　□E 农产品　　　　□F 化工产品

小类：□a 电子信息　　□b 机械设备　　□c 纺织服装　□d 鞋类　　□e 旅行品、箱包　□f 玩具

　　　□g 家具　　　　□h 塑料制品　　□I 金属制品　□j 其他　　□k 化工产品

上年度加工贸易主要出口商品（*按以下分类序号选择"√"，每类可多项选择*）

大类：□1. 初级产品　□2. 工业制成品

中类：□A 机电　　　　□B 高新技术　　□C 纺织品　　□D 工业品　　□E 农产品　　　　□F 化工产品

小类：□a 电子信息　　□b 机械设备　　□c 纺织服装　□d 鞋类　　□e 旅行品、箱包　□f 玩具

　　　□g 家具　　　　□h 塑料制品　　□I 金属制品　□j 其他　　□k 化工产品

企业承诺：以上情况真实无讹并承担法律责任	法人代表签字：	企业盖章 年　月　日
商务部门审核意见：	审核人：	审核部门签章 年　月　日
备注：		

注：① 有关数据如无特殊说明均填写上年度数据；

　　② 如无特别说明，金额最小单位为"万美元"和"万元"；

　　③ 涉及数值、年月均填写阿拉伯数字；

　　④ 进出口额、深加工结转额以海关统计或实际发生额为准；

　　⑤ 此证明自填报之日起有效期为一年。

表二：加工贸易经营状况及生产能力证明（由各类有进出口经营权的生产型企业（含外商投资企业）填写）

企业名称：		
进出口企业代码：	海关注册编码：	法人代表：
外汇登记号：	联系电话：	联系传真：
税务登记号：	邮政编码：	工商注册日期：　年　月　日
基本账号及开户银行：		
经营企业地址：		
加工企业地址：		
企业类型（*选中划"√"*）：□1. 国有企业　□2. 外商投资企业　□3. 其他企业		
海关分类评定级别（*选中划"√"*）：□A 类　□B 类　□C 类　□D 类　（*以填表时为准*）		

（*外商投资企业填写*）（*万$*）	注册资本：	累计实际投资总额（截至填表时）：	实际投资来源地（**按投资额度或控股顺序填写前五位国别/地区及累计金额**）： 1. 2. 3. 4. 5.	外商本年度拟投资额： 外商下年度拟投资额：
（*非外商投资企业填写*）（*万¥*）	注册资本：	资产总额（截至填表时）：	净资产额（截至填表时）：	本年度拟投资额： 下年度拟投资额：
研发机构数量： □改进型　□自主型　□核心　□外围		是□ 否□ 世界 500 强公司投资（*选择"√"*） （*根据美国《财富》杂志年评结果，主要考察投资主体*）		
研发机构投资总额（万美元）：				

续表

产品技术水平： □A 世界先进水平　　　□B 国内先进水平　　　□C 行业先进水平			

累计获得专利情况：1. 国外（　　个）　　2. 国内（　　个）	

企业员工总数：	文化程度：1. 本科以上（　　）2. 高中、大专（　　）3. 初中及以下（　　） （在括号内填入人数）

经营范围：（按营业执照）

<table>
<tr><td rowspan="25">上年度</td><td colspan="2">营业额（万¥）：</td><td colspan="2">利润总额（万¥）：</td></tr>
<tr><td colspan="2">纳税总额（万¥）：</td><td colspan="2">企业所得税（万¥）：</td></tr>
<tr><td colspan="2">工资总额（万¥）：</td><td colspan="2">个人所得税总计（万¥）：</td></tr>
<tr><td colspan="2">加工贸易进出口额（万$）：</td><td>出口额（万$）：</td><td>进口额（万$）：</td></tr>
<tr><td colspan="2">进料加工进出口额（万$）：</td><td>出口额（万$）：</td><td>进口额（万$）：</td></tr>
<tr><td colspan="2">来料加工进出口额（万$）：</td><td>出口额（万$）：</td><td>进口额（万$）：</td></tr>
<tr><td colspan="2">加工贸易合同份数：</td><td>进料加工合同份数：</td><td>来料加工合同份数：</td></tr>
<tr><td colspan="2">进出口结售汇差额（万$）：</td><td>出口结汇额（万$）：</td><td>进口售汇额（万$）：</td></tr>
<tr><td colspan="2">进料加工结售汇差额（万$）：</td><td>进料加工结汇（万$）：</td><td>进料加工售汇（万$）：</td></tr>
<tr><td colspan="2">加工贸易转内销额（万$）：</td><td>内销补税额（万¥含利息）：</td><td>来料加工（万$工缴费）：</td></tr>
<tr><td colspan="4">内销主要原因：□1. 国外市场方面　□2. 国外企业方面　□3. 国外法规调整　□4. 客户
（可多项选择）□5. 国内市场方面　□6. 国内企业方面　□7. 国内法规调整　□8. 产品质量</td></tr>
<tr><td colspan="2">深加工结转总额（万$）：</td><td>转出额（万$）：</td><td>转进额（万$）：</td></tr>
<tr><td colspan="4">本企业采购国产料件额（万¥）：（不含深加工结转料件和出口后复进口的国产料件）</td></tr>
<tr><td colspan="2">国内上游配套企业家数：</td><td colspan="2">国内下游用户企业家数：</td></tr>
<tr><td colspan="4">直接出口订单来源：□A 跨国公司统一采购　□B 进口料件供应商　□C 自有客户　□D 其他客户</td></tr>
</table>

上年度加工贸易主要进口商品（按以下分类序号选择"√"，每类可多项选择）					
大类：□1. 初级产品　□2. 工业制成品					
中类：□A 机电	□B 高新技术	□C 纺织品	□D 工业品	□E 农产品	□F 化工产品
小类：□a 电子信息	□b 机械设备	□c 纺织服装	□d 鞋类	□e 旅行品、箱包	□f 玩具
□g 家具	□h 塑料制品	□I 金属制品	□j 其他	□f 化工产品	

上年度加工贸易主要出口商品（按以下分类序号选择"√"，每类可多项选择）					
大类：□1. 初级产品　□2. 工业制成品					
中类：□A 机电	□B 高新技术	□C 纺织品	□D 工业品	□E 农产品	□F 化工产品
小类：□a 电子信息	□b 机械设备	□c 纺织服装	□d 鞋类	□e 旅行品、箱包	□f 玩具
□g 家具	□h 塑料制品	□I 金属制品	□j 其他	□f 化工产品	

<table>
<tr><td rowspan="6">生产能力</td><td>厂房面积：（平方米）</td><td>仓库面积：（平方米）</td><td>生产性员工人数：</td></tr>
<tr><td colspan="3">生产加工范围：</td></tr>
<tr><td colspan="3">生产规模：（主要产出成品数量及单位）</td></tr>
<tr><td colspan="3">累计生产设备投资额（万$）：（截至填表时）</td></tr>
<tr><td colspan="3">上年度生产设备投资额（万$）：</td></tr>
<tr><td colspan="3">累计加工贸易进口不作价设备额（万$）：（截至填表时）</td></tr>
</table>

企业承诺：以上情况真实无讹并承担法律责任	法人代表签字：	企业盖章 　　　年　　月　　日
商务部门审核意见：	审核人：	审核部门签章 　　　年　　月　　日

备注：

注：① 有关数据如无特殊说明均填写上年度数据；
　　② 如无特别说明，金额最小单位为"万美元"和"万元"；

③ 涉及数值、年月均填写阿拉伯数字；

④ 只统计本企业既为经营企业又为加工企业的加工贸易业务，受委托从事加工贸易的业务由相关经营企业统计；

⑤ 进出口额、深加工结转额以海关统计或实际发生额为准；

⑥ 此证明自填报之日起有效期为一年。

表三：加工贸易生产能力证明（由无进出口经营权、承接委托加工贸易业务的企业填写）

企业名称：			
企业代码：	海关代码：		法人代表或企业负责人：
税务登记号：	外汇登记号：		注册时间：
基本账号及开户银行：			
联系电话/传真：			
通信地址及邮编：			
企业类型（*选中划"√"*）：□1. 国有企业 □2. 外商投资企业 □3. 其他企业			
海关分类评定级别（*选中划"√"*）：□A 类 □B 类 □C 类 □D 类 （*以填表时为准*）			
是否对外加工装配服务公司或外经发展公司的加工企业 □是 □否			
注册资本（万￥）：	资产总额（万￥）： （*截止填表时*）	净资产额（万￥）：（*截止填表时*）	本年度拟投资额（万￥）： 下年度拟投资额（万￥）：
研发机构数量：□改进型 □自主型 □核心 □外围			
研发机构投资总额（万＄）：			
产品技术水平：□A 世界先进水平 □B 国内先进水平 □C 行业先进水平			
累计获得专利情况：1. 国外（ 个） 2. 国内（ 个）			
企业员工总数：	文化程度：1. 本科以上（ ）2. 高中、大专（ ）3. 初中及以下（ ） （在括号内填入人数）		
经营范围：（按营业执照） 			
上年度	总产值（万￥）：（*进料加工企业填写*）	出口额（万＄）：（*来料加工企业填写*）	
	营业额（万￥）：（*进料加工企业填写*）	工缴费（万＄）：（*来料加工企业填写*）	
	利润总额（万￥）：		
	纳税总额（万￥）：	企业所得税（万￥）：	
	工资总额（万￥）：	个人所得税总计（万￥）：	
	加工贸易进口料件总值（万＄）：	加工贸易出口成品总值（万＄）：	
	进料加工合同份数：	来料加工合同份数：	
	进料加工进口料件总值（万＄）：	进料加工出口成品总值（万＄）：	
	加工贸易转内销额（万＄）：	内销补税额（万￥，*含利息*）：	
	内销主要原因：□1. 国外市场方面 □2. 国外企业方面 □3. 国外法规调整 （*可多项选择*） □4. 国内市场方面 □5. 国内企业方面 □6. 国内法规调整 □7. 客户 □8. 产品质量		
	深加工结转转入料件总值（万＄）：	深加工结转转出料件总值（万＄）：	
国内上游配套企业家数：		国内下游用户企业家数：	
本企业采购国产料件额（万＄）：			

续表

上年度加工贸易主要投入商品（*按以下分类序号选择"√"，每类可多项选择*）					
大类: □1. 初级产品 □2. 工业制成品					
中类: □A 机电	□B 高新技术	□C 纺织品	□D 工业品	□E 农产品	□F 化工产品
小类: □a 电子信息	□b 机械设备	□c 纺织服装	□d 鞋类	□e 旅行品、箱包	□f 玩具
□g 家具	□h 塑料制品	□I 金属制品	□j 其他	□k 化工产品	

上年度加工贸易主要产出商品（*按以下分类序号选择"√"，每类可多项选择*）					
大类: □1. 初级产品 □2. 工业制成品					
中类: □A 机电	□B 高新技术	□C 纺织品	□D 工业品	□E 农产品	□F 化工产品
小类: □a 电子信息	□b 机械设备	□c 纺织服装	□d 鞋类	□e 旅行品、箱包	□f 玩具
□g 家具	□h 塑料制品	□I 金属制品	□j 其他	□k 化工产品	

生产能力	厂房面积:		仓库面积:
	生产规模:（*主要产出成品数量及单位*）		
	累计生产设备投资额（万＄）:（*截至填表时*）		
	累计加工贸易进口不作价设备额（万＄）:（*截至填表时*）		

企业承诺: 以上情况真实无讹并愿承担法律责任	法人代表签字:	企业盖章 　　年　　月　　日
商务部门审核意见:	审核人:	审核部门签章 　　年　　月　　日
备注:		

录入人员姓名　　　　　　　　　　　　　　　　　　　　　录入日期

注: ① 有关数据如无特殊说明均填写上年度数据;
　　② 如无特殊说明，金额最小单位为"万美元"和"万元";
　　③ 涉及数值、年月均填写阿拉伯数字;
　　④ 进出口额、深加工结转额以海关统计或实际发生额为准;
　　⑤ 此证明自填报之日起有效期为一年。

（二）《加工贸易企业经营状况及生产能力证明》填报说明

1）填表企业根据各自企业的类型分别填写表一、表二、表三，双面打印成一页纸，一式三份。

2）填写企业名称和地址需用全称。企业地址、法人、经营范围、海关分类评定级别及企业类型如有变更，需重新办理并提供变更资料。

3）"法人代表签字"需法人亲笔签字生效，盖印章无效，法人本人如不在企业的可委托他人代签名，但需出示有效的授权书（授权书必须有双方签名）。

4）填报数据时请注意表格的注明，部分填报截至填表时的数据，部分填报上年度数据。填写数据时均采用阿拉伯数字，金额单位均为"万元"，栏目标明的币种仅标示该栏目以何种货币计价，而非单位。

5）表一和表二中，"出口结汇额"指货物出口后实际收回的外汇金额;"进口售汇额"指进口原材料时实际支付的外汇金额;"进出口结售汇余额"为"出口结汇额"与"进口售汇额"之间的差额;"进料加工结汇"指进料加工项下制成品出口后实际收回外汇金额;"进料加工售汇"指进料加工项下进口料件实际支付的外汇金额;"进料加工结售差额"为"进料加工结汇"与"进料加工售汇"之间的差额。

6）填写表三的加工企业，需在备注栏注明加工贸易经营委托企业名称（全称，含所在省/市名称）。

7）企业在网上不得重复提交电子数据。一旦发生误操作，请即与所在地加工贸易审批主管部门联系更改，或与中国国际电子商务中心技术支持人员联系，删除错误数据后由企业重新填报。

二、到 EDI 中心申领 CA 证书和电子钥匙

根据商务部规定，所有企业统一使用加工贸易电子联网审批管理系统进行加工贸易合同申请及审批。中国国际电子商务中心各地分支机构免费为加工贸易企业进行加工贸易电子联网审批管理系统初始安装、调试，确保系统正常运行并为企业提供必要的操作培训。

现行加工贸易电子联网审批管理系统分为企业端和审批端系统，前者供加工贸易企业进行合同申请，后者供各级加工贸易审批管理机关审批使用。两个端口的系统均分为 C/S 和 B/S 两种形式。C/S 系统在用户计算机中安装程序，特点是用户可随时操作，比较便捷，只需在传送、接受数据时联网，速度相对较快，但技术维护的要求相应较高；B/S 系统的特点是，用户登录互联网连接专门的网页即可进行操作，无须安装程序，技术维护简便，使用方式与普通互联网基本相似，系统功能在后台随时更新，不影响用户使用，但受当地网络环境的影响较大，运行不稳定、速度慢的问题时有出现。目前审批机关和企业使用的 C/S 系统又分为 JM2000 和 JM2003 两个版本，后者是 2004 年初商务部为解决 JM2000 系统存在的问题而开发的升级版本，部分地区审批机关和企业试运行结果表明，系统的运行状况得到了较大改善。

上述各种系统均支持拨号、宽带、VPN 等各种网络接入方式。加工贸易企业可从加工贸易页面（http://jm.ec.com.cn）下载查阅企业端 B/S 和 C/S 系统的使用说明，并下载安装企业端 C/S 系统或单击加工贸易页面的"商务部加工贸易电子联网审批管理系统（Web 版）"，凭安全认证证书进入 B/S 系统。审批机关和企业可自愿选择任一接入方式和系统，并可一律免费使用系统，免交网络使用费和系统运行维护费。商务部委托中国国际电子商务中心承担加工贸易电子联网审批管理系统的开发、升级、维护等技术和服务工作，若有任何意见和建议可径与中国国际电子商务中心政府业务部或机电司联系。

中国国际电子商务中心所属国富安公司统一为加工贸易企业及各级审证机关免费制作安全认证证书。安全认证证书的介质由企业自行提供或委托电子商务中心无偿代购，因此，要先登录电子商务中心网站，在线填写《加工贸易 CA 安全证书申领表》，并将此表打印一式三份，经审核同意并加盖公章，按申领表的要求，到相关外经贸机构办理加工贸易 CA 证书和电子钥匙。

三、申领《加工贸易业务批准证》

根据与外商签订的进出口合同的内容，通过安装好的加工贸易电子联网审批管理系统，按要求报送详细合同信息，企业就可以正式开展具体的加工贸易业务了。第一次开展加工贸易业务的经营企业申请加工贸易业务时，需向所在地的加工贸易审批管理机关提交下列文件和资料。

1）经营企业和加工企业的《加工贸易企业经营状况及生产能力证明》。

2）经营企业的进出口经营资格证明（复印件）。

3）经营企业和加工企业的工商工农业执照（复印件）。如加工企业属于外商投资企业，还需提供其批准证书和验资报告（复印件）。

4）加工贸易业务批准证申请表。

5）进口料件申请备案清单。

6）出口成品申请备案清单。

7）成品对应料件单损耗情况。

8）进出口合同或来料加工合同。

9）经营企业与加工企业签订的加工协议。

此外，开展涉及加工贸易项下进口许可证件管理商品的加工贸易，还需提供相应的进口许可证件或批件。

经审核，各项单证、单耗数据及《加工贸易业务批准证申请表》相关数据真实齐全的，且确具有加工复出口能力的经营企业，由加工贸易商务主管部门审核签发《加工贸易业务批准证》，并加盖加工贸易业务审批专用章。

四、到海关备案并领取《加工贸易手册》

1. 办理流程

企业在签订来料加工合同后，货到之前，应提前向海关申请合同备案，办理《来料加工登记手册》，企业凭手册办理来料加工货物进出口通关手续。由于海关的监管力度较大，因此相对来说，来料加工贸易的审批制度就比较严格，操作手续也让许多的企业办事人员感到很是棘手。这里我们简要介绍一下来料加工的基本操作流程。

第一步：企业填写加工贸易合同备案预录入呈报表及《来料加工登记手册》，交海关预审后由预录入公司进行合同预录入。

第二步：企业向主管海关办理来料加工合同登记备案手续。办理此手续时需提交下列有关单证：①来料加工合同或协议书（副本）；②商务主管部门的批件《加工贸易业务批准证》；③《加工贸易企业经营状况及生产能力证明》；④加工产品工艺流程和为确定单耗所需的有关资料；⑤需由中华人民共和国对外贸易经济合作部（以下简称对外贸易经济合作部，现已撤销）批准立项的来料加工项目，提供原对外贸易经济合作部批件；⑥属于国家有专项规定的商品，需交验主管部门的批件；⑦经营企业委托加工的，还应当提交经营企业与加工企业签订的委托加工合同；⑧《来料加工登记手册》及加工合同备案申请表、加工贸易合同备案预录入呈报表；⑨海关需要的其他单证。

第一次办理《加工贸易手册》备案的企业，还需提供以下材料。加工企业需提供：①工商行政主管部门签发的营业执照复印件（企业盖章）；②加工企业的《对外加工企业登记表》；③《对外加工生产企业海关登记通知书》；④《企业印章印鉴备案表》；⑤基本账户开立证明正本或加工企业已签章的复印件。经营单位需提供：①国家主管部门准予开展进出口业务的批准文件复印件；②工商行政主管部门签发的营业执照复印件（企业盖章）；③海关签发的《报关注册证明书》复印件；④《企业印章印鉴备案表》；⑤基本账户开立证明正本或经营单位已签章的复印件。

第三步：主管海关对企业提交的资料进行审核，符合规定的签发《银行保证金台账开设联系单》。

第四步：企业前往指定的中国银行办理保证金台账手续。

第五步：企业向海关提交中国银行签发的《银行保证金台账登记通知单》，经海关核准有关单证后核发《来料加工登记手册》。

2. 申请资格

1）有进出口经营权的外贸公司、工贸公司、国有企业、外商投资企业和经批准可以从事来料加工业务的企业。

2）取得海关注册登记编码或临时注册编码。

3. 办理时限

企业提交单证齐全、有效的，海关在受理后 5 个工作日内（特殊情况需上级部门审批的时间不在此限）完成审批。

五、到国税局办理加工贸易合同备案

根据国税局相关文件的规定：外贸企业发生来料加工业务，将来料部分或全部委托其他企业加工时，应持海关《来料加工登记手册》原件及复印件、进口货物报关单原件及复印件、出口货物报关单原件及复印件、出口收汇核销单（退税专用联）原件、出口销售发票原件、受托加工企业开具的加工费发票（不得开具增值税专用发票）、委托加工合同书、填写完整并加盖公章的《来料加工免税证明》到当地国税局办税大厅办理生产企业发生来料加工业务。自行加工后复出口的，应持海关《来料加工登记手册》原件及复印件、进口货物报关单原件及复印件、出口货物报关单原件及复印件、出口收汇核销单（退税专用联）原件、出口销售发票原件、填写完整并加盖公章的《来料加工免税证明》到当地国税局办税大厅办理。

六、到中国银行办理保证金台账

根据海关总署、中国银行、原国家计划委员会（现为国家发展和改革委员会）、原国家经济贸易委员会（简称国家经贸委，现已撤销）、财政部、原对外贸易经济合作部、中国人民银行、国家税务总局《关于对加工贸易进口料件试行银行保证金台账制度暂行管理办法》的规定：对加工贸易进口料件实行银行保证金台账制度是指，经营加工贸易单位或企业（包括有进出口经营权的外贸公司、工贸公司、国有企业、外商投资企业和经批准可以从事来料加工业务的企业）凭海关核准的手续，按合同备案料件金额向指定银行申请设立加工贸易进口料件保证金台账，加工成品在规定的加工期限内全部出口，经海关核销后，由银行核销保证金台账。这里指定银行是指加工生产企业主管海关所在地中国银行分（支）行。

1. 银行保证金台账制度的主要运作程序

1）经营加工贸易的单位或企业对外签订的加工贸易合同应报外经贸主管部门批准。外经贸主管部门要严格按规定审批合同，核实经营加工贸易单位、企业及加工生产企业的经营和生产能力，防止"三无"（无工厂、无加工设备、无工人）企业利用加工贸易进行走私违法活动。

2）加工生产企业主管海关根据经营加工贸易单位或企业提交的对外加工贸易合同及外经贸主管部门的批件进行审核，并按合同备案料件金额签发《开设银行保证金台账联系单》，交给经营加工贸易单位或企业，由其向主管海关所在地的中国银行申请办理保证金台账手续。申请设立保证金台账，经营加工贸易单位或企业应向中国银行每次缴纳手续费 100 元。

3）中国银行根据海关签发的联系单，为经营加工贸易单位或企业设立保证金台账，并签发《银行保证金台账登记通知单》，交经营加工贸易单位或企业凭以向主管海关办理合同登记手册。

4）经营加工贸易单位或企业应在海关核定的加工期限内，在合同执行完毕或最后一批加工产品复出口后 1 个月内，按海关有关规定向主管海关办理合同的核销手续。海关审核确认后，签发《银行保证金台账核销联系单》，交经营加工贸易单位或企业和中国银行办理保证金台账的核销手续。

2. 银行保证金台账制度的有关规定

1）对在保税区及驻有海关监管人员的保税工厂内进行的加工贸易进口料件，不实行银行保证金台账制度。

2）对辅料及小金额合同备案监管的规定如下。

① 对外商提供的金额在 5 000 美元以下（含 5 000 美元）辅料品种在规定的 78 种范围内的，由主管海关根据出口合同核定辅料单耗用量，免办手册，不纳入台账管理；口岸海关凭主管海关核定的合同验放，主管海关对上述进口辅料按出口报关单进行核销。

② 对外商提供的金额在 5 000 美元以上 10 000 美元以下（含 10 000 美元）经核准的 78 种辅料和金额在 10 000 美元以下（含 10 000 美元）不属于 78 种范围的辅料，均不纳入台账管理。由主管海关根据出口成品合同核定辅料用量，核发登记手册，对进口辅料、出口成品进行监管核销。

③ 对 10 000 美元以下（含 10 000 美元）的加工贸易合同不纳入台账管理，由海关凭外经贸主管部门的审批文件办理合同登记备案，海关对其进口料件和成品监管核销。

3）核销银行保证金台账的期限是根据外经贸主管部门核定的加工期限和海关规定的加工复出口核销时间确定的。如在执行过程中发生合同延期等变更的，需经外经贸主管部门和海关核准后，由海关签发《银行保证金台账变更联系单》交经营加工贸易单位或企业，向银行办理保证金台账的延期等变更手续。

对贸易性质不变，商品品种不变，合同变更金额小于 10 000 美元（含 10 000 美元）和按原审批合同延长加工期限不超过 3 个月的合同，直接到海关和中国银行办理合同变更手续，不再经原对外贸易经济合作部门重新审批。

4）根据国务院的规定，目前中国银行是唯一的办理开设加工贸易进口料件银行保证金台账业务的银行，其他银行均不受理该项业务。

经营加工贸易单位或企业是否在中国银行开设银行账户，与办理银行保证金台账业务没有联系。

5）中国银行为经营加工贸易单位或企业办理保证金台账时，一份合同收取 100 元手续费，以支付办理手续所需的开支。经营加工贸易单位或企业为一份合同申请开设一笔台账，只需向银行支付一次手续费。银行办理同一份加工合同项下的台账变更或核销手续时不再另收手续费。

外经贸主管部门审批合同和海关办理合同登记备案手续时，不另收任何手续费。

6）在加工过程中，如产品因故不能复出口需转为内销的，经营加工贸易单位或企业应按规定，先报外经贸主管部门批准，并向海关缴纳进口税款。如属进口配额和进口许可证管理商品、进口登记管理商品的，还应按规定办理有关进口手续。

7）对确需跨关区结转进行多道环节深加工的中间产品，一律由调入地海关再次办理合同登记备案手续。调入单位或企业应按有关规定，向指定的中国银行申请设立保证金台账；调出地海关凭调入地主管海关核发的加工贸易登记手册，按转关运输办法将有关中间产品监管至调入地海关，凭调入地主管海关的回执向调出单位或企业办理合同核销手续，并出具有关单证交调出单位或企业，凭此向银行办理保证金台账核销手续。

8）由于实行加工贸易保证金台账制度后，相关海关不再向企业收取与进口料件税款等值的保证金，为加强管理，促进企业遵守法律法规，经国务院同意采取以下措施。

① 经营加工贸易单位或企业逾期不向相关海关办理核销手续的，中国银行不再对新合同设立保证金台账。

② 未按合同规定加工出口而转为内销，不及时缴纳进口税款的，由海关会同税务、银行依法追缴税款。

③ 对经营加工贸易单位或企业有走私行为的，海关依法处理，并停止办理其新合同的登记备案手续，外经贸主管部门取消其加工贸易经营权。

9）根据相关规定，海关、银行对任何加工贸易企业、任何加工贸易商品均不收取任何保证金，只是由银行根据海关的核准手续为经营加工贸易单位或企业按加工合同备案料件金额建立一笔台账，仅仅是对进口料件金额的记录，实行的是保证金"空转"。

10）在新的管理办法《关于进一步完善加工贸易银行保证金台账制度的意见》中，对上述的规定有所改变，具体如下。

① 对有的商品和加工贸易企业实行了保证金台账"实转"，"实转"是指企业在以加工贸易方式进口敏感商品时，或违规企业以加工贸易进口料件时，海关按进口关税和进口环节增值税等值收取保证金，在加工制成品出口核销后，再将保证金连同利息一并返还。

对外加工贸易商品目录由产业主管部门即原国家经贸委牵头，会同原对外贸易经济部、海关总署制定，实行禁止限制，允许 3 个类别管理，由原对外贸易经济部对外公布。对限制类商品除 A 类企业外实行台账"实转"。

根据企业资信和守法自律情况，对加工贸易企业实行 A、B、C、D 4 个类别的管理。对 A 类企业不实行银行保证金台账制度；对 B 类企业除限制类商品外继续实行保证金台账"空转"；对 C 类企业不论何种商品均实行台账"实转"；对 D 类企业，除由海关依法处理外，外经贸主管部门取消其加工贸易经营权。对外商投资企业，外经贸主管部门通知海关暂停其进出口业务一年，促使企业守法自律。

② 严格转厂深加工管理。经营加工贸易单位或企业开展深加工复出口业务的，报外经贸部门批准后，到海关办理结转手续。对限制类商品和 C 类企业需转厂深加工的，由海关按转关运输或计算机联网办法实行监管。不具备转关运输或计算机联网管理条件的，由海

关收取与转厂深加工保税产品税款等值的保证金。对结转深加工的，比照进出口贸易以外汇结算，允许按规定办理收、付汇核销手续。

③ 进一步完善税款追缴保障机制。加工贸易企业首次开设保证金台账时，必须提供基本账户账号并出具基本账户开户行的证明。已经设立保证金台账的企业，必须预留基本账户账号。加工贸易企业发生走私违规行为需追缴税款时，由海关向其基本账户开户行开具协助扣款通知单，开户行要按有关法律规定，积极履行协助扣划税款的义务。

④ 严格控制加工贸易内销行为。加工贸易成品确有特殊原因内销的，需报经原合同审批机关的上一级外经贸主管部门批准。海关除对进口料件征收税款外，还要补征税款缓税利息。如涉及实行进口配额许可证或登记管理的商品，在规定的核销期内不能提交有关许可证件的，海关除补征税款及税款利息外，并处以进口料件价值等值 30%以上的罚款，以解决无证内销的问题。

⑤ 制定统一单耗标准。明确由海关总署、原国家经贸委会同有关国家工业局制定并分批公布全国统一的加工贸易进口商品单耗标准，外经贸主管部门严格按单耗核销。

 理论概述

一、来料加工的相关概念

1. 来料加工的概念

来料加工、来料装配从广义上来说，就是运用国外提供的原料、零部件加工成品或装配整机，收取加工费或装配费。海关关于对外加工装配的管理规定所称的对外加工装配业务包括以下内容。

1）由外商提供（包括外商在国内价购）原材料、零部件、元器件，必要时提供设备，由我方加工单位按对方要求进行加工装配，成品交给对方销售，我方收取工缴费。外商提供的设备价款，我方用工缴费偿还。

2）将料件和成品分别计价，分别订立合同，对开信用证，不动用外汇，料件和设备的价款在成品出口价格中扣除，我方净得工缴费。

3）由外贸（工贸）公司与外商签订合同，承担加工装配业务，然后组织工厂生产，外贸（工贸）公司同工厂之间按购销关系办理。

2. 来料加工的特点

来料加工贸易可以看作是以商品为载体的国际间劳务贸易，与进料加工相比其有如下特点。

1）来料加工进料时不用付汇，料件进口是外商提供而不是我方购买，而进料加工是经营单位动用外汇购买进口料件。

2）来料加工由外商提供的料件及由料件加工而成的成品的所有权属于外商，经营企业通过自己或通过加工企业按外商要求加工，对货物无处置权。而进料加工业务由经营单位购买进口料件，拥有货物所有权。

3）来料加工的进口与出口有密切的内在联系，外商往往既是料件的提供者又是成品的接受者，连在一起的交易，其合同不是以货物所有权转移为内容的买卖合同。而进料加工则由经营单位以买方身份与外商签订进口合同，又以卖方身份签订出口合同，进口和出口体现为两笔交易，且都是以货物所有权转移为特征的买卖合同。

4）来料加工的双方是委托加工关系，其交易的经济效果由外商承担盈亏责任，经营企业只按合同要求进行加工，收取工缴费，不负责盈亏。进料加工则是自购料件、自己生产产品、自负盈亏，经营单位要承担价格风险和销售风险。

3. 来料加工与进料加工的区别

来料加工和进料加工的共同之处在于原材料和元器件来自国外，加工后成品也销往国外市场。但两者有本质上的区别，具体如下。

（1）进口料件不同

进料加工项下的所有进口料件由我方用外汇购买。而来料加工项下的进口料件则由外商无偿提供。进料加工的风险比来料加工的风险大。

（2）进出口货物的买卖方不同

进料加工由于各作各价，因此进口物料的外商不一定就是成品出口的买方。而来料加工的进出口货物买卖方必须是同一外商。

（3）外商的结算方式不同

进料加工项下的我方出口货物，外商按一般贸易方式付款，我方收取外汇。而来料加工项下的我方出口货物不作价，只按约收取工缴费。

4. 深加工结转

深加工结转是指加工贸易企业将保税进口料件加工的产品转至另一加工贸易企业进一步加工后复出口的经营活动。对转出企业而言，深加工结转视同出口，应办理出口报关手续，如以外汇结算的，海关可以签发收汇报关单证明联；对转入企业而言，深加工结转视同进口，应办理进口报关手续，如与转出企业以外汇结算的，海关可以签发付汇报关单证明联。

5. 单耗

单耗是指加工贸易企业在正常生产条件下加工生产单位出口成品（包括深加工结转的成品和半成品）所耗用的进口保税料件的数量。单耗包括净耗和工艺损耗。

6. "实转"与"空转"

所有加工贸易的合同，包括来料加工合同、进料加工合同，都要按照加工贸易进口料件银行保证金台账制度的规定办理，或不设台账，即"不转"；或设台账不付保证金，即"空转"；或设台账付保证金，即"实转"。

二、加工贸易企业经营状况和生产能力核查系统操作说明

1. 首页

加工贸易企业经营状况及生产能力证明系统主要功能分为3个部分：①直接填表；②登

录后填写；③使用电子钥匙登录填写。

用户通过访问首页，可以分别看到这 3 个功能。如图 6-1 所示。

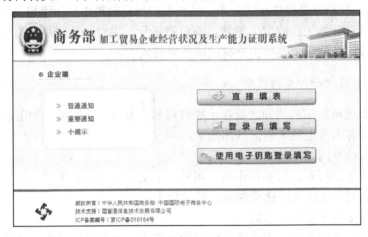

图 6-1 证明系统首页

2. 直接填表

（1）登录

单击首页中的 直接填表 按钮即显示如图 6-2 所示页面。

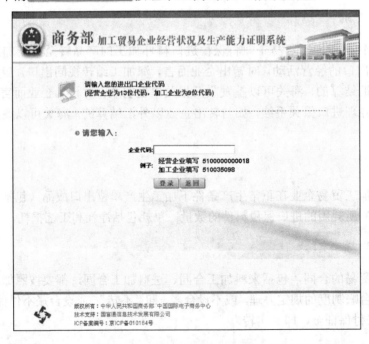

图 6-2 "直接填表"链接页面

输入企业代码后，单击 登录 按钮。

1）如果企业原来有数据，但没有创建过账户，该系统将提示用户创建账户，如图 6-3 所示。

图 6-3 提示创建账户页面

2）如果企业录入过数据，并已创建账户该系统将显示如图 6-4 所示的页面。

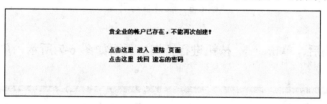

图 6-4 已创建账户登录后的页面

单击"点击这里进入登录页面"链接将转到登录页面，如图 6-5 所示。

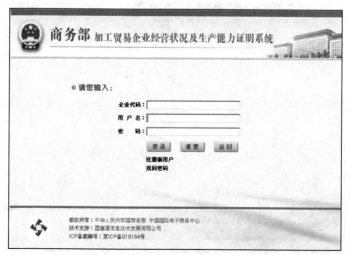

图 6-5 登录页面

如果用户以前登录过系统，系统会自动填写企业代码和用户名。

3）如果用户以前没有录入过数据，也没有账户，系统将显示如图 6-6 所示的页面。

图 6-6　表格填写页面

（2）查询

输入企业代码后，单击 查询 按钮进行查询，页面如图 6-7 所示。单击 返回 按钮返回上一页。

图 6-7　查询页面

（3）填表

单击表一、表二或表三的链接可以进入填表页面（图 6-8）。如果企业以前已经填写过数据则可直接通过"登录后填写"进行操作。

图 6-8　表一填表页面

单击"返回首页"链接可以返回到如图 6-6 所示的页面。

企业在填表时要注意企业的类型及其所应填写的表（经营企业填写表 1，经营性加工企业填写表 2，加工企业填写表 3）。

3. 登录后填写

单击 登录后填写 按钮可以进入登录页面，如图 6-5 所示。

登录后系统主要有如下功能：①显示申报历史；②进行表格填写；③进行用户管理。

（1）登录页

1）用户输入企业代码、用户名、密码后单击 登录 按钮可以进入如图 6-9 所示的页面。在进入页面后，默认显示的页面为申报历史（图 6-9 中即列出了企业的申报历史记录）。

2）在图 6-5 中，单击"注册新用户"链接将显示如图 6-2 所示的页面。

用户录入企业代码后，系统会先检测是否存在这个企业的账户，如果没有，将显示详细内容的录入页面，如图 6-10 所示。

图 6-9　登录页

图 6-10　详细内容的录入页面

录入相关的内容后单击 保存 按钮，将为用户生成账户的信息。

3）单击图 6-5 中"找回密码"链接即显示如图 6-11 所示的页面。

录入相关的内容后单击 登录 按钮，即可进行找回密码的操作，密码会发送到用户注册账户时的邮箱中。

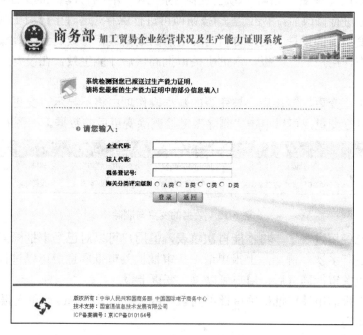

图 6-11　找回密码的操作页面

（2）申报历史

单击 ⊜申报历史 选项即可显示申报历史的页面。如图 6-9 所示。

图 6-9 中列出了相关内容，根据当前的状态，在操作项中会有不同的链接。

1）如果企业的数据在录入后没有上报，操作项中会显示如图 6-12 所示的链接。

单击"上报"链接可以进行上报；单击"修改"链接可以打开修改页面，对数据进行修改；单击"删除"链接会删除当前的记录，在删除前系统会提示用户进行删除确认，如果用户单击"确定"按钮则当前的记录即被删除，如果用户单击"取消"按钮，那么当前记录不会被删除。

2）如果企业的数据已经上报，审批机关还没有审批，操作项中会显示如图 6-13 所示的链接。

单击"查看"链接可以查看填写的数据；单击"撤销"链接可以对已经上报的数据进行撤销，在撤销前系统将提示用户"是否撤销已经上报的核查申请"，如果用户单击"确定"按钮，系统将执行撤销操作，如果用户单击"取消"按钮，系统将不执行操作。在执行撤销的过程中，如果审批机关对数据进行了审批，那么这条数据将不能被撤销。

3）如果企业的数据审批已通过，操作项中会显示如图 6-14 所示的链接。

状态	操作
编辑	[上报] [修改] [删除]

状态	操作
待批（已上报）	[查看] [撤销]

状态	操作
审批同意	[查看] [变更] [打印]

图 6-12　数据未上报的状态　　　图 6-13　数据已上报但未审批的状态　　　图 6-14　数据审批通过的状态

单击"查看"链接可以查看已经审批后的数据；单击"变更"链接可以对已经审批后的数据进行修改；单击"打印"链接可以打印已经审批的数据。

如果用户执行了"变更"操作，系统会复制这条记录，并将打开填表的页面。如图 6-8 所示。

用户对数据进行修改后，单击 保存 按钮即可进行保存，这时申报历史列表中会多出一条记录，这是变更后的记录。用户可以对变更后的数据进行修改、上报等操作，变更后的记录为编辑状态，用户通过上报，审批机关审批同意后才能生效，在没有生效之前以变更前的数据为准。

在用户单击"变更"链接后，被变更的数据操作项中将不显示"变更"链接。如果用户不想对数据进行变更，可以单击"删除"链接删除变更后的数据。如图 6-15 所示。

年度	企业名称	申请日期	有效期	审批机关代码	审批机关名称	状态	操作
2007	与他人	2007-02-09		5300000038888	北京市房山区审批点	编辑	[上报] [修改] [删除]
2007	与他人	2007-01-31	2008-01-01	5300000038888	北京市房山区审批点	审批同意	[查看] [打印]

图 6-15　数据的变更与删除

如果用户已经填过表了，将不能再次填表，但用户可以对已经审批同意的数据进行变更，变更可以进行多次。例如，上报申请——审批机关审批同意后可以进行变更；变更后上报——审批机关审批同意后，用户可以再次变更上报。

如果用户上报的申请审批机关审批不同意，用户可以进行修改后再上报。

（3）表格填写

单击 表格填写 选项可以进行填表操作，表格填写部分的功能和"直接填表"中的功能相同，请参照"2. 直接填表"的相关内容。

（4）用户管理

单击 用户管理 选项即可显示用户管理的页面，如图 6-16 所示。

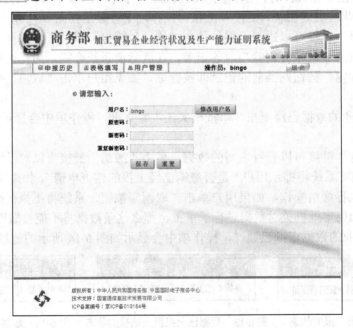

图 6-16　用户管理页面

在当前的页面中用户可以修改密码，单击 保存 按钮，修改生效。

如果用户要修改用户名，可单击 修改用户名 按钮，修改用户名的页面，如图 6-17 所示。用户录入新用户名后单击 保存 按钮，修改生效。

如果用户要退出系统可单击 退出 按钮，系统退出后默认会返回到登录页面（图 6-5）。在登录页面上单击 返回 按钮将返回到首页。

图 6-17　修改用户名的页面

4. 使用电子钥匙登录填写

在单击首页中的 使用电子钥匙登录填写 按钮之前，请确保已经安装了电子钥匙驱动，并且已经插入了电子钥匙。单击 使用电子钥匙登录填写 按钮后系统会取得电子钥匙中的企业代码，如果企业已经有账户，那么用户单击按钮后会自动进入系统。如果没有，就需要企业注册一个账户，具体操作可以参照"3．登录后填写"相关内容。

三、银行保证金台账"实转"的运作细则

加工贸易进口料件保证金台账"实转"制度的正常运行，应得益于海关、中国银行对台账"实转"各业务环节的配合工作。其具体实施办法如下。

1. 台账保证金账户的设立

1）中国银行各受理台账业务的分支机构为各对应海关设立"海关保证金专用账户"。

2）中国银行凭对应海关出具的《银行保证金台账开设联系单》或《银行保证金台账变

更联系单》（指变更后由空转改为实转）为加工贸易企业在海关保证金专用账户下设立该企业的分户。

2. 保证金台账的开设及台账保证金的收取

中国银行在为加工贸易企业设立台账前，应先检查该企业在中国银行是否有关闭账户、停账待销或逾期台账等情况。如有上述情况，中国银行暂不为该企业设立新的台账。如无上述情况，中国银行按海关开出的《银行保证金台账开设联系单》注明的金额办理保证金收取手续，在收妥保证金后，为企业开设台账，并出具《银行保证金台账登记通知单》。

台账变更需存交保证金的，中国银行可直接凭《银行保证金台账变更联系单》办理其保证金收取手续。台账变更涉及保证金的，只能对保证金做增额处理，不得核减保证金。

3. "实转"台账的对账

（1）实时核对

在办理"实转"台账的开设、变更、核销、挂账、停账、关闭账户业务时，海关或中国银行必须核对有关通知单或联系单，确认无误后，予以办理。

（2）每日对账

中国银行和海关每日对账可采用手工对账和电子对账两种方式。对账内容应包括台账开设、变更、核销、停账、关闭账户和台账保证金征退情况、海关出单日期、银行出单日期、银行台账编号、台账金额、收取台账保证金金额、退还台账保证金金额、核销期限、未结案原因、是否继续开设台账、核销结案状态等有关情况。

4. 征缴税款

（1）一般征缴税款

经批准内销的保税料件的税款按一般征税缴款书形式缴纳，且不附带《税款缴纳扣划通知书》的，由企业直接向银行缴纳，不能从台账保证金账户内划转。

（2）台账保证金转税

1）办理台账保证金转税手续的，银行根据海关签发的注有"台账保证金转税专用"和"台账编号"字样的《海关专业缴款书》，将相应账户内反映该笔台账的保证金划转中央金库，其相应的缓税利息由企业直接向银行缴纳，不能从台账保证金账户内划转。

2）已征收台账保证金的企业，发生走私违规行为需强行追缴税款及缓税利息时，海关需先向中国银行开具《银行保证金台账预扣税款联系单》，银行凭此单将该笔台账项下全部保证金本息划至另户保存，同时，在联系单银行回执联上注明预扣税款本金及利息金额。海关根据回执联金额通过后续退补税功能开出《海产征税缴款书》和《税款缴纳扣划通知书》，银行再根据这两"书"将保证金本息一次性划转中央金库，对于超过本金和利息部分的税款另行开具缴款书，由企业另行缴纳。

5. 台账的核销及保证金的退款处理

1）企业持海关出具的《银行保证金台账核销联系单》向中国银行办理台账的核销和保证金及利息的退还手续。

2）中国银行在核对《银行保证金台账核销联系单》无误后，退还保证金及利息，同时签发《银行保证金台账核销通知单》。

6. 台账的逾期未销处理

（1）挂账待销

对海关签发的注明"挂账"字样的《银行保证金台账核销联系单》，中国银行在做相应的挂账处理后签发《银行保证金台账挂账待销通知单》。

挂账期间，银行不向企业退还该笔台账业务项下的保证金，但可根据海关开出的《银行保证金台账开设联系单》继续为该企业的新加工合同设立台账。

（2）停账待销

对海关签发的注明"停账"字样的《银行保证金台账核销联系单》，中国银行在做相应的停账处理后签发《银行保证金台账停账待销通知单》。

停账期间，银行不向该企业退还该笔台账业务项下的保证金，暂不为该企业的新加工合同设立台账。

7. 对逾期未销台账的核销结案处理

对上述挂账待销和停账待销台账，由海关在结案后，向中国银行签发《银行保证金台账核销联系单》进行核销结案。

（1）正常核销结案

对已缴齐税款、已补交进口批件，且有关部门同意其继续从事加工贸易业务的企业，按正常核销结案处理。

（2）关闭企业台账账户结案

对海关签发的注有"停设台账"字样的《银行保证金台账核销联系单》，银行首先检查该笔台账的保证金是否还有余款。如余款为零，则根据海关的联系单办理关闭账户手续，并出具《银行保证金台账账户关闭通知单》，今后不再为该企业新的合同设立台账。如尚有余款，银行则出具《台账账户未关闭情况通知单》，注明"台账保证金尚有余额，不能办理关闭账户手续"，连同核销联系单一并退回海关，待根据海关指示将该笔台账下的保证金本息全部转出后，再办理关闭账户手续。

若企业台账已超过核销期限而银行未收到海关出具的任何核销联系单（包括挂账待销、停账待销的联系单）时，中国银行将暂不为该企业新的加工合同设立台账。

8. 关于中国银行出具的税款保付保函的规定

加工贸易企业在向海关缴纳关税及其他税费保证金时，可以以现金、转账支票、汇票、汇款等方式缴纳，但因故无法缴纳的，可凭中国银行出具的以海关为受益人的税款保付保函办理海关备案手续。具体规定如下。

1）对符合有关法律法规的，中国银行可根据海关开出的《银行保证金台账开设联系单》或《银行保证金台账变更联系单》，对企业资信情况及提供的保证、抵押、质押、留置和定金（包括企业自有外汇资金、其他非金融机构担保人为其出具的担保）等多种形式的担保进行评估，对符合风险控制要求的，可为其出具以海关为受益人的税款保付保函，并转往有关台账业务点。

2）中国银行台账业务点收到本行保函业务授权分行开立的银行台账保证金保付保函后，开具《银行保证金台账登记通知单》或《银行保证金台账变更通知单》，企业凭上述通知单和保付保函向海关办理加工贸易合同备案手续。

3）中国银行可以办理保函业务的机构包括中国银行总行营业部，各省、自治区、直辖市分行，深圳市分行，珠海、汕头、苏州、无锡、宁波、沈阳市分行。

4）中国银行提供的保证金金额包括税款及利息两部分。税款指海关核定的企业应缴关税和其他税费的金额，利息和利率适用按海关有关规定执行。担保的期限至台账核销期满后60天。

5）在担保期限内，若加工贸易合同增额或展期的，应向原出具保函的中国银行申请办理相应的保函增额或展期手续后，方可向海关、中国银行办理台账变更手续。为简化手续，经企业申请，保函金额可大于保证金金额。

6）在担保期限内企业出口合同执行完毕或履行缴纳税款义务的，中国银行的担保责任自行解除。在担保期限内，企业未能全部或部分履行出口义务的，海关按应补税额及缓税利息向中国银行开出《索赔书》和《海关专用缴款书》（若进口料件未经批准内销的，需加开《税款缴纳扣划通知书》），中国银行凭此履行保函项下的赔付责任。中国银行履行保函项下的赔付责任后，可以依法向被担保人追索。

任务二　接　收　来　料

【操作步骤】

1. 签订料件进口合同。
2. 料件跟进。
3. 办理进口手续。
4. 来料验收。
5. 来料入库。

【操作分析】

一、签订原辅料进口合同

外贸跟单员应辅助公司与外商签订料件的进口合同。对外签订料件进口合同时，应列明以下内容：外商提供料件或设备名称、原产国、规格及价格。如图6-18所示。

宁波诚通进出口贸易公司

Ningbo Chengtong Imp&Exp Co.,Ltd.

ADD:No.16 Nenjiang Rd.,Dagang Industry Park,Ningbo,Zhejiang ,P.R.China

American Security Products

11925 Pacific Ave

Fontana CA 92337   Order No.:434

PH: 951-675-9680   FX: 951-675-0319   Date:18/6/2009

Agreement

Qty	Descripton	Unit Price	Amount
30	steel pallet 1 100mm×1 200mm×150mm	60	1 800
30	steel pallet 1 100mm×1 300mm×150mm	63	1 890
31	TF5517 steel pallet	5	155
100	TF5924 steel pallet	5	500
	TOTAL:		$4 345.00

Stowed in 1×20 container.

The packing material will be dispatched to you free of charge in order to

be reexported to USA,filled with goods we have bought from your company.ALL

items have no commercial value.

Origin: USA

图 6-18 原辅料进口合同样本

二、料件跟进

    跟单员在本公司从外商进口料件前，应根据具体交易情况制定物料跟进表以及时监控料件进口及入库的情况。以服装物料跟踪为例，如表 6-2 所示。

表6-2　跟单物料进度表

客户	款号	款式	订单号	落单期	客货期	布料1		布料2		主唛		洗水唛		尺码唛		侧唛		线		拉链		皮牌		工字招		撞钉		急招		挂牌		胶袋		纸箱		备注
						订购	入库	订购	入库	订购	入库	订购	入库	订购	入库	订购	入库	订购	入库	订购	入库	订购	入库	订购	入库	订购	入库	订购	入库	订购	入库	订购	入库	订购	入库	

核批　　　　　　　审核　　　　　　　跟单

三、办理进口手续

前已述及，开展来料加工业务的经营单位取得相关资格后，应到加工企业所在地主管海关办理登记备案手续。但是，来料加工合同不同于一般的进口合同，向海关提交的来料加工合同应载明的主要内容包括外商提供的料件和加工方加工的成品的品名、规格、数量、金额，进口料件和加工成品的交货期、进出口岸、运输方式、用料定额、料件损耗率、工缴费标准及支付方式等。如所提供的料件系外商在我国境内用外汇购买的，必须在合同中加以说明。

1. 海关验厂验库

海关在审核经营单位提供的合同登记备案单证后，如认为必要，可派人员到加工企业实地验厂验库，了解加工企业的生产能力、管理状况、有无具备海关监管条件的存放进口料件和加工成品的仓库和场所。经营单位和加工企业应予以协作配合。

2. 开设银行保证金台账

根据《加工贸易进口料件保证金台账制度》的要求（如本项目任务一所述），主管海关签发《银行保证金台账联系单》，经营单位凭此到海关所在地指定的中国银行办理开设银行保证金台账手续。银行按进口料件金额设立保证金台账后，签发《银行保证金台账登记通知单》，按保证金台账的"实转"和"空转"制度进行管理。

3. 进口料件

经海关合同登记备案的来料加工项下的料件进口时，经营单位或其代理人应持海关核发的登记手册（图 6-19）及其他有关单证（运单、发票、装箱单及海关认为必要的其他单证），填写来料加工专用进口货物报关单向进境地海关申报，并在登记手册"进口料件登记栏"内填明有关进口料件的品名、数量、价值等内容。

进境地海关审核无误后，按规定征收海关监管手续费，令经营单位将保证金存入指定银行账户后，验放有关的进口料件，并在登记手册"进口料件登记栏"及相关的进口货物报关单上加盖海关印章后退交经营单位作为今后合同核销的依据。

手册/分册编号＿＿＿＿＿＿＿＿＿

中 华 人 民 共 和 国 海 关

加 工 贸 易 手 册

中华人民共和国   海关核发

经营企业名称 宁波诚通对外贸易有限责任公司

海关注册编码 ×××××××××××××××××

手册备案有效期 一年

(a)

图 6-19 登记手册样例

加工贸易企业须知

1. 本加工贸易手册供经营加工贸易的企业，办理加工贸易合同登记备案（变更）、货物进出口和核销之用。本手册适用进料加工、来料加工等业务。

2. 经营企业应当向加工企业所在地主管海关办理加工贸易货物备案手续。企业办理加工贸易相关业务，按照有关规定需要担保的，企业应按规定办理担保手续。

3. 经营企业办理加工贸易货物备案手续，应当提交下列单证：商务（外经贸）主管部门签发的同意开展加工贸易业务的有效批准文件；商务（外经贸）主管部门签发的"加工贸易企业经营状况及生产能力证明"；经营企业对外签订的合同；经营企业委托加工的，还应当提交经营企业与加工企业签订的委托加工合同；海关认为需要提交的其他证明文件和材料。

4. 已经办理加工贸易货物备案的经营企业可以向海关申领加工贸易手册分册、续册。

5. 经营企业经海关批准可以开展外发加工业务。外发加工应当在加工贸易手册有效期内进行。

6. 经营企业办理货物进出口手续时，应当持加工贸易手册、加工贸易进出口货物专用报关单等有关单证办理加工贸易货物进出口报关手续。

7. 加工贸易货物备案内容发生变更的，经营企业应当在加工贸易手册有效期内按有关规定办理变更手续。需要报原审批机关批准的，还应当报原审批机关批准。

8. 加工贸易出口制成品属于国家对出口有限制性规定的，经营企业应当向海关提交出口许可证件。加工贸易项下的出口产品属于应当征收出口关税的，海关按照有关规定征收出口关税。

9. 加工贸易货物未经海关许可，不得抵押、质押、留置。

10. 未经海关许可并且未缴纳应纳税款、交验有关许可证件，不得擅自将加工贸易货物在境内销售。加工贸易货物因故转为内销的，海关凭商务（外经贸）主管部门准予内销的有效批准文件，对保税进口料件依法征收税款并加征缓税利息；进口料件属于国家对进口有限制性规定的，经营企业还应当向海关提交进口许可证件。

11. 加工贸易企业应当根据《中华人民共和国会计法》及国家有关法律、行政法规、规章的规定，设置符合海关监管要求的账簿、报表及其他有关单证，记录与本企业加工贸易货物有关的进口、存储、销售、加工、使用、损耗和出口等情况。

12. 海关根据监管需要对加工贸易企业进行核查的，企业应当予以配合。

13. 营企业应当在手册有效期限内将进口料件加工复出口，以及办理料件或成品的内销、深加工结转、余料结转、放弃、退运等海关手续，并自加工贸易手册项下最后一批成品出口或者加工贸易手册有效期限到期之日起 30 日内向海关报核。经营企业对外签订的合同因故提前终止的，应当自合同终止之日起 30 日内向海关报核。报核前必须办结余料结转、征税、退运、放弃等相关手续。

14. 经营企业报核时应当向海关如实申报进口料件、出口成品、边角料、剩余料件、残次品、副产品以及单耗等情况，并向海关提交加工贸易手册、加工贸易进出口货物专用报关单以及海关要求提交的其他单证。

15. 经营企业应妥善保管手册，遗失加工贸易手册的，应当及时向海关报告，并承担相应责任。海关在按照有关规定处理后对遗失的加工贸易手册予以核销。

16. 加工贸易企业出现分立、合并、破产的，应当及时向海关报告，并办结海关手续。加工贸易货物被人民法院或者有关行政执法部门封存的，加工贸易企业应当自加工贸易货物被封存之日起 5 个工作日内向海关报告。

17. 加工贸易企业从事加工贸易，违反海关法律法规的规定，构成走私或者违反海关监管规定行为的，由海关按照《中华人民共和国海关法》和《中华人民共和国海关行政处罚实施条例》的有关规定予以处理；构成犯罪的，依法追究刑事责任。

18. 本须知未尽事项以及与现行法律法规有抵触的，以现行法律、行政法规、规章为准。

19. 本手册由海关统一印制。

（b）

经营企业情况表

经营企业名称（海关注册编码）　宁波诚通进出口贸易公司　　　　经营期限　长期

注册地址　中国宁波×××号　　　加工厂厂址　中国宁波×××号

注册资本　×××　　　　　　　　年加工能力　×××　　　年进出口额（美元）×××

企业管理类别　B 类　　　　　　厂房所有权：租赁（　）自建（P）其他（　）厂房租赁期

企业负责人　×××　　　　　　　办公电话　0574-8577×××　　　手机 ×××

邮箱 ××××

经办人 ×××　　　　　　　　　　办公电话　0571-8577×××　　　手机 ×××　　邮箱 ×××××

传真 0574-8577×××　　　　　邮编 ×××××　　　　网址 ××××××

本企业保证手册填报内容真实有效；愿意遵守《中华人民共和国海关法》及相关法律、行政法规、规章，保证合法经营，按期加工复出口，及时办理变更、核销等海关手续；因故转为内销的，及时按规定办理补税等手续。如有违法违规之事情，愿承担一切法律责任。

企业法人或其授权人签字：×××

企业盖章：宁波诚通进出口贸易公司

2006 年 07 月 19 日

（c）

加工企业情况表

企业名称（海关注册编码）_____

注册地址 _____

注册资本 _____

加工设备价值 _____

厂房面积 _____

年加工能力 _____

企业负责人 _____ 办公电话 _____

手机 _____

经办人_____

办公电话_____

手机_____

传真_____

邮编_____ 网址 _____

本企业愿与经营企业共同承担相应的法律责任。

企业法人或其授权人签字：

企业盖章：

年 月 日

注：如经营企业与加工企业相同，可不填此表。

（d）

加工贸易合同备案审批表

加工贸易备案（变更）手册情况表粘贴栏

海关批注意见：

海关备案业务联系电话：_____

海关盖章：

年 月 日

（e）

货物进口/结转转入报关登记表								
报关日期	报关单编号	运提单号/手册编号	货物名称、规格	单位	数量	价值	海关签章	备注

注：深加工结转和余料结转需在运提单号栏注明转出手册编号。

（f）

图 6-19 登记手册样例（续）

货物出口/结转转出报关登记表								
报关日期	报关单编号	运提单号/手册编号	货物名称、规格	单位	数量	价值	海关签章	备注

注：深加工结转和余料结转需在运提单号栏注明转入手册编号。

（g）

货物内销/放弃登记表							
报关日期	报关单/凭证号	货物名称、规格	单位	数量	价值	海关签章	备注

注：备注栏注明货物处理方式"内销"或"放弃"

核销申请表粘贴栏

《海关合同结案表》和《结案通知书》粘贴栏

（h）

图 6-19　登记手册样例（续）

四、来料检验

来料检验是来料加工的最前线，如来料错误则后续工作都无法进行，所以来料检验这一关非常重要。为确保来料加工经营单位所进口的原材料符合规定要求，根据《中华人民共和国产品质量法》等相关法律法规的规定，结合来料加工贸易的实际情况，根据不同料件的加工特性，经营单位应分别制定来料验收管理制度。虽然不同产品料件验收的标准和程序存在较大差别，但总的来说，来料检验的一般程序如图 6-20 所示。

IQC 的英文全称为 Incoming Quality Control，意思为来料质量控制。目前 IQC 的侧重点在来料质量检验上，来料质量控制的功能较弱。IQC 的工作方向是从被动检验转变到主动控制，将质量控制前移，把质量问题发现在最前端，减少质量成本，达到有效控制，并协助供应商提高内部质量控制水平。IQC 的工作主要是控制公司所有的外购物料和外协加工物料的质量，保证不满足公司相关技术标准的产品不进入公司库房和生产线，确保生产使用产品都是合格品。IQC 是公司整个供应链的前端，是构建公司质量体系的第一道防线和闸门。如果不能把关或是把关不严，让不合格物料进入库房和生产线，质量问题将在后序工作中成指数放大，如果把质量隐患带到市场，造成的损失更是无法估量，甚至会造成灾难性后果。因此，IQC 检验员的岗位责任非常重大，工作质量非常重要。IQC 作为质量控制的重要一环，要严格按标准、按要求办事，质量管理不要受其他因素干扰。对于特殊情况下需要放行的，由质量工艺部层面决策，IQC 人员不承担这种风险。

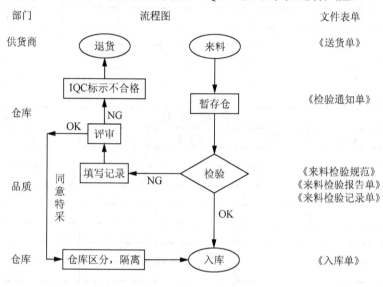

图 6-20　来料检验流程

五、来料入库

来料入库是根据物料入库通知单及有关资料（图 6-21），按照一定的程序和手续，对到库物料进行接收、搬运、盘点与保存。

入 库 单

年　月　日　　　　　　　　NO：××××××

供应商：＿＿＿＿＿＿＿　对应合同号：＿＿＿＿＿＿＿　批号：＿＿＿＿＿＿＿

交货单位（部门）					入库日期		
物品类别	物品名称及规格	单位	数量	单价	金额	备注
	合计					

财务审核　　　记账　　　仓库主管　　　单位部门主管　　　制单

一存根联

（a）

图 6-21　入库单及相关资料

入 库 单

NO：×××××××

年　月　日

供应商：_____　对应合同号：_____　批号：_____

材料编码	物品名称及规格	单位	数量	单价	金额	备注
合计						

财务
审核　　　　　　记账　　　　　仓库主管　　　　单位部门
　　　　　　　　　　　　　　　　　　　　　　　主管　　　　　　制单

（b）

盘 点 清 单						
材料编码	规格	数量	ERP 数量	差异	原因	备注

盘点人：　　　　　　　　　　　监盘人：　　　　　　　日期：

（c）

退 料 单						
单据号：		退料部门：		退料人：		日期：
物料编码	物料规格名称		单位	单价	数量	备注

操作员：　　　　　　　　经办人：　　　　　　审核：　　　　　　批准：

（d）

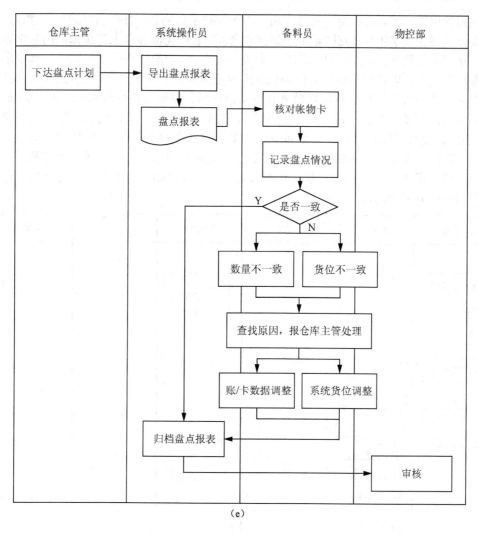

（e）

图 6-21　入库单及相关资料（续）

　　现实中，来料入库其实有两种，一种是实物的入库，一种是账面上的入库，所以财务要将实物入库与账面入库进行盘点，要求账物相符。账上的入库是交由财务管理的，一般都要求是合格品入库，财务对物料供应商付款的依据就是仓库的入库账，对于不合格品降级使用的，付款时要扣款。财务对物料采购是有监控的，有条件的企业会做两本账：一本是实物账，反映仓库中实际的物资进出；一本是交给财务的，供财务作为付款依据，这两本账要对得起来。但是一般规模小的企业都只做一本账，具体操作如下：实物进厂后除了接受后不能退换货的，如槽车中的物料要放入储槽要先验收合格，不合格就直接退回；其他的都是由仓库清点数量后先接受下来，填写验单（品种、数量），再交给检验员检验后填补验单（检验项目、检验结果和合格性判定），最后交还给仓库，仓库凭合格验单办理入库单，做账后验单和入库单一起交给财务。未验前，这些物资属于未检待验品，由仓库负责隔离标记，原则上不予发放。检验不合格的物料，检验员除填写验单外还需填写不合格品流转单，填写不合格缘由，交付采购部门，采购部门会根据情况进行处理，若是要求退换货的，就连同物资一起退还给供应商；但若入库的是生产急需物资，就会在流转单上提出降级使用的申请，然后流转至主管技术员，由主管技术员同意，并提出降级处理建议，最后由主管技术领导签字批准，连同验单一起回到仓库。仓库凭流转单上各级部门的签字办理入库单，做账后将验单、流转单和入库单一起交给财务。 一般降级使用的物资，都要求制造部门有相关记录，以备日后追溯。财务凭入库单和对应的验单等，会与采购部门协商付款。

仓库保管员或者供应商将物料放置仓库指定区域，保管员将物料入库，并填写物料卡。保管员将《送货单》交给仓库主管，仓库主管根据《送货单》录入数据，打印《采购进货验证记录》，交品保部填写验证记录和验证结果，并签字确认。《采购进货验证记录》分别由仓库、采购、供应商、品保部和财务部归档。《采购进货验证记录》属采购部和品保部的两联，归档情况不定；财务部一联由仓库每隔几天（视单据多少而定）上交一次。原材料入库流程如图 6-22 所示。

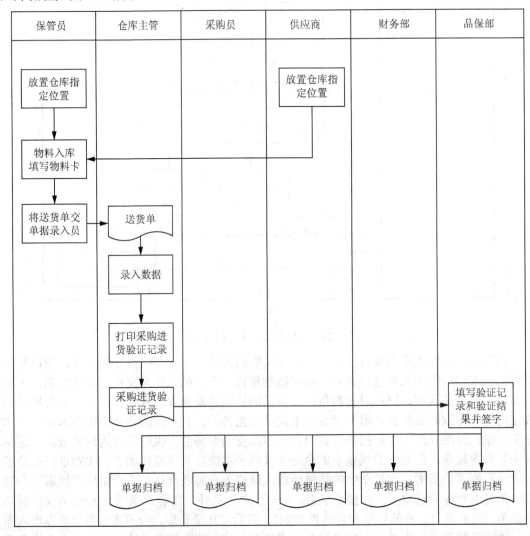

图 6-22　原材料入库流程

来料到库后，仓储人员要将物料进行合理的保存，将物料放置在适宜的位置以便经济地管理，包括对物料和仓储信息两方面的科学管理。对物料的管理主要是技术管理，技术管理是对物料进行科学的保养和维护，为物料提供良好的保管条件和环境。对仓储信息的管理，主要是对与库存物料有关的各种技术证件、单据、凭证、账卡的管理。

管理应做好如下工作。

1）要给仓库货位确定代码，即库号（库房或货区代号）、架号（货架或货垛代号）、层号（货架或货垛层次代号）、位号（层内货位代号）。

2）根据物料的不同特点决定物料的堆码方式。

3）库存物料的实物数量与账面数量应一致。

仓库盘点工作在来料入库环节中也是非常重要的，通过盘点可以核对数量，检查物料损耗情况，检查保管现状、检查常备量库存现状。当物料在点查中发现盈亏时，应查明原因，编制《物料现有数量对照表》确定数量短少的原因，附《自然减量计算表》，经主管批准后，作为记入账卡和处理的依据。在点查中发现库存物料品名相同、规格不同，数量此多彼少应编制《物料重新估价表》，报主管批准予以调整。对有变质迹象的物料，应根据各种物料的维护保养方法进行具体处理，并找寻原因，制定出改进措施。变质的物料经申报和审批后，要作报废和贬值的处理。详见盘点标准化作业流程。

 理论概述

一、来料加工工缴费确定

工缴费的确定有多种做法，但是常见的有以下几种。

1）比照客商所在国家或地区同类产品加工费水平，确定略低于该水平的工缴费。例如，有的外贸公司以低于客商所在国 10%左右的加工费标准来确定自己的工缴费水平。

2）先由客商提出加工费标准，然后自己进行调查和可行性研究，根据调查的情况和研究的结果，再同客商议定工缴费的标准。

3）在确定正式加工费标准前，双方先进行试生产，试生产期间暂定一个加工费标准，经过一段时间的试生产后再根据实际核算情况，正式确定合理的工缴费标准。

在实际加工贸易业务中，有些从事加工生产的企业或工厂在确定工缴费时还采取自己核算实际消耗的做法。实际消耗包括工资、福利、水电费、厂房和机器折旧费、地租、仓租、管理费等。其实，这种方法只能作为确定盈亏的标准，不应该作为对外制定工缴费的标准。如果仅仅根据某一企业的实际消耗和费用再加一定的利润来制定工缴费，会因各地各企业的情况、费用、消耗的不同，造成工缴费水平的混乱，导致不应该的经济损失。最终结果：其一，有的企业核算的加工费标准可能大大低于国外加工费标准，使外商谋取暴利；其二，有的企业核算的加工费标准水平或高于国外加工费水平，使客商无利可图，失去贸易机会。

二、来料加工合同的条款

来料加工业务是国家间进行生产合作、有进有出、进出口紧密结合的贸易方式，委托方与被委托方用合同或协议来明确双方在交易中的权利和义务。来料加工贸易合同的主要内容包括加工品名、品质、规格、数量、交货期、用料量、损耗率、次品率、加工费标准及金额、付款方式、保险、验收等。如果对方融资为我方购进机器设备生产线等，并在加工费中分期扣还其价款者，就兼具补偿贸易的性质。我们应在合同或协议中加入相应的条款，做出明确具体的规定。加工委托协议和服装来料加工合同样本，如图 6-23 和图 6-24 所示。

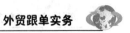

委托加工合同

委托方：_____（以下简称甲方）

被委托方：_____（以下简称乙方）

甲方委托乙方加工_____产品，为维护甲乙双方的利益，经双方协商，就有关代加工事宜达成如下协议，以供双方共同遵守。

第一条　代加工内容

甲方委托乙方为其加工系列产品，加工数量、款式（或开发信息）、标准、质量要求由甲方提供，价格由双方协商确定，另在订单上详述。

第二条　甲方责任

1. 按计划分季度委托乙方为其加工_____产品。

2. 向乙方提供甲方生产授权委托手续、商标注册证、授权书以及对商业秘密的专有合法证明等相关法律文件。

3. 向乙方提供加工品款式（或开发信息）、数量、技术要求、交货时间等。

4. 负责向乙方提供甲方商标各种组合、内外包装及其他有商标的包装和印刷品等与乙方加工品有关的内容。

5. 甲方有权对乙方的生产标准、产品质量进行检查监督，并提出意见和建议，以确认的样品验收货品。

6. 甲方按照甲乙双方确定的样板和标准进行验收货品。

7. 甲乙双方严守商业秘密。

• 本合同所签订的上述加工品的商标及图案文字为甲方所有，乙方不得为他人生产或提供。

• 甲方不得将交乙方设计生产的样版提供给其他生产商。

第三条　乙方责任

1. 严格按照甲方的委托内容及要求从事代加工活动。

2. 以甲方确定的款式、数量、质量及生产期限等标准打版进行生产，生产标准符合_____质量要求，不得以任何形式和理由超过订单数量和品种。

3. 负责原材料的采购、验收、供应，并按照甲方确定的原材料质量要求进行。

4. 严格管理甲方提供的商标、包装及印刷品，因乙方管理不善，造成甲方商标、饰品及包装等丢失，应承担相应法律责任。

5. 不得将甲方提供的款式用于其他商标生产。

6. 严守甲方的商业秘密。

7. 对生产的产品实行三包，三包标准按国家有关规定执行。

第四条　付款方式及交货地点

甲方确定委托加工款式、数量、标准后，与乙方签订委托加工通知单，并于签订之日起一星期内向乙方支付总货款的_____作为预付款，乙方提供的货品经甲方验收进仓后财务核实即付款，交货地点为甲方库房。

第五条　验收标准

双方在下订单之前确定生产品种样品，甲乙双方以此及在生产过程中质量主管之监督要求（以书面内容要求为准）作为验收标准。甲方在乙方送货到指定地点之日起3日内必须对产品进行验收。

第六条　违约责任

1. 因乙方未按甲方要求的时间交货，乙方应每天承担此批货总价_____%的违约金；如甲方没按合同要求提货，乙方有权扣除甲方定金。

2. 如乙方擅自生产或销售甲方产品及包装、印刷品等，一经查证，无论数量多少，乙方应付甲方人民币_____万元违约金，并追究乙方法律责任。

3. 凡违反本合同之其他各项条款的，责任方应承担此批货价值_____%的违约金。

4. 甲乙双方如有一方违约，除追究违约责任外，另一方有权终止本合同。因甲方提供的商标及授权手续不完备或虚假产生的法律责任由甲方承担，甲方赔偿因此给乙方带来的经济损失。

第七条　合同有效期限

本委托加工合同期限为_____个月，自_____年_____月_____日至_____年_____月_____日止，生产期限以甲方计划通知单确定为准。

第八条　合同如遇争议，甲乙双方可协商解决，达不成协议的可向广州仲裁委员会申请仲裁。

第九条　本合同正本一式二份，经双方代表签字盖章后生效。

第十条　其他未尽事宜另行订立。

甲方：_____　　　　　　乙方：_____

代表人：_____　　　　　　代表人：_____

日期：_____　　　　　　日期：_____

图6-23　加工委托协议

服装来料加工合同

甲方： 乙方：			合同日期：　年　月　日　合同号： 签约地点：		
订单号	品名	款号	数量	加工单价/元/件	总金额/元
总金额（大写）：					
品质要求：乙方必须严格遵照我方的制单要求生产大货。 查货标准：甲方按生产前样和制作单验乙方货品加工质量。			付款方式：交货后甲方3天内一次性付款，加工费结算按实际加工数量。		
C单交货日期：年　月　日			送货地点和方式：		
注：裁片，片花甲方送（成品由乙方运输）　　以上单价包括：线　切梱条　胶针					

合同条款：
1. 甲方负责大货布开裁，乙方负责成衣生产、整烫、尾部包装、装箱和生产物料等，如果因为乙方在生产上出现货品质量问题或在规定交货时间内延误出货，甲方有权追讨乙方赔偿甲方经济损失，包括布料、物料、延迟货期导致空运的费用等。甲方必需配合乙方生产计划确认大货产前样，如甲方不能遵守乙方生产计划及确认大货前样，则乙方有权延迟甲方规定的交货限期。
2. 甲方出资购买包括大货面料、花边料、包装材料等，乙方在生产大货前无须对来料负品质责任，但乙方必须对裁片和物料严格检查，包括回来后的裁片印花质量是否合格等，如颜色有色差、数量短溢或品质与甲方提供标准不相符时，乙方要立即与甲方联系，得到甲方确认后方可生产，否则甲方有权追讨乙方赔偿甲方经济损失包括布料、物料等。
3. 乙方在生产过程中有任何技术问题和困难应与甲方商讨以便双方可协调解决，不能隐瞒生产上质量问题。
4. 本合同经双方签署后生效，并保证按协定条款执行，特殊情况要变动应经双方协商同意，但属单方违约，应由责任方承担因此造成的一切经济损失，包括因延迟货期导致空运的费用。
5. 解决合同纠纷的方式：双方协商不成，按《中华人民共和国合同法》提请合同签订处法院处理，合同一式两份，双方签字或盖章后即时生效，双方需严格执行合同条款。

甲方： 地址： 联系电话： 签约代表：	乙方： 地址： 联系电话： 签约代表：

图 6-24　服装来料加工合同

1. 来料或来件条款

确定来料或来件的时间、地点、数量、质量、规格、供货方式、支付方式等。来料加工一般应规定外商提供有关图纸资料，确定发生来料或来件短缺现象时的补足办法，确定使用我方当地原辅材料及零部件的作价方法，确定外商未能按时来料或来件所承担的责任。

2. 提供设备、技术条款

在有的来料加工业务中，为了保证加工产品的质量，根据双方的约定，由委托方在提供原料的同时，提供某些设备和技术，这些要在合同中做出明确规定。机器设备除了要写明其名称、规格、质量、牌号、出厂地点和时间、价格外，还需明确是无偿提供还是有偿提供。如果是有偿提供，要订明我国国内承揽方偿还价款的方式和期限。若提供技术，除按一般技术转让要求外，还应规定国外委托方为国内承接方培训技术人员和派遣专家的名额、培训时间、专家工作时间，以及费用负担等具体事宜。

3. 成品率和原辅料消耗定额条款

成品率是来料加工贸易业务的关键问题。保证成品率应做好 3 个方面的规定：一是规定加工贸易的成品率；二是规定原辅材料、零部件的消耗额；三是不能达到规定时受托方的责任。

耗料率又称原材料消耗定额，是指每单位成品消耗原材料的数额。残次品率是指不合格产品在全部成品中的比例。这两个指标如定得过高，则委托方必然要增加成本，减少成品的收入；如定得过低，则承接方执行起来就会遇到困难。在合同中规定这一条款时一定要做到公平合理，并且留有余地，因为它直接关系到双方的利害关系和能否顺利执行合同。一般委托方要求耗料率不得超过一定的定额，否则由承接方负担；要求残次品率不能超过一定比例，否则委托方有权拒收。另外，可要求委托方在提供原材料和零部件时，按照耗料率和残次品率的百分比增加供应数量，多出部分不计算在加工装配的成品数额中。

4. 交货条款

一般来说，在规定加工贸易供料、交货的总时间外，每一批加工贸易业务还应分别订立合同，具体规定原材料、零部件供应时间和成品交货时间，以及规定违约时的责任。

委托方为了保证成品在国际市场的销路，对成品的质量要求比较严格，因此承接方在签订合同时必须从自身的技术水平和生产能力出发，妥善规定，以免交付成品时发生困难。质量标准一经确定，承接方就要按时、按质、按量交付成品，委托方则根据合同规定的标准验收，或由双方同意的检验机构进行检验，并出具证明文件。为了保证产品质量，有时委托方也可派人到加工现场进行技术指导和生产监督。

5. 产品商标使用条款

商标和专利都属于工业产权，各国都制定了相关的保护性法律，在加工贸易中经常遇到国外委托方要求国内承接方按特定商标、外形设计和规格指标进行加工装配生产。这些方面也应引起国内承接方的重视。为避免对他人的侵权，来料加工贸易产品商标的使用，应按照《中华人民共和国商标法》及其实施细则的有关规定进行管理。在外商与中方企业签订来料加工合同时，外商必须提供经过公证的商标所有权或被许可使用的证明文件。其商标不得与我国已注册的商标相同或近似，商品的造型、包装亦不得仿冒。如对第三方构成侵权，责任全部由委托方承担，与我承接方无关，承接方因此遭受的损失应由委托方负责赔偿。

6. 运输和保险条款

来料、来件加工贸易设备和成品的运输费用，应规定由外商负担。来料、来件及所提供设备的进口由外商在国外保险。加工后的成品出口可由中方企业代为保险，但费用由外商承担。料件和成品在加工期间的保险费通过双方协调做出规定。

7. 工缴费条款

工缴费是直接涉及合同双方利害关系的核心问题。由于加工装配业务本质上是一种劳务出口，所以工缴费的核定应以国际劳务价格为依据，并要有一定的竞争力。考虑到我国当前的劳动生产率及其与国外的差距，有的加工企业以低于委托方所在国 10%左右的标准来确定自己的工缴费水平。在对外谈判协商工缴费标准时除了据理力争外，还要有长远的眼光。通过认真审定，认为该项目确有发展前途时，在开展业务的初期，工缴费可以低一点，等业务开展起来，随着技术的进步和质量的提高，再逐步提高工缴费标准。另外，还应该考虑到市场行情和货币汇率的变化等因素，当情况发生较大变化时，应适当调整工缴费水平。其他附加的费用，如代办保险、运输等的费用，应另行计算。

8. 支付条款

确定工缴费支付所使用的货币是加工贸易中保证收益的重要方面。由于国际汇率变化频繁，收取工缴费一般应避免使用软货币（即汇率呈下降趋势的货币）。支付引进设备技术费用则争取使用软货币，如果不得不使用硬货币（即汇率呈上升趋势的货币），则应在计算价格成本时，把货币升值的因素考虑进去，以避免货币折算上的损失。一个合同应使用同一种货币。来料加工业务中关于工缴费的结算方法有两种：一种是来料、来件和成品均不作价，单收工缴费，采用这种方法时，多数是由委托方在承接方交付成品后通过汇付、托收或者信用证方式向承接方支付加工费，但也有的是委托方在提供件时，先预付全部或部分加工费；第二种方法是对来料、来件和成品分别作价，两者之间的差额即为工缴费。采用第二种方式时，承接方应坚持先收后付的原则，具体做法是，承接方开立远期信用证或以远期托收的方式对来料、来件付款，委托方以即期信用证或即期托收方式支付成品价款。在规定远期付款的期限时，要注意与加工周期和成品收款所需时间相衔接，并适当留有余地，这样可以避免垫付外汇。

9. 约束性条款和仲裁条款

一般合同的约束性条款规定，在协议期内，中方受托人不承接合同客商外第三者加工同类产品。

一般合同的仲裁条款规定，如双方在执行合同中发生争执，首先采用友好协商解决，如果协商不能解决，应提交双方约定的仲裁机构仲裁。仲裁的裁决是最终结果，对合同双方有法律约束力。

10. 期限条款

合同应确定期限，如半年、一年或几年，尤其是外商提供设备、用工缴费补偿其价款的业务，更应规定期限。有的合同规定，可以延长合同的有效期，并规定了续约的具体办法。

三、物料的分类

物料包括用于生产过程的所有有形物体。除原材料之外，物料还包括燃料、设备、零部件、工具、润滑剂、办公用品等辅助材料。

物料通常又称材料，指用来维持产品制造所需的原料、零配件等。一般从以下几个方面对物料进行分类。

1．从功能上分类

1）主要物料。构成制成品的主要部分，如原料、零件等。
2）辅助物料。指配合主要材料的加工而附属制成品上的材料，如包装箱、油漆等。

2．从形态上分类

1）素材。指仍需加工的材料，又可分为材料与粗型材。
2）成型材。指已加工的材料，又可分为配件、零件、组合件。

3．从成本控制上分类

1）直接物料。指直接供产品制造的物料，其消耗与产品的产量成正比，一般会记录于物料清单（bill of materials, BOM）上。
2）间接物料。指间接帮助产品制造的物料，其消耗不一定与产品的产量成正比。上述辅助物料有时亦包括于间接物料，其他如消耗品、机器维护用的油类等也属间接物料。

4．从调度方法上分类

1）外部调度的第一次物料。指企业采购的物料与外发加工的物料。
2）内部调度的第二次物料。指规模较大的企业内部部门频多，由一个部门的物料调度至另一个部门使用。

5．从准备方法上分类

1）常备物料。根据存量控制原理，定期采购一定数量的物料作为储备，以供生产需要。
2）非常备物料。指特殊材料、不经常使用或者使用量少的物料，是根据生产计划的需要来决定是否采购的物料。

任务三　料件加工生产

【操作步骤】

1．领取料件。
2．生产过程跟踪。
3．结转与调拨。

【操作分析】

一、领取料件

来料入库后进入领料环节。领料在实际业务中，主要有两种方法。一种是生产部门主导的生产领料制，每到一个工单进行生产前，生产部门就凭领料单去仓库部门领料；另一种是发料制（图6-25），仓库根据生产计划追踪材料，并在预计生产日期开始的前几天，准备好材料。等到生产开始时，发给生产部门。可见，两者的区别主要在于主导部门的不同。

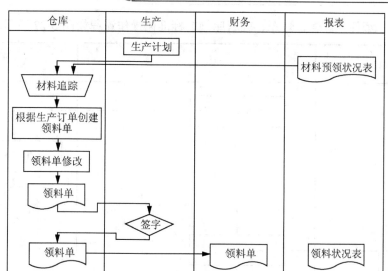

图 6-25 发料制

1）元器件领料标准化操作流程如图 6-26 所示。

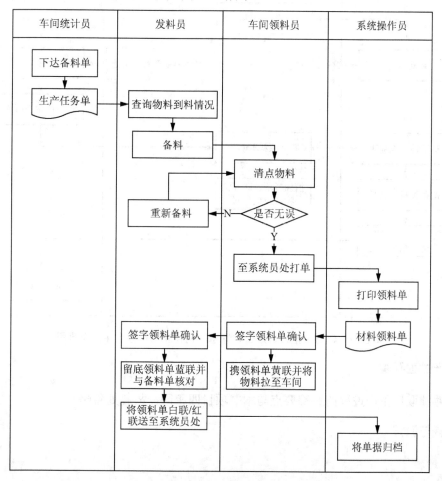

图 6-26 元器件领料标准化操作流程

2）包材、塑件、灯管、灯罩、辅料库领料标准化操作流程如图 6-27 所示。

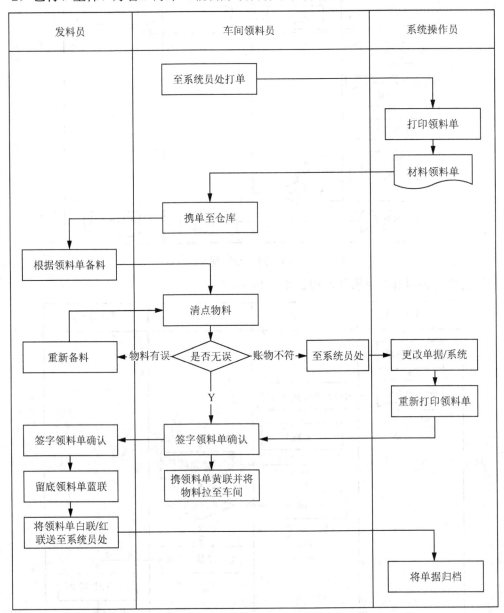

图 6-27 包材、塑件、灯管、灯罩、辅料库领料标准化操作流程

二、生产过程跟踪

料件领取后生产过程的跟踪要点与本书项目四相同，故此处省略。

三、结转与调拨

1. 结转

加工贸易企业可以向海关申请将剩余料件结转至另一个加工贸易合同项下生产出口，

但应当在同一经营单位、同一加工厂、同样的进口料件和同一加工贸易方式的情况下结转。

加工贸易企业申请办理剩余料件结转时应当向海关提供以下单证：①企业申请剩余料件结转的书面材料；②企业拟结转的剩余料件清单；③海关按规定需收取的其他单证和材料。

此外，如果本加工经营单位无法独立完成一笔订单，可以选择深加工结转。深加工结转是指加工贸易企业将保税进口料件加工的产品转至另一加工贸易企业进一步加工后复出口的经营活动。对转出企业而言，深加工结转视同出口，应办理出口报关手续，如以外汇结算的，海关可以签发收汇报关单证明联；对转入企业而言，深加工结转视同进口，应办理进口报关手续，如与转出企业以外汇结算的，海关可以签发付汇报关单证明联。

深加工结转包括同关区深加工结转（报关流程如图 6-28 所示）和跨关区深加工结转（报关流程如图 6-29 所示）。图中所示"报关资料"包括合同、发票、装箱单、报关单、委托书、核销单；"编码"前 4 位若不一致应与转入方协商解决。

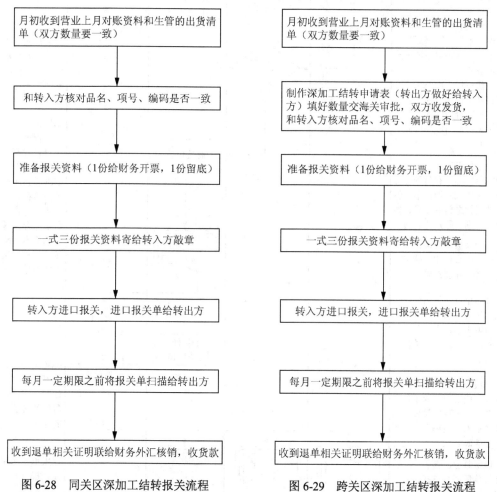

图 6-28　同关区深加工结转报关流程　　　图 6-29　跨关区深加工结转报关流程

2. 调拨

料件调拨是指同一集团公司内企业之间未经加工的保税进口料件进行调拨使用的业务。

为贯彻十六届三中全会关于引导加工贸易转型升级的精神，支持和促进高新技术大型企业集团加工贸易的发展，海关总署于 2004 年下发了《关于在大型企业集团内部企业间进行调拨加工贸易料件试点的通知》（署加发[2004]16 号），组织开展料件调拨试点业务，取得了良好的效果。

　　进口料件如需要异地加工出口的，接受料件的单位，应填写《异地进口料件申请调拨证明书》一式两份，报主管海关批准后，一份交调入地海关留存备案核销，一份退接受料件的单位转交申请调出料件的单位向调出地海关办理核销手续。具体流程如图 6-30 所示。

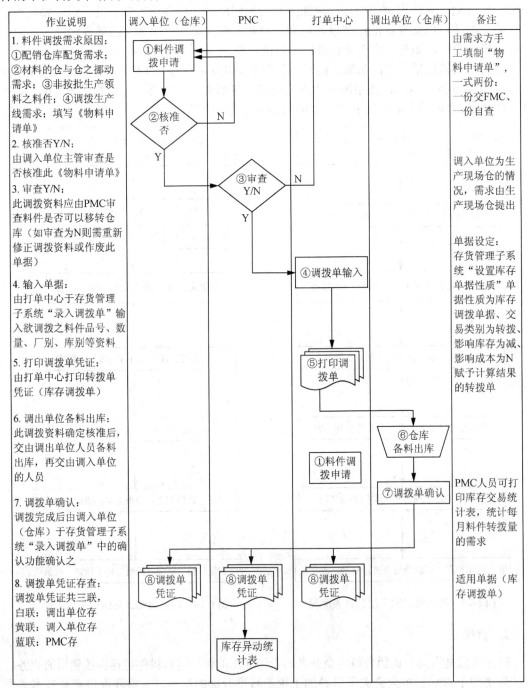

图 6-30　调拨流程

 **理论概述**

一、深加工结转的相关知识

按照海关总署要求，2008 年 9 月 1 日起企业报关进行 H2000 结转管理系统推广工作，以逐步取消纸质结转申请表。H2000 深加工结转管理系统。是海关对深加工结转申请表实行网上申报审批，以及对收发货单实行网上登记审核的电子化管理系统。使用 H2000 深加工结转管理系统的企业，通过电子口岸录入并向各自主管海关发送电子数据进行申报备案，经双方主管海关备案后，企业可以办理实际收发货及报关手续。海关通过计算机系统备案、审核，实现网上报关，进一步方便了企业网上报关业务，简化了办事手续。企业不需要来回奔波，可以降低企业运营成本，提高监管效率。

（一）一般保税货物

一般保税货物的深加工结转操作流程如下。

1）转出企业在结转申请表转出备案界面录入结转申请表转出方数据，申报成功入数据中心库。

2）数据中心入库成功，返回给转出企业结转申请表的电子口岸统一编号，转出企业将此编号通知转入企业。

3）转入企业在备案数据下载界面根据电子口岸统一编号下载转出企业申报的结转申请表。

4）转入企业在结转申请表界面根据电子口岸统一编号调出转出企业申请的申请表数据，录入结转申请表转入方数据后向海关申报。

5）数据向海关发送，海关审批通过后，深加工结转申请表建立，结转双方企业可进行收发货操作。

6）转出企业进行发货备案，录入发货单并向海关申报。

7）当转出企业发货备案审批通过后，如果需对此发货备案进行撤销操作，则转到"8"；如果不需对此发货备案进行撤销操作，则通知转入企业收发货单编号，转到"9"。

8）录入发货备案撤销原因，并发送撤销申请，海关审批通过后，撤销成功。

9）转入企业在接到转出企业通知的收发货单编号后，可进行收货备案操作，录入收货备案并向海关申报，海关审批通过后，收发货备案完成。

10）转入企业如需进行退货备案，则录入退货单并向海关申报。

11）当转入企业退货备案审批通过后，如果需对此退货备案进行撤销操作，则转到"12"；如果不需对此退货备案进行撤销操作，则通知转出企业退货单编号，转到"13"。

12）录入退货备案撤销原因，并发送撤销申请，海关审批通过后，撤销成功。

13）转出企业在接到转入企业通知的退货单编号后，可进行收退货备案操作，录入收退货备案并向海关申报，海关审批通过后，退货备案完成。

14）转出、转入企业申报报关单，报关单放行后，收发货操作完成。

（二）出口加工区货物

对于出口加工区货物深加工结转，区内企业只能作为转出方，区外企业作为转入方，其操作流程如下。

1）转出企业在结转申请表转出备案界面录入结转申请表转出方数据，申报成功入数据中心库。

2）数据中心入库成功，返回给转出企业结转申请表的电子口岸统一编号，转出企业将此编号通知转入企业。

3）转入企业在备案数据下载界面根据电子口岸统一编号下载转出企业申报的结转申请表。

4）转入企业在结转申请表界面根据电子口岸统一编号调出转出企业申请的申请表数据，并录入结转申请表转入方数据后向海关申报。

5）数据向海关发送，海关审批通过后，深加工结转申请表建立，结转企业可进行收发货操作。

6）转出企业进行发货备案，录入发货单并向海关申报。

7）当转出企业发货备案审批通过后，如果需对此发货备案进行撤销操作，则转到"8"；如果不需对此发货备案进行撤销操作，在卡口放行后则通知转入企业收发货单编号，转到"9"。

8）发货备案在出口加工区的卡口放行前和卡口放行后，均可对发货备案进行撤销操作，转出企业录入发货备案撤销原因，并发送撤销申请，海关审批通过后，撤销成功。

9）转入企业在接到转出企业通知的收发货单编号后，可进行收货备案操作，录入收货备案并向海关申报，海关审批通过后，收发货备案完成。

10）转入企业如需进行退货备案，则录入退货单并向海关申报。

11）当转入企业退货备案审批通过后，如果需对此退货备案进行撤销操作，则转到"12"；如果不需对此退货备案进行撤销操作，则通知转出企业退货单编号，转到"13"。

12）录入退货备案撤销原因，并发送撤销申请，海关审批通过后，撤销成功。

13）转出企业在接到转入企业通知的退货单编号后，可进行收退货备案操作，录入收退货备案并向海关申报，海关审批通过，当出口加工区卡口放行后，退货备案完成。

14）转出、转入企业申报报关单，报关单放行后，收发货操作完成。

二、加工生产中的单耗

单耗是指加工贸易企业在正常生产条件下加工生产单位出口成品（包括深加工结转的成品和半成品）所耗用的进口保税料件的数量。单耗包括净耗和工艺损耗。

净耗是指加工生产中物化在单位出口成品（包括深加工结转的成品和半成品）中的加工贸易进口保税料件的数量。

工艺损耗是指因加工生产工艺要求，在生产过程中除净耗外所必需耗用，且不能完全物化在成品（包括深加工结转的成品和半成品）中的加工贸易进口保税料件的数量。

$$单耗＝净耗＋损耗$$
$$1－损耗率＝用料率$$
$$净耗＝码数/件数（特指服装产品）$$

任务四　出口成品成本核算

【操作步骤】

1. 出口价格核算。

2．办理成品出口手续。

3．收汇核销。

【操作分析】

一、出口成品价格核算

对于来料加工贸易而言，海关对进口料件全额免税，货物出口免征增值税和消费税，加工企业加工费免征增值税和消费税，出口货物耗用国内材料支付进项税金不得抵扣，应计入成本。

加工贸易税收制度具有较强的政策性，并且其税收管理涉及税务与海关等多个部门，从而导致加工贸易税收制度又具有一定的复杂性，因此，需要单独对加工贸易出口退税进行详细核算。

1．国内费用核算

国内费用是国内运费、包装费、仓储费、商检费、报关费、打单费、银行费用、银行贷款利息与经营管理费等的相加，一般可用经营管理费率直接核算。

$$上年经营管理费率＝上年经营管理费÷FOB 售价$$

$$经营管理费＝FOB 售价×上年经营管理费率$$

$$FOB 售价＝经营管理费＋（进口材料成本＋国内材料成本＋税收成本＋工资费用）$$
$$÷出口货物数量＋净利润＋所得税＋佣金$$

$$FOB 售价＝[（进口材料成本＋国内材料成本＋税收成本＋工资费用）÷（出口货物数量$$
$$＋净利润＋所得税＋佣金）]÷（1－上年经营管理费率）$$

2．出口征税

加工贸易项下出口应税商品，如为全部使用进口料件加工的产品，不征收出口关税；如为部分使用进口料件加工的产品，则按海关核定的比例征收出口关税。

$$出口关税＝出口货物 FOB 价格÷（1＋出口关税率）×出口关税率$$
$$×出口成品中使用的国产料件占全部料件的价值比例$$

3．佣金核算

如果进口料件或成品出口都通过了外贸代理，则应向其支付佣金。佣金的计算公式如下：

$$净价＝含佣价－佣金$$

$$佣金＝含佣价×佣金率$$

$$含佣价＝净价÷（1－佣金率）$$

4．银行利息核算

如若加工方采用赚取差额的方式与委托方开展加工贸易，则有可能因为资金周转问题而向银行贷款，此时，需计算银行利息，具体如下：

$$利息＝采购成本×贷款年利率×贷款天数÷360$$

或

$$利息＝采购成本×贷款年利率×贷款月数÷12$$

这里，天数是指企业从银行贷得此项款项日至企业在银行交单结汇日的相隔日期。

5. 税收成本计算

如前所述，来料加工方式下，海关对企业进口的原材料或零部件等予以保税，加工产品出口时海关对出口货物及企业收取的工缴费收入免征出口环节的关税、增值税等。但出口货物所耗用国内辅件所支付的进项税额不得抵扣或不予退税，收取的工缴费也不能计算进项税额实行抵扣。因此，采用来料加工复出口方式，税收成本等于进口关税与国内辅件进项税额之和。

税收成本＝关税＋国内辅件进项税额

进口关税＝进口材料 CIF 价×进口关税税率×（1－进口关税减免率）

国内辅件进项税＝国内材料成本×增值税税率

根据《出口货物退（免）税管理办法》的规定，出口企业以来料加工贸易方式免税进口原材料、零部件后，凭海关核签的《来料加工进口货物报关单》和《来料加工登记手册》向主管其出口退税的税务机关办理《来料加工免税证明》，持此证明向主管其征税的税务机关申报办理免征其加工或委托加工货物及其工缴费的增值税、消费税。货物出口后，出口企业应凭《来料加工出口报关单》和海关已核销的《来料加工登记手册》、收汇凭证向主管出口退税的税务机关办理核销手续，对逾期未核销的，主管出口退税的税务机关将会同海关和主管征税的税务机关及时予以补税和处罚。

从以上规定可以得知，承接来料加工业务的出口企业在料件进口后，可凭海关核签的《来料加工进口报关单》和《来料加工登记手册》向主管其出口退税的税务机关办理《来料加工免税证明》，而无须等来料加工手册核销后再办理该证明。

来料加工企业办理免税证明须报送的资料如下：①加工贸易业务合同批准证；②对外加工装配合同；③进口料件申请备案清单；④出口成品申请备案清单；⑤出口制成品及对应进口料件消耗备案清单；⑥合同基本情况（含封面）；⑦税务登记副本复印件；⑧申请免税报告；⑨上一批货物的合同销案申请表。

二、办理成品出口手续

来料加工生产后成品出口手续的办理除了最后一个环节（海关核销）外，其他均与一般贸易相同（一般贸易项下出口手续办理的具体流程参见《进出口贸易实务》，李浩妍主编，科学出版社）。

此外，按照我国《海关关于对外加工装配业务的管理规定》第 6 条：加工装配合同必须在合同到期或最后一批加工成品出口后的一个月内，凭当地税务部门在海关登记手册内签章的核销表，连同有关进出口货物报关单，以及有关单证向主管海关办理核销手续。核销时应递交下列单证：①对外加工装配进出口货物登记手册；②经海关签章的进出口货物报关单；③对外加工装配补偿贸易合同核销申请（结案表）；④对损耗率较高的产品，应提供详细的加工生产用料清单和加工工艺说明；⑤海关需要的其他有关材料。

三、收汇核销与退税

1. 收汇核销

来料加工的出口单位按出口货物成交总价报关，按工缴费办理收汇核销。办理收汇核销前，应通过外汇管理局（以下简称外汇局）的系统网站完成出口交单。出口单位即期收汇的，应该于出口报关日起 180 天内收汇，收汇之日起 10 天内核销；远期收汇的，应按合同规定的日期收汇，收到外汇之日起10天内核销。

核销时需提供出口收汇核销单、出口货物报关单、银行收汇核销专用联。同一合同项下的出口首次进行收汇核销报告时，还应当提供经商务主管部门核准的加工合同，合同发生变更或终止执行时，还应当提供有关的证明材料。

2. 退税

来料加工、来件装配如何与正常生产经营业务划分，征税税务机关在执行中存在一定困难，为了解决这一问题，现行出口退税管理办法明确规定出口企业以来料加工、来件装配贸易方式免税进口的原材料、零部件、元器件，凭海关核签的《来料加工进口货物报关单》和《来料加工登记手册》向主管出口退税税务机关办理《来料加工贸易免税证明》，持此证明向主管征税税务机关申报办理免征其加工或委托加工货物工缴费的增值税、消费税。

出口企业在来料加工、来件装配的货物全部复出口后，必须及时凭《来料加工出口货物报关单》和海关已核销的《来料加工登记手册》、收汇凭证向主管出口退税税务机关办理核销手续，逾期未核销的，主管出口退税税务机关将会同海关和主管征税税务机关对其实行补税和处罚。

 理论概述

一、来料加工电子报关手续的办理

一般企业在通关备案或通关备案分册海关审批通过后，即可进入中国电子口岸报关申报子系统进行报关操作。联网监管企业首先要向电子口岸数据中心进行大清单申报，由数据中心对大清单进行归并与拆分，形成报关单及与之一一对应的小清单，并向企业发出清单回执信息（包括报关单统一编号），企业再通过查询功能查出拆分后的报关单补充信息，才能进入报关申报子系统进行报关操作。

一般用户在纸质手册电子化子系统的界面上方单击"功能选择"，弹出一个下拉菜单，再单击"返回主选单"，即进入主选单界面（图6-31）。

单击"报关申报"按钮，即进入报关申报子系统窗口（图6-32）。

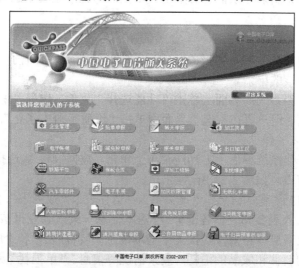

图6-31　中国电子口岸通关系统主选菜单页面

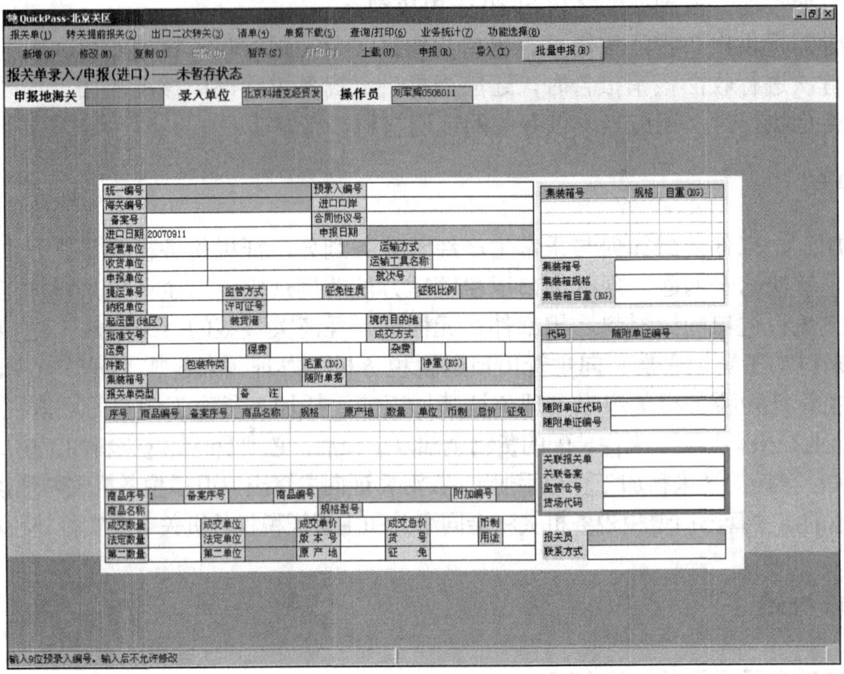

图 6-32　报关申报子系统窗口

1. 电子报关单填写

在纸质手册电子化系统中，企业通关手册备案海关审批通过后，需要进行通关业务时，可在此系统中填写报关单，向海关申报。

用户在系统界面上方的功能菜单上，单击"报关单"，则进入报关单菜单。再根据进出口业务类型选择"进口报关单"或"出口报关单"，则进入报关单页面。

用户在备案号项中填写海关审批通过的通关备案中的电子手册编号，系统将自动调出相关信息。用户录入完剩余各项信息后单击"申报"即完成报关单的申报。

2. 数据报核

企业加工贸易合同项下的货物报关完成后，应回到纸质手册电子化子系统，在数据报核界面下进行合同报核的申请。

用户在报关申报子系统的界面上单击"功能选择"菜单，选择"返回主选单项"，系统将返回至主选单界面。用户再在主选单界面中单击"纸质手册电子化"，即进入纸质手册电子化子系统。

在纸质手册电子化系统界面上方功能菜单上单击"数据报核"，选择"数据报核"选项，即可进入数据报核窗口，如图 6-33 所示。

数据报核界面包括"基本信息"、"报关单"、"料件表"、"成品表"、"单损耗"5 个部分。

操作员需依次录入表头和表体各部分。"基本信息"录入企业报核的基本信息。"报关单"部分录入企业该手册中需报核的报关单基本信息。"料件表"和"成品表"部分录入企业该手册下需报核的料件和成品的消耗、剩余情况等信息。"单损耗"录入企业报核时需修改的单损耗数据（带有修改标志的数据），不需修改的单损耗数据无须录入。

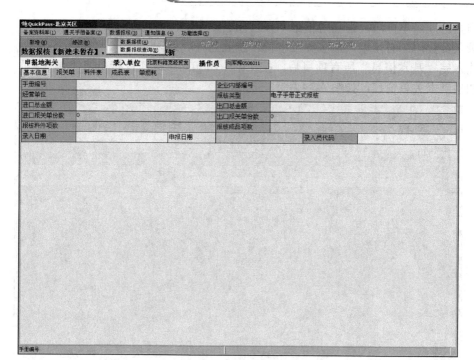

图 6-33　数据报核窗口

"基本信息"各项中："企业内部编号"和"经营单位"在输入"电子手册编号"后由系统自动调出。"报核类型"默认为"电子手册正式报核"，也可按空格键进行选择。"进口报关单份数"、"出口报关单份数"、"报核料件项数"、"报核成品项数"在填写完"报关单"、"料件表"、"成品表"后由系统自动返填。"录入日期"由系统自动填写，"申报日期"在申报时由系统自动生成。

"基本信息"各字段的填写规范如下。

申报地海关：4 位数字，根据《关区代码表》填写。按空格键即可调出相应代码，选中代码即显示相关内容。

录入单位：不可填。系统根据 IC 卡或 IKEY 自动生成。

操作员：不可填。系统根据 IC 卡或 IKEY 自动生成。

手册编号：必填项。12 位字符。该编号为通关手册备案中的"电子手册编号"。

企业内部编号：不可填。输入电子手册编号后由系统自动调出。该"企业内部编号"与通关备案中的"企业内部编号"一致。

经营单位：不可填。输入电子手册编号后由系统自动调出。

报核类型：必填项。系统自动生成。

进口总金额和出口总金额：必填项。最多 18 位，13 位整数，5 位小数。

进口报关单份数和出口报关单份数：不可填。由系统根据"报关单"表中进口报关单项数自动返填。

报核料件项数和报核成品项数：不可填。由系统根据"料件表"表中的报核料件项数自动返填。

录入日期：必填项。由系统根据录入日期自动生成。

申报日期：不可填。由系统根据申报日期自动生成。

录入员代码：必填项。最多 4 位字符，企业自行编录。

输入完"基本信息"所有项目后，按"Ctrl＋PgDn"键或直接单击"报关单"选项卡均可切换到报关单窗口，如图 6-34 所示。

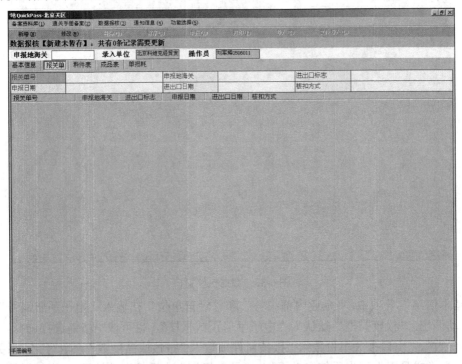

图 6-34　数据报核报关单窗口

"报关单"部分中："申报地海关"、"进出口标志"、"核扣方式"敲空格键即可调出相应代码，选中代码即可显示相关内容。"进出口标志"也可在输入"报关单号"后由系统自动调出。用户可手工录入需报核的报关单信息，也可单击工具栏上的"导入"，系统可自动提取该手册需报核的报关单数据，并填写进报关单表体中。用户也可在报关单表体中右击列表中的报关单，选择"删除一条记录"将此份报关单数据删除。

输入完"报关单"内所有项目后，按"Ctrl＋PgDn"键或直接单击"料件表"选项卡均可进入料件表窗口，如图 6-35 所示。

在"料件表"中输入"料件序号"后，即可调出"商品编码"、"附加编号"、"商品名称"、"计量单位"等项目。

进口料件各字段的填写规范如下。

料件序号：必填项。最多 9 位数字。该序号即为通关备案料件表中料件序号。

商品编码、附加编号、商品名称、计量单位：不可填。输入料件序号后，由系统从通关备案料件表中调出。

进口总数量、深加工结转进口数量、产品总耗用量、内销数量、复出数量、料件放弃数量、料件剩余数量、边角料数量、余料结转数量：必填项。最多 18 位数字，整数 13 位，小数 5 位。

输入完"料件表"部分所有项目后，按"Ctrl＋PgDn"键或直接单击"成品表"选项卡均可进入"成品表"窗口，如图 6-36 所示。

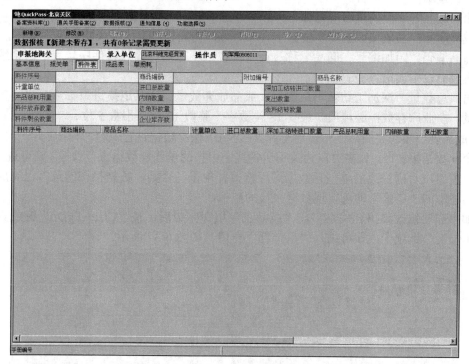

图 6-35　料件表窗口

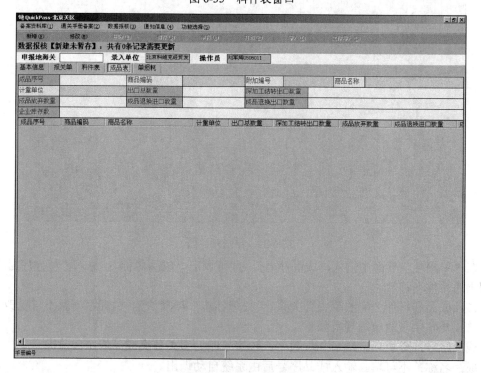

图 6-36　成品表窗口

在"成品表"中输入"成品序号"后，即可调出"商品编码"、"附加编号"、"商品名称"、"计量单位"等项目。

出口成品各字段的填写规范如下：

成品序号：必填项。最多 9 位数字。该序号即为通关备案成品表中成品序号。

商品编码、附加编号、商品名称、计量单位：不可填。输入料件序号后，由系统从通关备案成品表中调出。

出口总数量、深加工结转出口数量、成品放弃数量、成品退换进口数量、成品退换出口数量、企业库存数：必填项。最多 18 位数字，整数 13 位，小数 5 位。

"成品表"填写完成后，单击"暂存"，可将未保存数据进行保存。

企业数据报核时，如需对在通关手册备案中申报的单损耗数据进行修改，则可进入"单损耗"窗口，对需修改的单损耗数据进行修改并申报。否则，数据报核的录入已完成。单击工具栏中的"申报"即可实现数据报核的申报。

如果需要修改单损耗关系，在"成品表"填写完成后，按"Ctrl＋PgDn"键或直接单击"单损耗"选项卡，即可进入"单损耗"窗口，如图 6-37 所示。

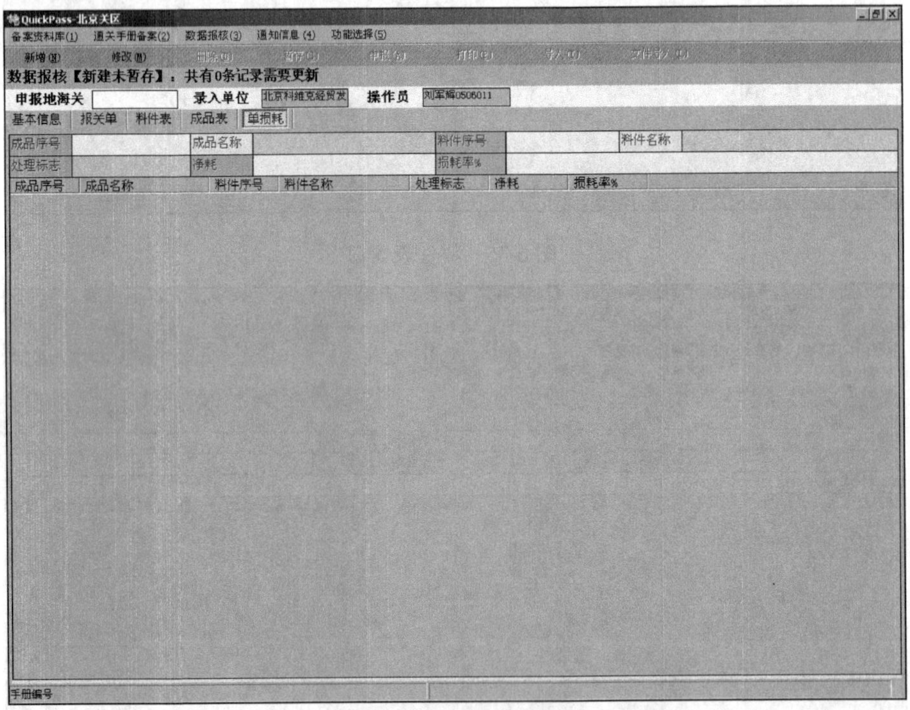

图 6-37 单损耗界面

在"单损耗"界面中输入"成品序号"，即可调出"成品名称"；输入"料件序号"，即可调出"料件名称"。

该项成品和料件之间的单损耗关系。"处理标志"项默认为"修改"，且不可更改。

单损耗各字段的填写规范如下。

成品序号：必填项。最多 9 位数字，该序号即为通关备案成品表中成品序号。

成品名称：不可填。输入成品序号后由系统自动调出。

料件序号：必填项。最多 9 位数字。该序号即为通关备案料件表中料件序号。

料件名称：不可填。输入料件序号后，由系统自动调出。

处理标志：可填。系统默认为"修改"。

净耗：必填项。最多 18 位数字，整数 9 位，小数 9 位。

损耗率：必填项。损耗率的计算结果是百分数，填写时只填百分号前的数值而不填百分号。例如，计算结果损耗率是 10%，则只填 10。

"单损耗"填写完成后，单击"暂存"，可将未保存数据保存。

用户若想对暂存后未申报的数据进行修改，在没有退出原窗口时可直接修改，修改后再单击"暂存"即可。若已退出原来的窗口，则需用工具栏中的"修改"来实现。

数据报核所有项目录入完毕后单击"申报"，即实现数据报核的申报，数据报核全部流程完成。

数据报核录入及申报完成后，用户可通过单击菜单栏中"数据报核"选项，在弹出的下拉菜单中选择"数据报核查询"查询到该报核的申报状态、明细数据和回执内容。

手册结案后，用户可单击"数据报核查询"窗口中的"结案通知书"按钮查看结案通知书的内容，如图 6-38 所示。

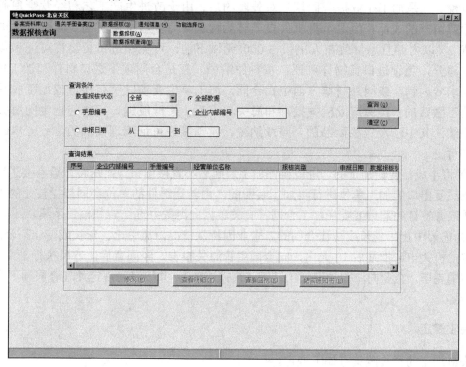

图 6-38 数据报核查询窗口

二、海关核销相关知识

海关为简化手续，提高工作效率，体现促进与服务生产的方针，根据不同的企业和商品分别采取信任核销、一般核销和重点核销等方法进行核销。

1）信任核销。是指海关对守法经营、单证齐全、合同执行情况正常、没有违反海关临管规定的企业，可允许由经海关培训认可的企业和自管小组自行核销。核销后的合同、登记手册和单证等应及时送交海关存档。海关除对核销结果保留抽查权外，一般不再核对。

2）一般核销又称单证核销。是指海关对进口料件和出口成品不涉及国家许可管理，保税金额不大，有准确的耗料定额，没有走私违规嫌疑的，可采取一般核销。该方法通常无须下厂核查有关实物和仓储、账册等，海关只对有关单证、账册进行证面核对，企业只需提供有关资料、样板等，配合海关完成核销工作。

3）重点核销。是一种单证核对与下厂核查相结合的一种方式。主要适用于信誉不好、有走私违规嫌疑的企业，或海关在某段时间内需要作为重点监管的商品。此方式要求企业向海关提供详细的进口料件、存储、保管、提取使用和出口成品的存储、出口销售账册，以及相关的商业来往函电、加工工艺流程图等，并为海关下厂核查实物、仓储、账册等提供方便。

核销中遇有下列情况，应主动向海关办理有关手续。

1）需要办理征、减、免税手续的。一是加工完毕后，剩余的的边角料件，可免领进口货物许可证，由海关按其实际使用价值估价征税或酌情减免税，企业按海关规定纳税或免税。二是加工企业按合同规定对外履约后，由于改进生产工艺和经营管理而剩余的料件或增产的成品，经原审批机关批准转为内销，海关核准属实的，其价值在进口料件总值 2%以内并且总价值在人民币 3 000 元以下的，可免领进口货物许可证和免税，其超过部分，免领进口货物许可证，按料件纳税。三是合同项下进口料件和加工成品，因故要求转内销，或因外商单方面中止合同，加工单位要求以所存料件或加工成品内销以抵偿工缴费的，经原审批机关批准和海关核准后，按一般进口货物的规定向海关办理进口手续，其中涉及应税商品的，照章纳税，属国家许可证管理商品的，还应申领进口货物许可证。

2）将半成品转让加工的。进口料件加工装配后不直接出口，而是转让给承接进口料件加工成品复出口的加工单位进行再加工装配的，由转让料件的单位会同接受转让的加工单位持凭双方签订的购销或委托加工合同等有关单据向海关办理结转和核销手续。

3）需要中止、延长或转让合同的。企业因特殊情况，需中止、延长或转让某合同时，应向审批机关申请批准后 10 天内，向合同主管海关报告，经同意后，方可执行。

核销完毕，企业向海关领取加工装配《核销清表》，并按海关规定处理合同项下进口的机器设备。

三、税收规定

来料加工的税收政策有如下规定。

1）对出口企业进口的原材料、零部件、元器件、设备，海关予以免征进口环节的增值税或消费税。

2）从事来料加工、来件装配业务的企业，凭《来料加工贸易免税证明》可以享受以下税收优惠政策：①来料加工、来件装配后的出口货物免征增值税、消费税；②加工企业取得的工缴费收入免征增值税、消费税；③出口货物所耗用的国内货物所支付的进项税额不得抵扣，转入生产成本，其国内配套的原材料的已征税款也不予退税；④小规模纳税人委托其他加工企业从事来料加工业务的，可按照现行有关规定向税务机关申请开具《来料加工免税证明》，加工企业可凭《来料加工免税证明》办理加工费的免税手续。

自我评价

完成情况及得分 评价项目	很好（5）	良好（4）	一般（3）	较差（2）	很差（1）	分项得分
掌握来料加工申请的工作流程						
了解保证金台账制度						
能签订加工贸易合同						
能跟进料件进口						
了解来料检验的程序						
会计算工缴费						
能计算出口成品价格						
掌握出口成品与来料进口报关流程						
了解收汇核销相关规定						

课后训练

请根据本项目所学内容设计来料加工跟单业务完整而具体的工作流程。

项目七　进料加工业务跟单

 **项目导入**

2010 年 11 月 10 日，宁波诚通进出口贸易公司与美国 CC 公司签订了合同号为 2010CI088 的全棉女裙出口合同，并且于同月 18 日与日本 SUPER 公司签订了合同号为 2010CM089 的印花全棉细布的料件采购合同。具体内容如图 7-1 和图 7-2 所示。

进料加工出口合同 **EXPORT CONTRACT**			
合同号（No.）：2010CI088	日　　期（Date）：2010-11-10		
甲方：宁波诚通进出口贸易公司 Part A: Ningbo Chengtong IMP. & EXP. CO., LTD. NO 9 XUE FU STREET, YINZHOU STRICT, NINGBO,CHINA			
乙方：　美国 CC 公司 Part B: CC America, Corp.			
经甲乙双方确认，根据下列条款订立本合同。 This contract is made by and between Part A and Part B according to the terms and conditions stipulated as below.			
一、甲方向乙方提供商品如下表： 1．Part A will supply the following commodity to Part B:			
品名及规格 COMMODITY & SPECIFICATION	数量 Quantity	单价 Unit Price（USD）	金额（USD）Amount（USD）
SLK-0088 100% COTTON LADY SKIRT （装运数量允许有 2% 的增减） （Shipment quantity 2% more or less allowed）	FOB Shanghai 25 000PCS	$6.80	$170 000.00
总值（Total）			$170 000.00
装运期限 TIME OF SHIPMENT：NOT Later than　JUN. 28th. 2011			
装运港 PORT OF SHIPMENT：SHANGHAI		目的港 DESTINATION：NEW YORK	
付款方式 PAYMENT：D/P AT SIGHT		保险 INSURANCE：To be effected by The buyers	
一般条款 CENERALTERMS： 1．质地、重量、尺寸、花型、数量均允许合理差异，对合理范围内差异提出索赔，概不受理。 Reasonable tolerance in quality weight, measurements, designs and colors is allowed, or which no claims will be entertained. ……			
宁波诚通进出口贸易公司 NINGBO CHENGTONG IMP. & EXP. CO., LTD. 　　*颜 容*		CC AMERICA CORP. 　　TOM	

图 7-1　进料加工出口合同

<table>
<tr><td colspan="4" align="center">料件采购合同
IMPORT CONTRACT</td></tr>
<tr><td colspan="2">合同号（NO.）：2010CM089</td><td colspan="2">日　　期（Date）：2010-11-18</td></tr>
<tr><td colspan="4">甲方：宁波诚通进出口贸易公司
Part A: Ningbo Chengtong IMP. & EXP. CO., LTD.
NO 9 XUE FU STREET, YINZHOU STRICT, NINGBO,CHINA</td></tr>
<tr><td colspan="4">乙方：日本 SUPER 公司
Part B: SUPER JAPAN, Corp.</td></tr>
<tr><td colspan="4">经甲乙双方确认，根据下列条款订立本合同。
This contract is made by and between Part A and Part B according to the terms and conditions stipulated as below.</td></tr>
<tr><td colspan="4">一、乙方向甲方提供商品如下表：
1. Part B will supply the following commodity to Part A:</td></tr>
<tr><td align="center">品名及规格
COMMODITY & SPECIFICATION</td><td align="center">数量 Quantity</td><td align="center">单价 Unit Price
（USD）</td><td align="center">金额（USD）Amount（USD）</td></tr>
<tr><td rowspan="2">FJ-23-6943 100% COTTON LAWN
PRINTED 60×60（纱织）/90×88（经纬度）
　　　　WIDTH:150CM
　（装运数量允许有 2%的增减）
（Shipment quantity 2% more or less allowed）</td><td colspan="3" align="center">CIF Shanghai</td></tr>
<tr><td align="center">35 000M</td><td align="center">$2.10</td><td align="center">$73 500.00</td></tr>
<tr><td align="center">总值（Total）</td><td colspan="3" align="center">$73 500.00</td></tr>
<tr><td colspan="4">装运期限
TIME OF SHIPMENT：NOT Later than　JAN. 8th. 2011</td></tr>
<tr><td colspan="2">装运港
PORT OF SHIPMENT:KOBE（神户）</td><td colspan="2">目的港
DESTINATION: SHANGHAI</td></tr>
<tr><td colspan="2">付款方式
PAYMENT：BY T/T</td><td colspan="2">保险
INSURANCE：To be effected by The SELLER at 110% of invoice value covering all risks and war Risk as per China Insurance Clauses（CIC）.</td></tr>
<tr><td colspan="4">一般条款
CENERALTERMS：
1. 质地、重量、尺寸、花型、数量均允许合理差异，对合理范围内差异提出索赔，概不受理。
Reasonable tolerance in quality weight, measurements, designs and colors is allowed, or which no claims will be entertained.
……</td></tr>
<tr><td colspan="2">宁波诚通进出口贸易公司
NINGBO CHENGTONG IMP. & EXP. CO., LTD.
　　　　颜 容</td><td colspan="2">SUPER JAPAN CORP.
真水一郎</td></tr>
</table>

图 7-2　料件采购合同

　　Ruby 被该公司的外贸部经理颜容指派负责这个项目的跟单任务，为了完成这个项目，Ruby 应该掌握相关的知识并具备相应的操作能力。

 知识目标

　　1. 熟悉进料加工业务审批、备案、申领《加工贸易手册》等的工作流程。

2．掌握进料加工业务的相关政策法规。

3．掌握单耗管理的相关知识。

4．掌握办理货物运输、保险、对外付汇、进口报检、报关等相关业务知识。

5．熟悉验厂的内容。

6．掌握产品生产进度监管和生产质量监管的步骤和方法。

7．熟悉加工成品出口托运操作流程，了解加工成品出口报关报检操作流程。

8．熟悉加工贸易手册核销业务流程。

 能力目标

1．能准确填制《加工贸易企业经营状况及生产能力证明》。

2．能根据相关政策申办《加工贸易业务批准申请表》。

3．能办理进料加工贸易合同的备案。

4．能申领《加工贸易手册》。

5．能进行进料加工单耗申报操作。

6．能进行对外付款、接货操作并制作相关单据。

7．能进行进口料件报检、报关操作。

8．能进行仓库管理。

9．能填写验厂报告（提供给进口商）。

10．会制作生产通知单和作业日程安排表。

11．能办理加工产品出运委托代理业务，能办理货物报关、报检手续。

12．能正确填写《加工贸易手册＜核销申请表＞》，办理手册核销手续。

 素质目标

1．培养良好的服务意识及团队合作精神。

2．培养灵活多变的工作思维。

3．培养认真细致、考虑周全的职业素质。

 任务分解

任务一　办理进料加工业务审批

任务二　原材料付款及接收

任务三　料件加工生产

任务四　加工成品出口

任务一　办理进料加工业务审批

【操作步骤】

1．Ruby去外经委办理《加工贸易企业经营状况及生产能力证明》。

2. Ruby 到外经委指定的中国国际电子商务中心购买电子钥匙（即 CA 证书等）。

3. Ruby 去外经委办理《加工贸易业务批准证》。

4. Ruby 到国税局与海关进行进料加工贸易合同的备案操作并领取《加工贸易手册》。

【操作分析】

一、《加工贸易企业经营状况及生产能力证明》的办理

自《关于开展全国加工贸易企业经营状况和生产能力核查的通知》（商贸字〔2003〕69号）文件出台后，《加工贸易企业经营状况及生产能力证明》就成为加工贸易企业必须申报的表格。该证明共有 3 种类型的表格，其中，表一为《加工贸易经营状况》，由进出口经营企业填写；表二为《加工贸易经营状况及生产能力证明》，由有进出口经营权的生产型企业填写；表三为《加工贸易生产力证明》，由无进出口经营权的加工企业填写。该证明有效期为一年。从事异地加工贸易的加工贸易企业，其经营状况和生产能力核查实行属地管理；经营企业填报的《加工贸易经营状况》由经营企业所在商务主管部门审核；加工企业填报的《加工贸易生产能力证明》由加工企业所在地商务主管部门负责审核。

《加工贸易企业经营状况及生产能力证明》实行网上申报，加工贸易企业需通过中国国际电子商务中心网页填报有关数据。跟单员 Ruby 登录中国国际电子商务中心网页填报有关数据。登录后，找到如图 7-3 所示的页面。

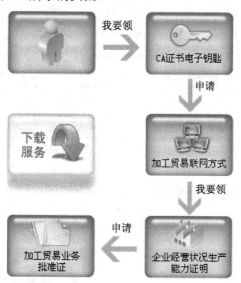

图 7-3 操作流程

单击"企业经营状况生产能力证明"按钮后，在出现的页面上选择"直接填写"，在输入企业代码后，根据公司类型选择相应的表格进行填写（其操作流程同项目六任务一的理论概述）。

宁波诚通进出口贸易公司属于经营企业，选择表一，进入表格的具体填写，如图 7-4 所示。

商务部 加工贸易企业经营状况及生产能力证明系统

加工贸易企业经营状况及生产能力证明(表一)

加工贸易经营状况（由进出口经营企业填写）

填写说明：
1、有关数据如无特殊说明均填写上年度数据；
2、涉及数值、年月均填写阿拉伯数字（日期格式：2000-01-01），备注栏允许100汉字或200字符；
3、进出口金额、深加工结转额以海关统计的实际发生额为准，实际投资总额、净资产额、投资总额数据能至填表时；
4、此证明自填报之日起有效期为一年；
5、蓝色字体表明项目由系统自动填充，不用填写。

返回首页

企业名称	宁波诚通进出口有限公司				
进出口企业代码	3300144127887	海关注册编码	3300210007	法人代表	颜容
外汇登记号	00532508-08456	联系电话	0574-88320320	联系传真	0574-88320320
税务登记号	3300144303021 76	邮政编码	315100	工商注册日期	2008-06-15
基本账号及开户银行	9558822404001984758中国工商银行鄞州支行				
地址	宁波鄞州区学府路9号				

企业类型　○国有企业　○外商投资企业　◉其他企业
海关分类评定级别　○A类　◉B类　○C类　○D类　（以填表时为准）
是否对外加工装配服务公司或外经发展公司的加工企业　○是　◉否

(a)

上年度

营业额(万元)	170.0	利润总额(万元)	15.0	工资总额(万元)	80.0
纳税总额(万元)	3.0	企业所得税(万元)	0.0	个人所得税总计(万元)	8.0
加工贸易进出口额(万美元)	0.0	出口额(万美元)	0.0	进口额(万美元)	0.0
进料加工进出口额(万美元)	140.00	出口额(万美元)	80	进口额(万美元)	60
来料加工进出口额(万美元)	0.0	出口额(万美元)	0.0	进口额(万美元)	0.0
加工贸易合同份数	5	进料加工合同份数	5	来料加工合同份数	0
进出口结售汇差额(万美元)	0.0	出口结汇额(万美元)	0.0	进口售汇额(万美元)	0.0
进料加工结售额(万美元)	20.00	进料加工结汇(万元)	80	进料加工售汇(万元)	80
加工贸易转内销额(万美元)	0.0	内销补税款(万元,含利息)	0.0	来料加工(工缴费)(万元)	0.0

内销原因(可多项选择) □国外市场方面 □国外企业方面 □国外法规调整 □国内市场方面
□国内企业方面 □国内法规调整 □客户 □产品质量

深加工结转总额(万美元) 0.0 　转出额(万美元) 0.0 　转进额(万美元) 0.0
本企业采购国产料件额 0.0 （不含深加工结转料件和出口后复进口的国产料件，单位万元)
国内上游配套企业家数 0 　国内下游用户企业家数 0
直接出口订单来源(可多项选择) □A跨国公司统一采购 □B进口料件供应商 □C自有客户 □D其他客户

(b)

（外商投资企业填写注册资本、外商本年度拟投资额、外商下年度拟投资额、外商累计实际投资总额、实际投资来源地、累计金额(按投资额度或控股顺序)，单位--万美元；非外□业填写注册资本、本年度拟投资额、下年度拟投资额、净资产额、资产总额，单位--万元）

注册资本	50.0	实际投资来源地		累计金额(万美元)	0.0
本年度拟投资额	0.0				0.0
下年度拟投资额	0.0				0.0
净资产额(万元)	100.0				0.0
累计实际投资总额/资产总额					0.0

研发机构 ○改进型 自主型 ○核心 ○外围 ○以上都不是　　◉是 ○否 世界500强投资(根据美国《财富》杂志年评结果，主要考察投资
研发机构投资总额(万美元) 0.0　　产品技术水平 ○世界先进水平 ○国内先进水平 ○行业先进水平 ○以上都不是
累计获得专利情况(国内) 0 　个　　累计获得专利情况(国外) 0 　个
企业员工总数 0 　文化程度(本科以上) 0 　文化程度(高中、大专) 0 　文化程度(初中及以下) 0

经营范围（按营业执照）

(c)

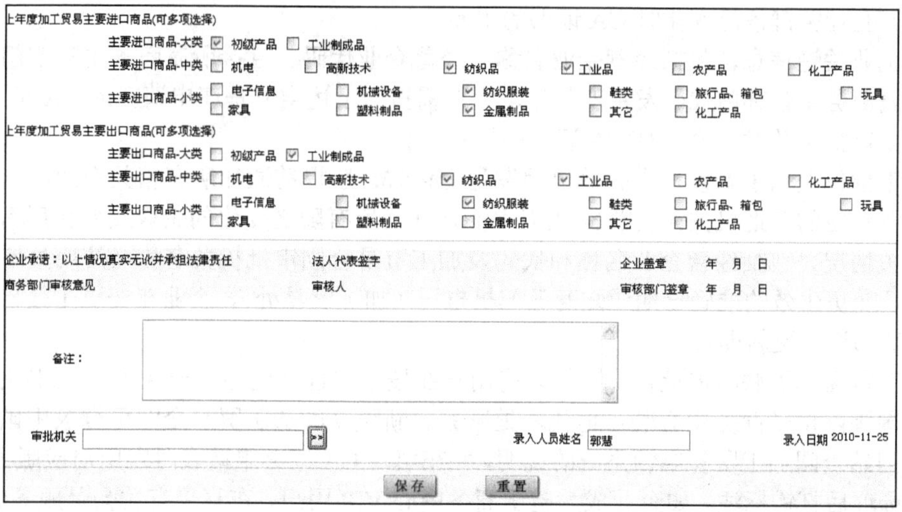

上年度加工贸易主要进口商品(可多项选择)

主要进口商品-大类	☑ 初级产品	☐ 工业制成品			
主要进口商品-中类	☐ 机电	☐ 高新技术	☑ 纺织品	☑ 工业品	☐ 农产品	☐ 化工产品
主要进口商品-小类	☐ 电子信息	☐ 机械设备	☑ 纺织服装	☐ 鞋类	☐ 旅行品、箱包	☐ 玩具
	☐ 家具	☐ 塑料制品	☑ 金属制品	☐ 其它	☐ 化工产品

上年度加工贸易主要出口商品(可多项选择)

主要出口商品-大类	☐ 初级产品	☑ 工业制成品			
主要出口商品-中类	☐ 机电	☐ 高新技术	☑ 纺织品	☑ 工业品	☐ 农产品	☐ 化工产品
主要出口商品-小类	☐ 电子信息	☐ 机械设备	☑ 纺织服装	☐ 鞋类	☐ 旅行品、箱包	☐ 玩具
	☐ 家具	☐ 塑料制品	☑ 金属制品	☐ 其它	☐ 化工产品

企业承诺：以上情况真实无讹并承担法律责任　　法人代表签字　　　　企业盖章　　年　月　日

商务部门审核意见　　　　　　　　　　　　　审核人　　　　　　　审核部门签章　　年　月　日

备注：

审批机关 ［　　　　　　　　］ ≫　　　录入人员姓名 郭慧　　　录入日期 2010-11-25

保存　　重置

(d)

图 7-4 表一的具体填写

表格填写完毕后单击"保存"按钮，保存后上报当地外经贸委，经审批同意后打印出来，一式四份，每份都要加盖公章，程序如下。

1）持上述打印件（一式四份）到当地外经委盖章（自己带走 3 份，留给外经委 1 份）。

2）《企业营业执照》（复印件，加公章，1 份，留给外经委）。

3）《税务登记证》（复印件，加公章，1 份，留给外经委）。

二、CA 证书的申领与更新程序

根据《商务部关于统一使用加工贸易电子联网审批管理系统的通知》（商机电函[2003]56号），CA 证书由中国国际电子商务中心指定所属国富安公司统一制作，介质由企业自愿选择自行提供或委托电子商务中心无偿代购。CA 证书的申领、更新工作流程如下。

1. 申领程序

1）企业从电子商务中心驻当地代表处领取或从电子商务网站下载 CA 证书申请表。

2）企业填写申请表。

3）企业将申请表、《加工贸易企业经营状况及生产能力证明》复印件、企业法人营业执照（副本）复印件、组织机构代码证（副本）复印件、办理人身份证复印件交到电子商务中心驻当地代表处。

4）代表处接到企业申请后，5 个工作日内将 CA 证书制作完毕并交给企业。

2. 更新程序

（1）CA 证书到期更新

为确保数据安全，系统规定 CA 证书的有效期为一年，并在其到期前一个月向用户发出预警，提醒企业及时办理更新手续。

（2）企业关键信息变化时 CA 证书的更新

如企业关键信息，包括经营企业名称、经营企业代码、直接所属商务主管部门名称、直接所属商务主管部门代码发生变化时，企业需按照上述申领程序申请新的 CA 证书。

（3）审批机关发生变化时 CA 证书的更新

如审批机关由于新设、撤并等原因发生变化时，应提前通知所有相关企业，同时，变化前企业对应的审批机关应提前30天以书面形式将所有随之变化的企业及变化后新对应的审批机关情况，包括经营企业名称和代码及加工贸易合同审批机关名称（注明处室）和代码，以及变更生效的准确日期通知商务部机电司（加工贸易处），企业在变更生效日或之后对 CA 证书进行更新即可。

加工贸易电子联网审批管理系统现有用户在按上述程序进行第一次 CA 证书更新时，需与中国国际电子商务中心驻当地代表处联系。新设立的加工贸易企业可登录中国国际电子商务网站查阅加工贸易申领系统的说明，并在填写 CA 证书申请表时在所对应版号及"新设立"选项后打钩标注。如企业成为电子商务中心 VIP 用户，在享受有关会员服务的同时，可免费使用该中心提供的软件系统进行加工贸易合同申请，电子商务中心驻各地代表处免费为其更新证书。

跟单员 Ruby 登录中国国际电子商务中心网页填报有关数据。登录后，找到如 7-3 所示的页面，单击"CA 证书电子钥匙"按钮就可以下载如图 7-5 所示的申请表。

加工贸易电子联网审批管理系统"安全认证证书"申请表

（请用正楷填写，带*的为必填项目）

经营企业基本信息

经营企业名称：＿＿＿＿＿＿＿＿＿＿＿＿＿＿＿＿＿＿＿＿ *

经营企业代码（13 位）：＿＿＿＿＿＿＿＿＿＿＿＿＿＿ *

企业注册所在地：＿＿＿＿＿＿＿＿＿＿＿＿＿＿＿＿＿

注册地址代码：＿＿＿＿＿＿＿＿＿＿＿＿＿＿＿＿＿

邮寄地址：＿＿＿＿＿＿＿＿＿＿＿＿＿＿＿＿＿＿ *

邮政编码：＿＿＿＿＿＿＿＿＿ *　　联系传真：＿＿＿＿＿＿＿＿ *

经办人（或联系人）姓名、电话：＿＿＿＿＿＿＿＿＿＿＿ *

经办人（或联系人）E-mail 地址：＿＿＿＿＿＿＿＿＿＿＿

使用的加工贸易申领系统：

JMB/S（　　）　　JM2000（　　）　　JM2003（　　）　　新设立（　　）*

加工贸易合同审批机关信息

主要加工贸易审批机关名称（注明处室）、代码：（指经营企业最主要的审批机关）

名称：＿＿＿＿＿＿＿＿＿ *　代码：＿＿＿＿＿＿＿＿＿ *

其他加工贸易审批机关：（指与经营企业有关的，因处室职能设置或商品审批分工不同于上述审批机关，在同一外经贸主管部门内同一级别的其他审批机关）

名称：＿＿＿＿＿＿＿＿＿　代码：＿＿＿＿＿＿＿＿＿

名称：＿＿＿＿＿＿＿＿＿　代码：＿＿＿＿＿＿＿＿＿

名称：＿＿＿＿＿＿＿＿＿　代码：＿＿＿＿＿＿＿＿＿

法人代表签字：＿＿＿＿＿＿　申请日期（盖章）：＿＿＿年＿＿月＿＿日

图 7-5　CA 证书申请表

三、《加工贸易业务批准证》的办理

由于加工贸易的特殊性，经营企业申请开展加工贸易业务时，必须提供下列证明文件和材料：经营企业出具的书面申请报告及加盖经营企业公章的《加工贸易批准证申请表》，经营企业进出口经营权批准文件和工商营业执照（复印件），加工企业注册地县级以上外经贸主管部门出具的加工企业生产能力证明（正本）、加工企业的工商营业执照（复印件），经营企业对外签定的进出口合同（正本），经营企业与加工企业签定的加工协议（合同）正本，以及审批机关认为需要出具的其他证明文件和材料。

《加工贸易业务批准证》实行网上申领，具体流程如图 7-6 所示。

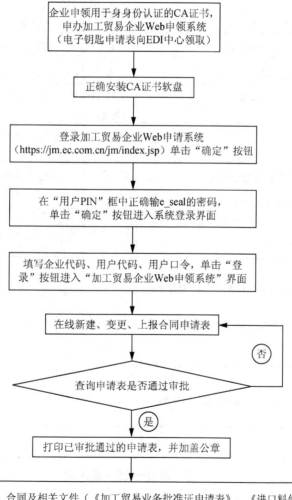

图 7-6　批准证网上申报流程

在前期的验厂合格后（验厂的内容在本项目任务三中进行阐述），颜容要求 Ruby 在 Web 申请系统中填写《加工贸易业务批准申请表》及相关清单如图 7-7 所示。

<table>
<tr><th colspan="6" style="text-align:center">加工贸易业务批准证申请表</th></tr>
<tr><td colspan="3">1．经营企业名称：宁波诚通进出口贸易公司</td><td colspan="3">4．加工企业名称：宁波天一服装厂</td></tr>
<tr><td colspan="3">2．经营企业地址、联系人、电话：
宁波鄞州区学府路 9 号，颜容，88320320</td><td colspan="3">5．加工企业地址、联系人、电话：
宁波市鄞州区学府路 89 号，李军，88318268</td></tr>
<tr><td colspan="3">3．经营企业类型：民营企业
经营企业编码：3300144127887</td><td colspan="3">6．加工企业类型：私营企业
加工企业编码：×××××××××××</td></tr>
<tr><td colspan="3">7．加工贸易类型：进料加工</td><td colspan="3">8．来料加工项目协议号：</td></tr>
<tr><td rowspan="3">进
料
加
工</td><td colspan="2">9．进口合同号：2010CM089</td><td rowspan="3">来
料
加
工</td><td colspan="2">12．合同外商：</td></tr>
<tr><td colspan="2">10．出口合同号：2010CI088</td><td colspan="2">13．合同号：</td></tr>
<tr><td colspan="2">11．客供辅料合同号：</td><td colspan="2">14．加工费（美元）：</td></tr>
<tr><td colspan="3">15．进口主要料件（详细目录见清单）：
印花全棉细布</td><td colspan="3">18．出口主要制成品（详细目录见清单）：
全棉女裙</td></tr>
<tr><td colspan="3">16．进口料件总值（美元）：73 500</td><td colspan="3">19．出口制成品总值（美元）：170 000</td></tr>
<tr><td colspan="3">17．进口口岸：上海</td><td colspan="3">20．出口口岸：上海</td></tr>
<tr><td colspan="3">21．出口制成品返销截止日期：2011.1.8</td><td colspan="3">22．加工地主管海关：宁波海关</td></tr>
<tr><td colspan="3">23．加工企业生产能力审查单位：宁波外经贸局</td><td colspan="3">24．经营企业银行基本账户账号：中国银行鄞州支行×××
××××××××××××××××</td></tr>
<tr><td colspan="3">25．国产料件总值（美元）：</td><td colspan="2">26．深加工结
转金额</td><td>转入（美元）
转出（美元）</td></tr>
<tr><td colspan="3">27．选项说明：
（ ）1．本合同项下产品不涉及地图内容，不属于音像制品、印刷品。
（ ）2．本合同项下产品涉及地图内容，已取得国家测绘局批准文件。
（ ）3．本合同项下产品属音像制品、印刷品，已取得省级出版行政机关批准文件。

28．申请人申明：本企业的生产经营和所加工产品符合国家法律、法规的规定。</td><td colspan="2">29．备注：</td><td>30．经办人：

审核：

签发：

日期：
（此栏由审批机关使用）</td></tr>
</table>

（a）

<table>
<tr><th colspan="10" style="text-align:center">进口料件申请备案清单</th></tr>
<tr><td colspan="10" style="text-align:right">金额单位：美元</td></tr>
<tr><td>1．序号</td><td>2．商品编号</td><td>3．品名</td><td>4．规格</td><td>5．数量</td><td>6．单位</td><td>7．原产国</td><td>8．单价</td><td>9．总价</td><td>10．币制</td></tr>
<tr><td>1</td><td>5513310000</td><td>印花全棉细布</td><td>60×60/90×88
宽幅：150cm</td><td>35 000</td><td>米</td><td>日本</td><td>2.1</td><td>73 500</td><td>美元</td></tr>
<tr><td colspan="10">注：本清单经批准单位盖章有效。</td></tr>
</table>

（b）

出口成品申请备案清单

金额单位：美元

1. 序号	2. 商品编号	3. 品名	4. 规格	5. 数量	6. 单位	7. 原产国	8. 单价	9. 总价	10. 币制
1	62044100	女裙	100%全棉	25 000	条	中国	6.8	170 000	美元

注：本清单经批准单位盖章有效。

(c)

图 7-7 申请表及相关清单

Ruby 填制好《加工贸易业务批准申请表》之后，准备好相关材料，向宁波外经贸局申请核发《加工贸易业务批准证》。2010 年 12 月 10 日，宁波外经贸局经审核后签发了《加工贸易业务批准证》。

四、进料加工贸易合同的备案操作与《加工贸易手册》的领取

具体的备案办理程序如下：第一步，先到当地国税局备案；第二步，材料受理申请人向海关递交材料，海关受理后进行初审；第三步，海关根据规定审核企业的加工贸易合同和各项资料是否符合国家和海关的有关规定；第四步，经海关审核通过的合同，需到中国银行设立银行保证金台账（AA 类企业的所有合同，A、B 类企业一万美元以下的合同除外）；第五步，按规定已设立银行保证金台账或不需设立台账的合同，由主管海关核发加工贸易登记手册，企业凭以办理加工贸易货物的进出口手续。

弄清具体的备案办理程序后，Ruby 开始进行进料加工贸易的备案操作。

首先，到当地国税局备案。这个过程一般由财务陪同跟单员去国税局，找专管员。这个过程需要的资料如下：①一式三联的《加工贸易业务批准证》（3 张全部盖国税局的章，其中带走 2 份，留给国税局 1 份）；②进口合同（复印件，1 份，留给国税局）；③出口合同（复印件，1 份，留给国税局）；④委托加工协议（复印件，1 份，留给国税局）。Ruby 将上述材料备齐后送至国税局。

其次，材料受理申请人向海关递交材料进行备案。如果经营单位是首次做手册，则还需要经历一个步骤——海关验厂。海关验厂则需要企业提交验厂申请，格式如图 7-8 所示。

验厂申请书

宁波海关驻×××办事处：

我司某某公司是针对某某产业所成立的专业生产××的工厂，主要从事×××的加工。本公司拥有先进的研发团队、以数十年×××加工，为客户提供快速且满意的产品。我司目前厂房位于×××，面积×××m²，生产线员工×××名，进口×××面料，出口×××类纺织品，年产量×××，产值××。现申请海关验厂，请予审查。

申请单位负责人签字：

申请单位盖章：

图 7-8 《验厂申请书》格式

海关备案一般会委托一家有做手册资质的报关行进行手册材料的预录入，而预录入的材料需要寄给报关行，包括《加工贸易业务批准证》（二联中的一联）；加工贸易企业生产

能力证明（经营单位和加工工厂，各盖公章）；委托报关协议（加盖公章并签字）；委托加工合同（复印件，加盖公章）；进口合同与出口合同（复印件，加盖公章）；无纸手册通关备案加工合同备案申请预录入呈报表（公章，要进行预录入）；无纸手册通关备案进口料件预录入呈报表（公章，要进行预录入）；无纸手册通关备案出口成品预录入呈报表（公章，要进行预录入）；无纸手册通关备案单耗预录入呈报表（公章，要进行预录入）。

Ruby 填制好《加工合同备案申请表》及其他相关表格后，交海关预审后由公司进行合同预录入，涉及的相关材料如图 7-9 所示。

加工合同备案申请表

备案申报编号：　　　　　　　　　　　　　　　　　　　　　　　　　　主管地海关：

1. 经营单位名称　宁波诚通进出口贸易公司	2. 经营单位编码 3300144127887
3. 经营单位地址　宁波鄞州区学府路 9 号	
4. 联系人　颜容	5. 联系电话 88320320
6. 加工企业名称　宁波天一服装厂	7. 加工企业编码×××××××××××
8. 加工企业地址　宁波市鄞州区学府路 89 号	
9. 联系人　李军	10. 联系电话 88318268
11. 外商公司名称　SUPER JAPAN, Corp.	12. 外商经理　真水一郎
13. 贸易方式　加工贸易	14. 征免性质　免征
15. 贸易国（地区）日本	16. 加工种类　进料加工
17. 内销比例	18. 批准文号
19. 协议号	
20. 进口合同号　2010CM089	21. 进口总值　73 500
22. 币制　美元	
23. 出口合同号　2010CI088	24. 出口总值　170 000
25. 币制　美元	
26. 投资总额	27. 进口设备总额
28. 币制	
29. 进口口岸　上海	30. 进口期限　2011.1.8
31. 出口期限　2011.6.28	
32. 申请人　冯建国	33. 申请日期　2010.12.12
34. 备注	
有关说明（不进电脑）	

(a)

进口料备案申请表

经营单位盖章：　　　　　　　　　　　　　　　　　　　　　　进口合同号：2010CM089

序号	商品编号	商品名称	规格型号	数量	单位	单价	总价	原产国
1	××××× ××××	100%全棉印花细布	FJ-23-6943 60×60/90× 88/150cm	35 000	米	2.10 美元	73 500.00 美元	日本
2								

(b)

加工出口成品备案申请表

经营单位盖章：　　　　　　　　　　　　　　　　　　　　　　　　　　出口合同号：2010CI088

序号	商品编号	商品名称	规格型号	数量	单位	单价	总价	币制	消费国
1	×××× ××××	全棉女裙	SLK-0088	25 000	条	6.80美元	170 000.00	美元	美国
2									

(c)

进料加工单耗备案申请表

出口成品		对应进口料件			
1. 序号	2. 品名　规格	3. 序号	4. 品名　规格	5. 单位耗用量	6. 单位损耗率
1	全棉女裙	1	全面印花细布	1.95M/件	10%

(d)

图7-9　相关资料

Ruby 于 2010 年 12 月 20 日准备好所有材料向宁波海关办理进料加工合同登记备案手续。宁波海关审核了其提交的所有资料，按规定签发了《银行保证金台账开设联系单》。之后，Ruby 在中国银行鄞州支行办理完毕保证金台账手续，并将《银行保证金台账登记通知单》提交宁波海关，等待核发《加工贸易手册》。宁波海关于 12 月 25 向宁波诚通进出口贸易公司核发了《加工贸易手册》。

理论概述

一、进料加工贸易

（一）概念

进料加工贸易俗称进料加工，是指我方用外汇购买进口的原材料、辅料、零部件、元器件、配套件、包装物料等，经加工成品或半成品后再外销出口的交易形式。其进口料件由经营企业付汇进口，制成品由经营企业外销出口，进口原材料的所有权和收益权属于经营企业。

进料加工贸易有如下特点：①中方企业自行从国际市场组织原辅材料进口时需对外付汇；②中方企业需自行开拓国际市场，寻找客户，接洽订单；③中方企业对从原辅料进口直至成品销售的全过程独立承担商业风险。

在实际工作中，进料加工主要有两种形式：自行加工和委托加工。自行加工是指有进出口经营权的生产企业进口料件后，利用本企业的生产条件进行加工，生产出成品后复出口的业务。自行加工形式是生产企业进料加工贸易的最主要形式。委托加工是有进出口经营权的生产企业进口料件后，以委托加工形式拨交本单位其他独立核算的加工厂或本单位外的其他生产企业加工，加工成品收回后自营出口，并向受托方支付加工费的一种形式。

从 1995 年 7 月 1 日起，生产企业以"进料加工"贸易方式进口料件加工复出口的，对其进口料件应先根据海关核准的《进料加工登记手册》填具《进料加工贸易申请表》，报经主管其出口退税的税务机关同意盖章后，再将此申请表报主管其征税的税务机关，并准许其在计征加工成品的增值税时对这部分进口料件按规定征税税率计算税额予抵扣。货物出口后，主管退税的税务机关在计算其退税或免抵税额时，也应对这部分进口料件按规定退税率计算税额并予扣减。

实行"免、抵、退"税办法的生产企业对其进口料件应先根据海关核准的《进料加工登记手册》填具《生产企业进料加工贸易免税证明》，报经主管其出口退税的税务机关同意盖章后，再将此申请表报主管其征税的税务机关，准许其在计算当期应纳税额时，按规定的征税税率和退税税率差扣减当期出口货物不予免征、抵扣和退税的税额。

（二）进料加工贸易的方式

目前，我国进料加工的品种主要是生产纺织品、橡胶、塑料制品、食品、轻工、工艺品、电子产品等原材料、辅料及一些元件、部件等。进料加工的主要方式如下：①预先进口原料、辅料，然后找买主，签订出口合同，一般被称为"备料加工贸易"；②先签订出口合同，然后根据需要进口原料；③在签订进口原料、辅料合同的同时，相应地签订产品的出口合同，这通常被称为"对口合同"；④使用客户原料，在国外注册我国商标，由专门客户负责宣传、推销，一般称"对口进料加工"。

另外，与进料加工相反的出料加工也在我国有了一定的发展。出料加工贸易指将我国的原料出口到国外，用国外先进的技术和设备，完成生产过程中的某些环节的加工，然后再输入国内，由我国完成最后的生产程序，生产出来的制成品再出口或在国内市场销售。

（三）进料加工贸易的注意事项

1. 搞好国际市场的调研

进料加工贸易的特点之一是其对国际市场的严重依赖性，它的整个贸易过程的起点和终点都在国际市场，即"两头在外"，国际市场的瞬息万变会给国内加工企业的生产带来很大影响。因此，从事进料加工贸易的企业一定要注意搞好国际市场的调研，并根据国际市场的变化安排生产。

2. 加强企业管理，增强企业的国际竞争力

要加强企业的资金管理，加快"进料—加工—出口"的生产循环，加速资金的周转，使有限的外汇资金发挥较大的作用，取得较大的经济效益。要加强成本管理，提高劳动力的素质，使企业的管理水平达到国际水平。

3. 搞好政策扶持，以利于进料加工贸易的进行

从事进料加工贸易的企业亏损的原因之一就是政策性亏损。例如，由于汇率调整，人民币与外汇的比价下浮时，用于进口的外汇贷款增加，利息也相应增加，对进料加工贸易

周期较长的企业来说这无疑将增加支出成本。同时，以人民币计算的进口成本增加，因此进口物资生产的商品，其有关环节的相应税负也会加重，这些都导致出口成本增加，有可能出现收入收不抵支的情况，造成亏损。

其他如进料加工贸易的资金问题、外汇收入分成问题等，国家都应进行政策扶持。

二、加工贸易业务相关流程

（一）合同备案基本程序

合同备案的基本程序如下：经贸部门审批向海关服务中心购买空白登记手册；合同预录入；海关审核后开具《开设保证金台账联系单》；向中国银行申请设立台账，海关核注银行签发的《台账登记通知单》；海关进行计算机异地传输，收到传输成功回执后核发登记手册。

（二）合同备案所需单证

1）经营单位的申请报告。

2）外经贸主管部门的《加工贸易业务批准证》，属于进料加工的需要加盖税务部门印章。

3）对外签订的进出口合同。

4）经营单位基本账户开立证明。

5）加工企业所在地经贸部门出具的《加工生产能力证明》。

6）委托加工应提供经营单位与加工企业签订的符合《中华人民共和国合同法》的委托加工合同（协议）。

7）开展异地加工贸易的，需提供经营单位所在地海关出具的关封，内含《异地加工申请表》一式二份。

8）首次开展加工贸易的，需提供经营单位和加工企业的《营业执照》、《税务登记证》复印件及《海关登记通知书》。

9）经营单位的介绍信或委托书。

10）加工工艺说明。

11）如需异地口岸进出口报关，需填写《异地报关申请表》。

12）海关需要的其他资料。

需要注意的是，①海关对首次开展加工贸易的企业实行验厂制度；对单证齐全、验厂合格的企业，海关在 3 个工作日内核发登记手册。②办理加工贸易合同备案的企业属 AA 类的，免设台账；属 A 类企业的，需设台账，实行"空转"；属 B 类企业的，需设台账，一般商品实行"空转"，限制类商品实行"实转"；属 C 类企业的，需设台账，一律实行"实转"；D 类企业不得开展加工贸易业务。经营单位与加工企业非同一分类的，海关按就低不就高的原则管理。对外商提供的进口辅料品种在规定范围内，且金额在 5 000 美元以下的，免办手册，不纳入台账管理。

（三）办理 5 000 美元以下 78 种客供辅料备案手续所需单证

1）申请报告。

2）进口发票、装箱单（一式二份）。

3）出口合同（一式二份）。

4）经营单位介绍信或委托书。

（四）合同核销

合同执行完毕后一个月内企业需向海关申请核销。基本流程如下：①预录入；②海关审核；③签发《台账核销联系单》；④中国银行销账；⑤海关核销结案；⑥打印结案通知书。

值得注意的是，企业必须在海关规定的期限内向海关办理核销手续。对无正当理由未向海关办理核销手续的，海关可根据有关规定进行处罚。

合同核销所需单证：①经营单位申请核销报告；②进出口报关单；③登记手册；④海关需要的其他单证，如核算表、划料图等反映实际加工情况的资料。

（五）合同变更和展期

合同变更和展期的基本流程：①经贸部门审批，向海关服务中心变更预录入；②海关审核；③签发《台账变更联系单》；④中国银行台账回执；⑤异地传输；⑥传输成功后打印合同变更审批表。

合同变更和展期所需单证：①填写《合同变更申请表》或《合同延期申请表》，加盖经营单位公章；②变更、延期的合同；③外经贸主管部门的批准文件；④登记手册；⑤申请报告及海关需要的其他单证。

值得注意的是，对贸易性质不变、商品品种不变、合同变更金额小于1万美元（含1万美元）和按原审批合同延长加工期限不超过3个月的合同，直接到海关和中国银行办理变更手续，不再经外经贸部门重新审批。合同展期应在登记手册有效期内向海关申请。

（六）保税仓库货物管理

入库货物应提供单证：①企业申请报告；②存入货物的合同；③发票、装箱单；④保税仓库货物审批表。

出库货物应提供单证：①登记手册；②企业申请报告；③进口报关单；④保税仓库货物提取审批表。

办理程序：①填写《保税仓库货物入（出）审批表》；②海关审批；③签发《保税仓库货物入（出）库单》；④货主凭单办理报关手续。

三、《中华人民共和国海关加工贸易单耗管理办法》

（一）单耗的概念

《中华人民共和国海关加工贸易单耗管理办法》（以下简称《管理办法》）规定："单耗是指加工贸易企业在正常加工条件下加工单位成品所耗用的料件量。"根据这一定义，文中所称的"单耗"是指排除了突发停电、停水、停气或者其他人为原因及不可抗力等异常情况后，加工单位成品所耗用的原料的量，对于同一料件中既有保税和非保税料件的，包括非保税料件的耗用量。对于非正常条件下造成的原料耗用，不能作为单耗计算依据向海关申报、备案和核销。这里的量是指质量、数量等，海关只对保税料件进行监管、核销。

（二）单耗标准

《管理办法》规定："单耗标准是指供通用或者重复使用的加工贸易单位成品耗料量的准则。"一般设定为最高上限值，其中出口应税成品单耗标准增设最低下限值。由于加工贸易进口原料是保税的，海关依法对保税料件进行监管，依据加工成品的单耗计算保税料件的耗用量，对保税料件进行核销。规定单耗的上限值的作用：一是规范海关执法，提高通关效率；二是促进加工企业技术进步，提高管理水平，降低单耗；三是防止企业通过高报单耗节余保税料件，规避海关监管。规定下限值的意义是对于出口征税和涉证的产品，防止加工企业通过低报单耗，多出成品，将非加工贸易成品以加工贸易方式出口，规避贸易管制。

单耗标准是由海关总署和国家发展和改革委员会牵头组织，相关部门、行业协会负责起草制定，专家委员会审定通过后公布执行的加工贸易单耗管理准则。单耗标准分为两级：国家单耗标准与关区单耗标准。

单耗标准的制定原则：一是以国家标准、行业标准和该行业加工贸易企业的平均生产水平为基础；二是贯彻国家税收政策、产业政策和外贸政策；三是有利于促进加工贸易企业技术进步和公平竞争；四是便于有效监管。

（三）企业进行单耗申报时间

企业应在备案时明确申报单耗的环节。《管理办法》规定申报单耗的原则："加工贸易企业应当在成品出口、深加工结转或者内销前如实向海关申报单耗。"对于在备案环节能够确定单耗的，备案和申报可同时进行。

为了适应加工贸易企业"全球营销、快速交货、产品个性化、生产零库存"的形势，以及海关监管能力和水平的提高，对于产品和原料的规格品种多、对应关系复杂，同时掺杂非保税料件和内销产品，加工生产的环节多、链条长，单耗关系复杂、数量大，无法按时申报单耗的，《管理办法》规定，经主管海关批准的，企业可以在报核前申报单耗，但应当留存成品样品及相关单证，并在成品出口、深加工结转或者内销前提出书面申请。

（四）申报要求

企业申报单耗时，应填写纸质《中华人民共和国海关加工贸易单耗申报单》。在海关对H2000系统维护更新后，企业应采取纸质或电子数据形式申报单耗。

企业申报单耗应当包括以下内容：加工贸易项下料件和成品的商品名称、商品编号、计量单位、规格型号和品质；加工贸易项下成品的单耗；如果申报的是净耗，还要申报损耗率，H2000系统自动计算出单耗；若申报的是单耗，根据单耗的计算公式，已经包括了损耗，因此损耗率栏应该为空；加工贸易同一料件有保税和非保税料件的，应当申报非保料件的比例、商品名称、计量单位、规格型号和品质。在计算单耗或工艺损耗率时，同一料件有保税和非保税的，非保税料件所产生的损耗计入工艺损耗。

除特殊情况外，加工贸易企业应当在成品出口、深加工结转或者内销前向海关申报单耗。因为此时保税货物还在海关监管过程中，若企业和海关在成品单耗认定上出现争议，能够再对成品单耗进行核定，容易准确、高效地解决单耗争议，减轻通过财务核算和盘库确定单耗给企业带来的负担。

鉴于加工贸易单耗管理的复杂性、专业性，单耗申报和审核是一项难度较大的工作，因此需设定质疑、磋商程序。单耗质疑的作用主要体现在如下 4 个方面：一是降低海关在单耗审核时的自由裁量权，规范执法行为；二是引起企业的重视，提高申报质量；三是保证海关单耗审核的科学性、准确性，减少单耗争议；四是保障企业在单耗申报中的申辩权，体现海关执法的公平、公正。

四、备案相关表格的填写方式

（一）《加工合同备案申请表》的填写

1）加工企业地址——加工企业的法定地址。

2）联系人——加工生产单位的经办人。

3）联系电话——加工生产单位的经办人电话。

4）外商公司名称——进口料件售予方的公司名称。

5）外商经理——进口料件售予方公司的法人姓名。

6）贸易方式——按报关单通关要求填制。

7）征免性质——同上。

8）贸易国（地区）——货物的售予国。

9）加工种类——加工出口商品按行业种类的划分，如食品加工类、制衣类、机电产品类等。

10）内销比例——本合同进口料件以制成品计算的内销比例。

11）批准文号——外经贸主管部门的批准文号。

12）协议号——如对外签订协议的则填，无则免填。

13）进口合同号——成交进口料件的合同号。

14）进口总值——合同进口料件的总值。

15）币制——进口料件的币制。

16）出口合同号——加工出口的合同号。

17）出口总值——加工出口商品的总值。

18）币制——出口商品的币制。

19）投资总额——暂免填。

20）进口设备总额——免填。

21）币制——进口设备的币制。

22）进出口岸——加工贸易进口料件的进口口岸和加工成品出口的口岸（最多限 5 个口岸）。

23）进口期限——进口合同规定的料件最后的到港期，但超出此期限，料件一般尚能进口。

24）出口期限——出口成品的离港期，同时也是合同的有效期，超出此期限，该合同（手册）不能再用于出口。

25）申请人——加工贸易经营单位的法定代表人。

26）申请日期——指填表日期。

27）备注——属来料加工的将工缴费填写在此栏内，并写明币制。

（二）《进口料件备案申请表》的填写

1）序号——进口料件的顺序号，每一个料件对应一个序号（进口报关时要调用该序号）。

2）商品编号——商品的 HS 编号。

3）商品名称——商品编号对应的商品中文品名。

4）规格型号——进口料件的规格型号。

5）数量——进口料件的数量或重量。

6）单位——上述进口料件的计量单位。

7）单价——上述进口料件的合同单价。

8）总价——上述进口料件的合同总价。

9）原产国——进口货物生产、开采或制造的国家（地区），货物经过其他国家加工复制的，以最后加工的为原产国。

（三）《加工单耗备案申请表》的填写

1）产品序号——出口商品顺序号。

2）成品名称——加工生产的成品品名。

3）对应料件顺序号——进口料件备案申请表的序号。

4）单耗量——生产每单位成品所需进口料件的有效消耗量（净耗）。

（四）《加工出口成品备案申请表》的填写

1）序号——出口成品的顺序号，每一个成品对应一个序号（出口报关时要调用该序号）。

2）商品编号——出口商品的 HS 编号。

3）商品名称——商品编号对应的商品中文品名。

4）规格型号——出口商品的规格型号。

5）数量——出口商品的数量或重量。

6）单位——上述出口商品的计量单位。

7）单价——上述出口商品的合同单价（来料加工应包括料件费和工缴费）。

8）总价——上述出口商品的合同总价。

9）消费国——出口货物最终消费国别（地区）。

自我评价

完成情况及得分 评价项目	很好（5）	良好（4）	一般（3）	较差（2）	很差（1）	分项得分
办理《加工贸易企业经营状况及生产能力证明》						
到外经委指定的中国国际电子商务中心购买电子钥匙（即 CA 证书等）						
办理《加工贸易业务批准证》						
到国税局与海关进行进料加工贸易合同的备案操作并领取《加工贸易手册》						

任务二 原材料付款及接收

【操作步骤】

1．Ruby 去中国银行向日本 SUPER 公司支付货款，并进行接货操作。

2．Ruby 委托报关行对进口料件进行报检、报关操作。

【操作分析】

一、T/T 对外付款和接货操作准备

在进料加工贸易中，料件进口采用较多的付款方式是 T/T（telegraphic transfer，电汇），因此在这里以 T/T 支付方式作为对外支付货款的主要方式进行介绍。

T/T 是汇出行以电报、电传或 SWIFT（Society for Worldwide Interbank Financial Telecommunications，环球同业银行金融电讯协会）等电讯手段向汇入行发出付款委托的一种汇付方式。使用电汇时，汇出行根据汇付人的申请，拍发加押电报、电传或 SWIFT 给另一国的代理行（汇入行）。汇入行核对密押后，通知收款人取款，收款人收取款项后出具收据作为收款凭证。汇入行解付汇付后，将付讫借记通知书寄给汇出行转账，一笔汇付业务得以完成。电汇费用高，但交款迅速，业务中广泛使用。具体程序如图 7-10 所示。

2010 年 12 月 26 日，公司外贸跟单部和日本 SUPER 公司进行了联系，得知 SUPER 公司将于 2011 年 1 月 5 日将面料装船，以收到提单传真件作为付款的条件。2011 年 1 月 6 日，公司收到日本 SUPER 公司转发的提单传真件（提单号：DBL378538969）及相关单据副本，货物已于 5 日装船。在 T/T 付款方式下，外贸跟单部 Ruby 便于当日（1 月 6 日）向中国银行宁波分行提交了外汇购汇申请书和贸易进口付汇核销单，进行对外付款准备。其中涉及的单据如图 7-11 所示。

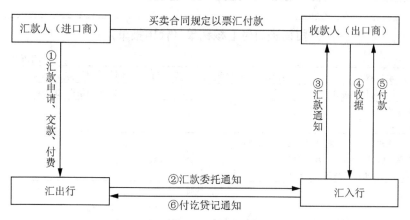

图 7-10　T/T 业务流程

中　国　银　行
购买外汇申请书

中国银行宁波分行：

我公司现按国家外汇管理局有关规定向贵行提出购汇申请，并随附有关单证，请审核并按实际转账日牌价办理售汇。

单位名称	宁波诚通进出口有限公司		人民币账号	3100167396699369700	
购汇金额 （大小写）	USD73 500.00 美 元 ： SAY U.S.DOLLARS SEVENTY THREE THOUSAND FIVE HUNDRED ONLY.	当日 汇率	（不写）	折合人民币 （大小写）	￥（小写） 人民币：
购汇支付方式	□支票 □银行汇票 □银行本票 ☑扣账 □其他				
购汇用途	☑进口商品 □从属费用 □索赔退款 □还贷 □其他				
对外结算方式	信用证 □代收 ☑汇款 （□货到付款 ☑预付货款）				
业务参考	商品名称	100% COTTON LAWN PRINTED	数量	35 000M	
	合同号	2010CM089	发票号	DR145970	
	合同金额	USD73 500.00	发票金额	USD73 500.00	
	核销单号	086457620	信用证号		
进口商品类型	□一般进口商品 □控制进口商品，批文随附如下： □进口证明 □许可证 □登记证明 ☑其他批文 批文号码： 批文有效期：2011 年 6 月 20 日				
附件	□售汇通知单 ☑进口付汇核销 □正本报关单 ☑合同/协议 □发票 □正本运单 □保险费收据 □运费单/收据 □佣金单 □付款委托书 □开证申请书 □其他				

申请单位：宁波诚通进出口贸易公司（盖章）

联系人：Ruby	电话：88320320	2011 年 1 月 6 日

银行审核意见：

经办人：×××	复核人：×××	审批：×××

2011 年 1 月 6 日

（a）

图 7-11　相关单据

贸易进口付汇核销单（代申报单）

印单局代码：310000　　　　　　　　　　　　　　　　　　　　核销单编号：086457620

单位代码 3300144127887	单位名称：宁波诚通进出口贸易公司	所在地外汇局名称
付汇银行名称：中国银行宁波分行	收汇人国别：日本	交易编码 101234
收款人是否在保税区 是□　否☑	交易附言：货款	

对外付汇币种　　USD　　　　对外付汇金额　73 500

其中：购汇金额　USD73 500　　　现汇金额　　　　　　　　其他方式金额

　　　　人民币账号　31001673966993697 00　　外汇账号

付汇性质

☑正常付汇

□不在名录　　　　□90 天以上信用证　　□90 天以上托收　　□异地付汇

□90 天以上到货　□转口贸易　　　　　　□境外工程使用物资　□真实性审查

备案表编号

预计到货日期 2011/01/08	进口批件号	合同/发票号 2010CM089

结算方式

信用证	90 天以内□　90 天以上□　承兑日期 / /　付汇日期 / /　期限　天
托收	90 天以内□　90 天以上□　承兑日期 / /　付汇日期 / /　期限　天

汇款	预付货款☑　　　货到付款（凭报关单付汇）□　　　付汇日期 2011/01/06
	报关单号　　　　报关日期 / /　报关单币种　　金额
	报关单号　　　　报关日期 / /　报关单币种　　金额
	报关单号　　　　报关日期 / /　报关单币种　　金额
	报关单号　　　　报关日期 / /　报关单币种　　金额
	报关单号　　　　报关日期 / /　报关单币种　　金额
	（若报关单填写不完，可另附纸）

其他　□	付汇日期　 / /

以下由付汇银行填写

申报号码：□□□□□□　□□□□　□□　□□□□□□□□□

业务编号：　　　　　审核日期　 / /　　　　　　（付汇银行签章）

进口单位签章：宁波诚通进出口贸易公司

注：本《贸易进口付汇核销单》（一式三联）。

(b)

图 7-11　相关单据（续）

Ruby 在中国银行宁波分行审核了所有单据，审核无误后当场办理好付汇手续后，拿到了包括提单在内的全套单据，以及售汇通知书如图 7-12 所示。

中 国 银 行
售汇通知书

户名：宁波诚通进出口贸易公司 账号：3100167396699369700		记账日：2011 年 1 月 6 日
人民币金额	牌价	外币金额
¥伍拾万柒仟肆佰零柒元贰角伍分	6.9035	USD73 500
摘要	18920056050900	
经办人：×××	复核：×××	制单：×××

图 7-12　售汇通知书

Ruby 拿到单据后，随即跟踪货物的到港情况，以便及时办理接货工作。2011 年 1 月 8 日，货物到达目的港上海，宁波诚通进出口贸易公司在接到到货通知后，马上着手办理进口货物提货手续。

由于本次交易采用的是 CIF 术语，因此相关的租船订舱及之后的运费结算的手续均由卖方负责。作为买方的宁波诚通进出口贸易公司只需拿着卖方寄来的提货单（图 7-13），根据国家相关规定及商品属性向进口地商检机构及海关申请报检、报关。报检、报关手续完成，提货单上 1～3 签章处会盖有收货人公章、检验检疫章、海关章。在进口商办理进口货物报检、报关手续的同时，船代已将到港货物交由汽车运输代理运至码头指定仓库，理货公司按货物性质、业务情况将多票货物理好备提。在进口商完成商检、报关手续后，向船代缴清汽代、理货等相关费用，在提货章签章处盖好汽代、理货等章，将盖好所需印章的提货单交码头仓库要求提取指定货物。宁波诚通进出口贸易公司在完成港区接货手续后，自行安排车队将货物自码头仓库运至指定地点，进口业务接货工作完成。

上海中远集装箱船务代理公司

COSCO SHANGHAI CONTAINER SHIPPING AGENCY CO.,LTD.

进口集装箱货物提货单

NO.0538659

港区场站：			船档号：			
收货人名称：宁波诚通进出口贸易公司				收货人开户银行与账号		
船名：JJJ		航次：126S	起运港：KOBE, JAPAN		目的港：SHANGHAI, CHINA	船舶预计到达时间：JAN 8TH, 2011
提单号：DBL378538969		交付条款：CY-CY	卸货地点：SHANGHAI, CHINA		进库场日期：JAN 8TH, 2011	第一程运输
标记与集装箱号		货名	集装箱数或件数		重量（KGS）	体积（M³）
2010CM089 SHANGHAI MADE IN JAPAN		100% COTTON LAWN PRINTED	20 GP×1		8 750KGS	

船代公司重要提示：	收货人章 1	海关章 2
1）本提货单中有关船、货内容按照提单的相关显示填制；		
2）请当场核查本提货单内容错误之处，否则本公司不承担由此产生的责任和损失（Error and Omission Excepted）；		
3）本提货单仅为向承运人或承运人委托的雇佣人或替承运人保管货物订立合同的人提货的凭证，不得买卖转让（Non-negotiable）；	检验检疫章 3	4
4）在本提货单下，承运人代理人及雇佣人的任何行为，均应视为代表承运人的行为，均应享受承运人享有的免责、责任限制或其他任何抗辩理由（Himalaya Clause）；		
5）本提货单所列的船舶预计到达时间，不作为申报进境和计算滞报金、滞箱费、疏港费等起算的依据，货主不及时换单和提货造成的损失，责任自负；		
6）本提货单中的中文译文仅供参考。 上海中远集装箱船务代理公司 （盖章有效） 2011 年 1 月 6 日		

图 7-13　提货单样本

注意事项： 1）本提货单需盖有船代放货章和海关放行章后方有效。凡属法定检验、检疫的进口商品，必须向检验检疫机构申报。 2）提货人到码头公司办理提货手续时，应出示单位证明或经办人的身份证明。提货人若非本提货单记名收货人时，还应当出示提货单记名收货人开具的证明，以表明其为有权提货的人。 3）货物超过港存期，码头公司可以按《上海港口货物疏运管理条例》的有关规定处理。在规定期间无人提取的货物，按《中华人民共和国海关法》和国家有关规定处理。	5	6

图 7-13　提货单样本（续）

二、进口报检、报关操作

宁波诚通进出口贸易公司在接到到货通知后，Ruby 根据国家相关规定及商品属性向进口地商检机构及海关申请报检、报关等相关手续。

料件进口报检时，当经营企业收到货运代理公司的到货通知书后，应根据我国出入境商品检验检疫有关法律法规等有关规定及时办理入境货物报检手续，填写入境货物报检单，并随附进口贸易合同、提运单和装箱单等有关证单。如为法定检验商品，需向出入境检验检疫局签发《入境货物通关单》。

料件进口报关时，应向海关提交下列单证：①填好的《进料加工专用进口货物报关单》（浅粉色）一式四份；②海关核发的登记手册，并填好其中的进口料件登记栏；③提（运）单、装箱单、发票等。

进境地海关审核无误后，按规定征收海关监管手续费。对属于规定实行保证金台账实转的，经营单位应按海关要求将保证金存入指定银行账户，海关凭银行收据验放进口料件，并在登记手册和报关单上加盖印章后退交经营单位，作为今后合同核销的依据。

Ruby 在收到提货单后，就开始填写《入境货物报检单》和《报检委托书》，然后委托货代公司办理入境报检手续。其中涉及的表格如图 7-14 和图 7-15 所示。

<table>
<tr><td colspan="7" align="center">中华人民共和国出入境检验检疫</td></tr>
<tr><td colspan="7" align="center">入境货物报检单</td></tr>
<tr><td colspan="2">报检单位（加盖公章）</td><td colspan="3">宁波诚通进出口贸易公司</td><td>*编　　号</td><td>×××</td></tr>
<tr><td colspan="2">报检单位登记号</td><td>×××××××</td><td>联系人</td><td>颜容</td><td>电话</td><td>88320320</td><td>报检日期</td><td>2011 年 01 月 10 日</td></tr>
<tr><td rowspan="2">收货人</td><td>（中文）</td><td colspan="5">宁波诚通进出口贸易公司</td><td>企业性质（划"√"）</td><td>□合资　□合作　□外资</td></tr>
<tr><td>（外文）</td><td colspan="7">NINGBO CHENGTONG IMPORT AND EXPORT CO.,LTD.</td></tr>
<tr><td rowspan="2">发货人</td><td>（中文）</td><td colspan="7">日本 SUPER 公司</td></tr>
<tr><td>（外文）</td><td colspan="7">SUPER JAPAN, Corp.</td></tr>
</table>

货物名称（中/外文）	H.S.编码	原产国（地区）	数/重量	货物总值	包装种类及数量
100% COTTON LAWN PRINTED（全棉印花细布）	××××××××	日本	8 750KGS	USD73 500.00	散装

运输工具名称号码	JJJ 126S		合同号	2010CM089

贸易方式	进料加工	贸易国别（地区）	日本	提单/运单号	DBL378538969
到货日期	2011-01-08	启运国家（地区）	日本	许可证/审批号	
卸货日期	2011-01-08	启运口岸	KOBE	入境口岸	上海
索赔有效期至	货到目的口岸之日起90天内	经停口岸	—	目的地	宁波

集装箱规格、数量及号码	1×20'GP FCL JJJ5458841

合同、信用证订立的检验检疫条款或特殊要求	货物到达口岸后，如发现到货的规格或数量/重量与合同不符，除应由保险公司或船公司负责外，买方于货物到岸卸货后60天内凭有关检验证书有权拒收货物或向卖方索赔。	货物存放地点	××××
		用　途	加工贸易

随附单据（划"√"或补填）		标 记 及 号 码	*外商投资资产（划"√"）	□是 ☑否
☑合同 ☑发票 □提/运单 □兽医卫生证书 □植物检疫证书 □动物检疫证书 □卫生证书 ☑原产地证 ☑许可/审批文件	☑到货通知 ☑装箱单 □质保书 □理货清单 □磅码单 □验收报告	2010CM089 SHANGHAI MADE IN JAPAN	*检验检疫费	
			总金额（人民币元）	
			计费人	
			收费人	

报检人郑重声明： 1. 本人被授权报检。 2. 上列填写内容正确属实。 签名：　Ruby	领 取 证 单
	日期
	签名

注：有"*"号栏由出入境检验检疫机关填写　　　　　　　◆国家出入境检验检疫局制

图 7-14　入境货物报检单

报检委托书

　　上海市出入境检验检疫局：

　　本委托人郑重声明，保证遵守《中华人民共和国进出口检验法》、《中华人民共和国进出境动植物检疫法》等有关法律法规的规定和检验检疫机构制定的各项规章制度，如有违法行为，自愿接受检验检疫机构的处罚并负法律责任。

　　本委托人所委托受委托人向检验检疫机构提交的《报检申请单》和随附的各种单据所列内容是真实无讹的。具体委托情况如下：

图 7-15　报检委托书

本单位将于 <u>2011 年 1 月 8 日</u>间进/出如下货物：

品　　名：　全棉印花细布　　　　合同号：2010CM089

数/重量：8750KGS　　　　　　　信用证号：/

特委托 <u>宁波一一货代公司</u>　代表本公司办理所有检验检疫事宜，其间产生的一切相关的法律责任由本公司承担。请贵局按有关法律规定予以办理。

委托方名称：宁波诚通进出口有限公司　被委托方名称：宁波一一货代公司

单位地址：宁波市鄞州学府路 9 号　　　单位地址：宁波市鄞州区钱湖南路 500 号

联系人：Ruby　　　　　　　　　　　联系人：陈一一

联系电话：88320320　　　　　　　　联系电话：88326788

（签章）　　　　　　　　　　　　　（签章）

2011 年 1 月 10 日　　　　　　　　　2011 年 1 月 10 日

注：本委托书经双方盖章方为有效。有效期至 <u>2011</u> 年 <u>2</u> 月 <u>10</u> 日。

图 7-15　报检委托书（续）

2011 年 1 月 11 日，Ruby 通过检验拿到《入境货物通关单》。随后，Ruby 填制了《进出口货物代理报关委托书》，并将此委托书交给货代公司。货代凭宁波诚通进出口贸易公司提供的进口货物报关单、报关委托书，以及商业发票、装箱单、提货单等单据向上海海关办理报关手续。

货代在向海关办理相关的报关手续后，Ruby 便将所进口的货物运送到指定的加工厂进行生产、加工，以最终完成随后的进料加工工作。

 理论概述

一、主要的付款方式

1. 汇款

汇款（Remittance）是一种顺汇方式，是银行（汇出行）应汇款人（债务人）的要求，以一定的方式将一定的金额，通过其在国外联行或代理行作为付款银行（汇入行），付给收款人（债权人）的一种结算方式。

汇款方式主要有 3 类，分别是电汇，信汇（mail transfer，M/T）与票汇（remittance by banker's demand draft，D/D）。

电汇在前文中已作介绍（详见任务二原材料付款及接收），在此不再赘述。

信汇是以航空信函向汇入行发出付款委托的一种汇付方式。使用信汇时，汇付人向汇出行提出申请，并交款付费给汇出行，取得信汇回执。汇出行把信汇委托书邮寄汇入行，委托汇入行解付汇付，汇入行凭以通知收款人取款。收款人取款时在收款人收据上签字后，交给汇入行，汇入行凭以解付汇付，同时将付讫借记通知书寄给汇出行，从而使双方的债权债务得到清算。信汇费用低廉，但收款时间长，业务中较少使用。

票汇是以银行即期汇票作为支付工具的汇付方式。使用票汇时，汇付人填写申请，并交款付费给汇出行。汇出行开立银行汇票交给汇付人，由汇付人自行邮寄给收款人。同时汇出行将汇票通知书或称票根（advice or drawing）邮寄给汇入行。收款人持汇票向汇入行取款时，汇入行验对汇票与票根无误后，解付票款并把付讫借记通知书寄给汇出行，以结清双方的债权债务。

票汇与信汇、电汇不同的地方：票汇的汇入行无须通知收款人取款，而由收款人向汇入行取款；汇票背书后可以转让，而信汇委托书则不能转让流通。利用汇付方式结算货款，银行只提供服务，不提供信用，货款能否结清，完全取决于买方的信用，因此属于商业信用。业务中汇款主要用于预付货款、货到付款及货款尾数、佣金、运费的结算，在采用分期付款和延期付款的交易中也较多使用汇付形式。

2. 托收

托收是出口人委托银行向进口人收款的一种支付方式。卖方发货后，将装运单证和汇票通过卖方的代理行送交进口商，进口商履行付款条件，银行才交出单证。托收项下汇票的传递方向与资金流向相反，所以人们称其为逆汇。

银行在托收业务中只提供服务，不提供信用，货款能否收回取决于进口商的信誉，属于商业信用。托收项下出口人向进口人提供信用和资金融通，可以吸引客户，调动其经营积极性，扩大出口。对进口人的好处是不用垫付资金。

托收的方式有光票托收与跟单托收两种。光票托收是出口商只开汇票，不随附货运单据的托收。用于样品、货款尾数的收付。跟单托收是出口商将汇票连同货运单据一起交给银行委托代收货款的方式。根据交单条件的不同，可分为付款交单（documents against payment，D/P）和承兑交单（documents against acceptance，D/A）。付款交单是出口人的交单以进口人的付款为条件。按照支付时间不同又可分为即期付款交单（D/P at sight）和远期付款交单（D/P after sight）两种。即期付款交单：进口人见票时立即付款，领取货运单据。远期付款交单：进口人见票时承兑，待汇票到期时，买方付款领取货运单据。承兑交单是出口人的交单以进口人的承兑为条件，即进口人承兑汇票后即可领取货运单据，待汇票到期时再付款。

跟单托收的程序如下（图 7-16）：首先，出口人发货后填写托收委托书（告知托收行如何处理该笔交易及发生问题时应采取的措施），连同货运单据一并交给托收行，委托其代收货款；其次，托收行收到托收指示和单证后，检验单证与托收指令是否相符，确保单证没有遗失后，将托收委托书连同汇票、单据寄代收行，委托其代为收款；再次，代收行收到汇票和单据后，及时向进口人提示，如果是即期汇票，进口人立即付款，取得单据，如果是远期汇票，进口人立即承兑；最后，代收行收到货款后，拨付托收行，托收行收到货款后转交出口人。

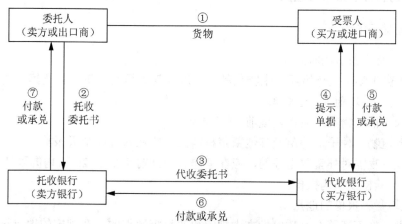

图 7-16　跟单托收流程

3. 信用证

信用证是开证行根据申请人的请求，向受益人开立的有一定金额的在一定期限内凭规定单据在指定的地点支付的书面保证。信用证实质上是银行代表其买方向卖方有条件地承担付款责任的凭证。信用证项下银行的服务有了质的飞跃，既提供服务又提供信用和资金融通，属于银行信用。信用证具有银行的保证作用，使买卖双方免去了互不信任的顾虑。对卖方来说，装运后凭规定的单据即可向银行取款；对买方来说，付款即可得到货运单据，通过信用证条款控制卖方。信用证还具有融通资金作用，以缓解资金紧张的矛盾。但是，信用证的使用也有不完善之处，如买方不按时、按要求开证，故意设陷阱，使卖方无法履行合同，甚至遭受降价、拒付、收不回货款的损失；卖方造假单据使之与证相符，欺骗买方货款；信用证费用高，业务手续烦琐，审证、审单技术性较强，稍有失误，就会造成损失。信用证的流程如图 7-17 所示。

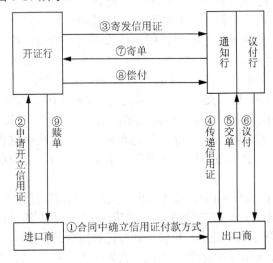

图 7-17　跟单信用证流程

二、加工贸易料件的报检与报关

1. 入境货物报检

（1）入境货物报检的时限

1）输入微生物、人体组织、生物制品、血液及其制品或种畜、禽及其精液、胚胎、受精卵的，应当在入境前 30 天报检。

2）输入其他动物的，应在入境前 15 天报检。

3）输入植物、种子、种苗及其他繁殖材料的，应在入境前 7 天报检。

4）入境货物需对外索赔出证的，应在索赔有效期前不少于 20 天内向到卸货口岸或货物到达地的检验检疫机构报检。

（2）入境货物报检的地点

1）审批、许可证等有关政府批文中规定检验检疫地点的，在规定的地点报检。

2）大宗散装商品、易腐烂变质商品、废旧物品及在卸货时发现包装破损、重/数量短缺的商品，必须在卸货口岸检验检疫机构报检。

3）需结合安装调试进行检验的成套设备、机电仪器产品，以及在口岸开件后难以恢复包装的商品，应在收货人所在地检验检疫机构报检并检验。

4）其他入境货物，应在入境前或入境时向报关地检验检疫机构报检。

5）入境的运输工具及人员应在入境前或入境时向入境口岸检验检疫机构申报。

（3）入境货物报检需提交的单据

入境货物应在入境前或入境时向报关地检验检疫机构进行报检，填写入境货物报检单，并随附进口贸易合同、发票、装箱单、提单/运单和到货通知等单据办理报检手续。

（4）入境货物报检的一般操作流程

入境货物报检的一般操作流程如图 7-18 所示。

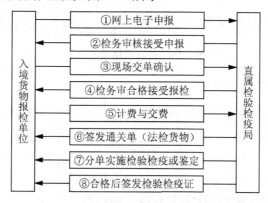

图 7-18　入境货物报检的一般操作流程

2. 加工贸易料件进口报关

（1）报关人

报关人既包括法人和其他组织，如进出口企业、报关企业，也包括自然人，如物品的所有人。进出口货物的报关人又称报关单位。

（2）报关范围

报关范围主要包括进出境运输工具、进出口货物、保税货物、暂时（准）进口货物、特定减免税货物、过境、转运及其他进境货物。

（3）报关形式

报关形式有自理报关与代理报关两种。货物收发货人自行办理报关手续称自理报关；代理报关是指接受进出口货物收发货人的委托，由报关企业代理其办理报关手续。

（4）加工贸易报关程序

加工贸易的报关程序包括前期阶段、进出境阶段和后续阶段。

1）前期阶段是指根据海关对保税货物、特定减免税货物、暂准进出口货物等的监管要求，进出口货物收发货人或其代理人在货物进出境以前，向海关办理上述拟进出口货物合同、许可证等的备案手续的过程。

2）进出境阶段是指进出口货物收发货人或其代理人在进出口货物出入境时，向海关办理进出口货物申报、配合查验、缴纳税费、提取或装运货物手续的过程。

3）后续阶段是指根据海关对保税货物、特定减免税货物、暂准进出口货物等的监管要求，进出口货物收发货人或其代理人在货物进出境储存、加工、装配、使用后，在规定的期限内，按照规定的要求，向海关办理上述进出口货物核销、销案、申请解除监管的手续的过程。

（5）进口货物通关程序

进口货物通关程序如图 7-19 所示。

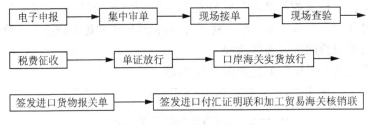

图 7-19　进口货物通关程序

3. 《入境货物报检单》的填写

1）编号：由检验检疫机构报检受理人员填写，前 6 位为检验检疫局机关代码，第 7 位为报检类别代码，第 8 和第 9 位为年代码，第 10～第 15 位为流水号。

2）报检单位登记号：报检单位在检验检疫机构登记的号码。

3）联系人：报检人员的姓名、电话、报检人员的联系电话。

4）报检日期：检验检疫机构实际受理报检的日期。

5）收货人：进口合同中的收货人，应中英文对照填写。

6）发货人：进口合同中的发货人。

7）货物名称（中/外文）：进口货物的品名，应与进口合同、发票名称一致，如为废旧物应注明。如品名太多时，只填写主要品名即可。

8）HS 编码：进口货物的商品编码，以当年海关公布的商品税则编码分类为准。

9）原产国（地区）：该进口货物的原产国家或地区。

10）数/重量：以商品编码分类中的标准重量为准，应注明数/重量单位。

11）货物总值：入境货物的总值及币种，应与合同、发票或报关单上所列的货物总值一致。

12）包装种类及数量：填写运输包装种类包装用材质及包装情况是否完好，如有异状，应按实际情况填写。

13）运输工具名称及号码：填写装运本批货物的运输工具名称及号码。

14）合同号：填写本批货物的进口贸易合同号，或订单、形式发票的号码。

15）贸易方式：填写本批进口货物的贸易方式，如一般贸易、来料加工、进料加工、易货贸易、补偿贸易等。

16）贸易国别（地区）：填写本批进口货物的贸易国家或地区名称。

17）提单/运单号：填写本批进口货物的海运提单号或空运单号，有二程提单的应同时填写。

18）到货日期：填写本批进口货物到达口岸的日期。

19）启运国家（地区）：填写本批进口货物的启运国家或地区名称。

20）许可证/审批号：需办理进境许可证或审批的进口货物应填写有关许可证号或审批号，不得留空。

21）卸毕日期：填写本批进口货物在口岸卸毕的实际日期。

22）启运口岸：填写装运本批进口货物启运口岸的名称。

23）入境口岸：填写装运本批进口货物交通工具进境首次停靠的口岸名称。

24）索赔有效期至：按进口贸易合同规定的日期填写，特别要注明截止日期。

25）经停口岸：填写本批进口货物在到达目的地前中途曾经停靠的口岸名称。

26）目的地：填写本批进口货物最后到达的交货地。

27）集装箱规格、数量及号码：进口货物若以集装箱运输，应填写集装箱的规格、数量及号码。

28）合同订立的特殊条款及其他要求：填写在进口贸易合同中订立的有关质量、卫生等特殊条款，或报检单位对本批货物检验检疫的特别要求。

29）货物存放地点：填写本批进口货物存放的地点。

30）用途：填写本批进口货物的用途。用途根据实际情况选填种用或繁殖、食用、奶用、观赏或演艺、伴侣动物、实验、药用、饲用、其他。

31）随附单据：向检验检疫机构提供的实际单据名称前的"□"内打"√"。如没有，在"□"后补填其名称。

32）标记及号码：填写进口货物的标记及号码，应与进口贸易合同和国外发票等有关单据保持一致。若没有标记及号码，则填"N/M"。

33）外商投资财产：由检验检疫机构报检受理人员填写。

34）报检人郑重声明：由报检人员亲笔签名。

35）检验检疫费：由检验检疫机构计费人员填写。

36）领取证单：由报检人在领取证单时，填写实际领证日期并签名。

自我评价

评价项目 \ 完成情况及得分	很好（5）	良好（4）	一般（3）	较差（2）	很差（1）	分项得分
去中国银行向日本 SUPER 公司支付货款，并进行接货操作						
委托报关行对进口料件进行报检、报关操作						

任务三　料件加工生产

【操作步骤】

1. Ruby 为美国 CC 公司提供验厂报告。

2. Ruby 下工厂对生产进度和生产质量进行监管。

【操作分析】

一、出具验厂报告

　　根据任务一，宁波诚通进出口贸易公司与美国 CC 公司是于 2010 年 11 月订立的合同。在正式签约前，美国 CC 公司委派其驻上海办事处的人员到宁波诚通进出口贸易公司的生产厂家——宁波天一服装厂进行验厂，验厂后，要出具验厂报告一份。验厂报告内容包含工厂的基本情况（包括名称、地址、联系电话等）、工厂的组织结构（包括法人代表、工厂性质、成立时间、相关负责人等）、生产情况（包括经营产品范围、主打产品、出口区域、出口额、客户情况等）、员工情况（管理人员、生产人员、质量监控人员等）、设备情况（设备种类、维护、整洁、组织、过程记录等）、质量控制（认证、产前控制、过程控制、完工检验等）及仓库情况等几个部分。

　　2010 年 10 月 9 日，美国 CC 公司驻上海办事处人员秦山来宁波，Ruby 负责陪同其前往宁波天一服装厂验厂。通过实际检验，得到如下信息。

　　宁波天一服装厂，成立于 2003 年 5 月，位于浙江省宁波市鄞州区学府路 89 号，是一家独资私营企业，法人代表是李军，总经理是李云，现有管理人员 10 人，车间工人 120 人，质量管理人员 8 人，共有员工 138 人；主要生产各式服装，其中主打产品是裙子；主要采用全棉细布，主要销往韩国、日本和美国，年出口量为 120 万美元，这 3 个国家分别占 40%、30% 和 30%；该厂引进日本的先进生产设备，有 CAD 的绘图机、裁剪机、熨烫机、分线机、缝纫机、双针机与平锁机等，都是在 2006 年购买，维护保养得很好。宁波天一服装厂给人的总体印象是非常清洁，组织管理很有序，生产工序也很有序，有操作说明，有独立的包装流水线；在质量管理方面，通过了 ISO9000、ISO14001 认证，共有 8 个能力较好的质量管理人员，有质量检测指示、质量检测设备，并且都进行产前检验、过程检验和完工检验，每次检验都有检验记录；该厂自己有一个 700m² 的仓库，情况良好、清洁、干燥。该厂的联系电话：0574-88318268，传真号码：0574-88318266，E-mail：tianyifz@nbc.com，该项目的负责人和联系人是李云。

　　根据以上信息，Ruby 完成了秦山带来的验厂报告，如图 7-20 所示。

FACTORY EVALUATION

Manufacturer for Project-No:	
Project-Description	100% COTTON LADY SKIRT
Factory	Ningbo Tianyi Garment Co
Supplier	Ningbo Chengtong I. & E. Co., Ltd.
Date of Factory Visit	13th SEP., 2010
Address	89 STREET XUEFU,YINZHOU DISTRICT, NINGBO, CHINA

FACTORY:	
Manufacturer Name	Ningbo Tianyi Garment Co
Country	P. R. China
City	NINGBO
Street	No89, STREET XUEFU
Telephone	0574-88318268

Fax	0574-88318266
E-mail	tianyifz@nbc.com

ORGANISATION:

Factory Owner	LI JUN
General Manager	LI YUN
Company Status	Personal
Established	in MAY, 2003
Person in charge for this project:	LI YUN

PRODUCT STATUS:

Major Product Range	GARMENT
Specialist for	SKIRT
Major Material Range	100% COTTON
Export Countries	KOREA, JAPAN, USA
Turnover Export	USD1 200 000
Country Ratio	KOREA: 40%, JAPAN: 30%, USA: 30%

TOTAL STAFF:

●**Administration**	10
●**Production**	120
●**QC**	8
Total:	138

EQUIPMENT:

Technical Equipment	full set of equipments from Japan
Type of Machines	CAD DRAWING,CUTTER,IROING MACHINE,sub-line machines, sewing machines, double needle machine, FLAT LOCK MACHINE
Technology & Age	Bought: in 2006 Maintenance: Ok

GENERAL IMPRESSION:

Cleanness	Very good
Organisation	Very organised
Production Process	Organised
Working Instructions	Have
Packing	Individual packing line

QUANLITY ASSURANCE:

ISO-Certification	ISO9000, ISO14001
Person in charge for QC	8 Competence: OK
Test Instruction	Yes
Test equipment	Yes

QUANLITY CONTROL:

Incoming	Inspected
Inline	Inspected
Final	Inspected
Documentation	Yes

WAREHOUSE:

Own Warehouse	Yes
Warehouse Capacity	700 m^2
Warehouse Conditions	Good, clean, dry

图 7-20 验厂报告

二、生产进度和生产质量的监管

生产进度和生产质量的监管，其基本要求是使工厂能够按照加工合同的要求及时并符合质量地交货。及时交货就必须使生产进度与加工合同的交货期相吻合，尽量做到不提前交货，也不延误交货。符合质量地交货就必须在工厂生产过程中对生产质量进行监管，一般是3个步骤：产前检验、过程检验及完工检验。生产过程监管的流程是下达生产通知单、跟踪生产进度及质量检验。

验厂结束后，美国CC公司对Ruby提供的验厂报告表示满意。于是在2010年11月10日，美国CC公司与宁波诚通进出口贸易公司正式签署合同（合同见本项目任务一，合同号：2010CI088）。于是，宁波诚通进出口贸易公司与宁波天一服装厂在2010年11月15日签订了服装生产加工合同，如图7-21所示。

服装加工合同						
供方	宁波天一服装厂			合同编号		0135
需方	宁波诚通进出口贸易公司			签定地点		宁波
				签定时间		2010-11-15
一、产品名称、商标、厂家、数量、金额、交货时间及数量						
产品名称	款号	数量	单位	单价	总金额	交（提）货时间及数量
全棉女裙	SLK-0088	25 000	件	13.6 元	￥340 000.00	按乙方接单日起120天内交货。具体时间以订单为准
合计		25 000	件		340 000 元	
二、质量要求、技术标准、供方对质量负责的条件及期限						
质量要求	参照产前确认样+客人修改意见					
技术标准	面料由需方提供，面料于2011年1月12日前到达供方，供方于2011年1月20日前制作出样品，经需方确认后封样，该样品由需方保存					
供方对质量负责的条件及期限			交货后6个月内			
三、交（提）货地点、方式：供方送货至需方指定仓库						
四、运输方式及到达站（港）和费用承担：由供方承担						
五、合理损耗及计算方式：/						
六、包装标准、包装物的供应与回收：/			严格按照需方要求进行内、外包装及发运包装			
七、验收标准、方式及提出异议期限：交货后6个月内						
八、随机备品、配件工具数量及供应方法：/						
九、溢短装情况：不可溢短装						
十、结算方法及期限：交货后一个半月内供方凭进仓单及增殖税发票到需方结算						
十一、如需提供担保，另立合同担保书，作为合同附件						
十二、违约责任：按合同法规定						
十三、解决合同纠纷的方法：按合同规定						
十四、其他约定事项：						
十五、备注：由质量问题引起的索赔工厂应承担责任，并按规定赔款						
供方				需方		
单位名称（章）	宁波天一服装厂			单位名称（章）	宁波诚通进出口贸易公司	
单位地址	宁波学府路89号			单位地址	宁波学府路9号	
法定代表人	李军			法定代表人	颜容	
委托代理人	李云			委托代理人	Ruby	
电话	0574-88318268			电话	0574-88320320	
2010年11月15日				2010年11月15日		

图7-21 服装加工合同

2011 年 1 月 20 日，Ruby 验收了工厂交来的样品，验证合格，并封样，然后向天一服装厂生产部门下达生产通知单，如图 7-22 所示。

生产通知单

订单编号	SKT201105	品牌	无		生产数量	全棉女裙 25 000 件
验货日期	2 月 14 日、3 月 25 日、5 月 12 日、6 月 13 日			交货日期	2011 年 6 月 20 日	

一、生产项目总览表

序号	名称	规格	数量	箱数	包装要求
1	女士全棉女裙	100%全棉印花细布	25 000 件 （M：5 000 件 L：5 000 件 X：5 000 件 XL：5 000 件 XXL：5 000 件）	500 箱	每件外包塑料袋，每 50 套放一纸箱（60cm×70cm×70cm）
	合计		25 000 件	500 箱	

二、生产特别要求

1．面料进厂后要进行数量清点以及外观和内在质量的检验，符合生产要求的才能投产使用。由于是进料加工，必须要注意对面料的使用做好专门管理。

2．要检验面料是否存在破损、污迹、织造疵点、色差等问题；检查面料的缩水率、色牢度和克重等，为生产做好准备。

3．在批量生产前，首先要由技术人员做好大生产前的技术准备工作。技术准备包括工艺单、样板的制定和样衣的制作 3 个内容。

4．裁剪前要先根据样板绘制出排料图，"完整、合理、节约"是排料的基本原则。

5．服装的检验应贯穿于裁剪、缝制、锁眼钉扣、整烫等整个加工过程之中。在包装入库前还应对成品进行全面的检验，以保证产品的质量。

图 7-22 生产通知单

在订单生产过程中，Ruby 分别于 2011 年 2 月 14 日和 3 月 25 日安排了两次质量检验，检查了生产进度执行情况和面料的保管使用及边角料的管理情况。检查结果表明生产进度执行情况较好，各工序基本在作业日程安排表的时间节点前完成；面料及边角料的使用均符合要求，台账记录清晰准确。

2011 年 6 月 13 日，Ruby 对产品进行了生产尾期检查，检验方法如图 7-23 所示。

裙子的测量方法及极限偏差

部位名称	测量方法	极限互差
1．裙长	由腰上口沿侧缝量到底边（裙长 90cm 以上）	±2
2．裙长	由腰上口沿侧缝量到底边（裙长 60～89cm）	±1.5
3．裙长	由腰上口沿侧缝量到底边（裙长 59cm ）	±1
4．腰围	扣好裤钩（纽扣）沿腰宽中间横量（周围计算）	±2
5．裙摆围	裙下摆边处横量（周围计算裙摆围 150 cm 及以内）	±3
6．裙摆围	裙下摆边处横量（周围计算裙摆围 150 cm 及以上）	±5

图 7-23 检验方法

根据检验结果出具了如图 7-24 所示的验货报告。

宁波诚通进出口贸易公司成品验货报告

加工合同号：0135	产品：全棉女裙	
抽检数量：500 件	验货日期：2011.6.13	
一、颜色		
1. 合格 499 件	2. 不合格 1 件	
二、整熨不良		
1. 严重（A 类）1 件	2. 轻微（B 类）2 件	
三、吊牌		
1. 严重（A 类）0 件	2. 轻微（B 类）2 件	
四、尺寸		
1. 合格 499 件	2. 不合格 1 件	
五、整洁度不良		
1. 严重（A 类）0 件	2. 轻微（B 类）2 件	
六、包装		
1. 合格 499 件	2. 不合格 1 件	
七、其他		
1. 严重（A 类）0 件	2. 轻微（B 类）2 件	
注意事项：1. 将有严重缺陷的产品进行返工。 2. 确保 6 月 20 日出货。		
查货员：Ruby		生产主管签名：李云
接受出运（√）	拒绝出运（ ）	出运待复（ ）

图 7-24 验货报告

从图 7-23 可见，抽样 500 件，有重要缺陷的产品数量为 1 件，次要缺陷的产品数量为 11 件，质量属于可接受的范围，因此 Ruby 签署了同意出运的意见。

 理论概述

一、验厂报告

验厂是指按照一定的标准对工厂进行审核或评估，一般分为人权验厂、品质验厂、反恐验厂等。企业"验厂"活动已经在中国的出口企业中普及，接受跨国公司和中介机构"验厂"对我国出口生产企业，尤其是纺织和服装、玩具、日用品、电子和机械等劳动密集型企业几乎成为必须满足的条件。

被检验的工厂一般需要提供的文件清单有工资表（过去 12 个月），人事花名册及员工个人档案，劳动合同，社会保险收据、花名册及合格证明文件等，工商营业执照，消防检查报告或合格证明文件，消防演习记录、紧急疏散计划及工伤记录等，环保证明文件，厂规或员工手册，政府有关当地最低工资规定文件，设备安全许可证（如电梯使用许可证、厨房卫生许可证等），特种工人上岗（如电梯工、电工、厨工卫生许可证等），当地劳动局关于延长加班的批文，未成年工体检及劳动局登记记录，厂房平面图及其他文件（视审核情况所需）。

在验厂过程中客户看中的主要有如下几个方面的内容。

1）公司的合法性：客户通过对公司营业执照、税收登记证、消防走火图等文件数据的查看以证实该公司是否合法及安全。

2）童工和未成年工：客户绝对禁止公司雇用未满 16 周岁的童工，能接受雇用 16 周岁以上 18 周岁以下的未成年工，但必需有政府部门的批文，以及有实际行动确保未成年工的身心健康。

3）是否有歧视：客户不允许公司在录用及提升员工的时候存在性别、种族、年龄、信仰等各方面的歧视。验厂人员一般会查看所有的在职人员人事档案及最近 6 个月离职的人事档案及劳动合同。

4）工作时间：公司必需要按当地的法律法规确保工人的休息时间，每周至少休息一天，每周工作不超过 60 个小时。

5）劳动报酬：平时加班及法定假日加班要按当地法律规定的资率支付员工的工资，并且每个月的工资不低于当地的最低工资标准。客户一般会查看最近 3 个月或 12 个月的员工考勤及工资发放记录。

6）惩戒性措施：客户不接受公司对员工进行任何的罚款、打骂等措施，更不接受公司有强迫劳动的行为。

7）健康与安全：公司要提供健康安全的工作场所，以及有必需的环境保护措施及相关的许可证件。对特种职业的员工要有相应的操作证件。

8）反恐：对人员来往及货物的流通不仅要有相应的程序，还要有相应的运作记录。对公司的实体安全，针控管理必需要按客户的要求保存记录。

二、产品生产进度监管和生产质量监管

1. 生产进度监管

生产进度控制的方法主要是跟单员通过生产管理部门每日的生产日报表统计，调查每天的成品数量及累计完成数量，以累计生产进度并加以跟踪控制，以确保能按订单要求准时交货。跟单员可利用每日实际生产的数字同预定生产数字加以比较，看是否有差异，以追踪记录每日的生产量。一旦发现实际进度与计划进度产生差异，应及时查找原因。如属进度发生延误导致影响交货期，除追究责任外，应要求企业尽快采取各种补救措施，如外包或加班等。在企业采取补救措施后，跟单员应调查其结果是否有效，如效果不佳，跟单员应要求企业再采取其他补救措施，一直到问题得到解决。如果补救措施无效，仍无法如期交货时，跟单员应及时联络并争取取得境外客户谅解，并征求延迟交货日期。

在生产进度监管过程中的重点如下：计划落实执行情况、机器设备运行情况、原材料供应保障、不合格及报废率情况、临时任务或特急订单插入情况、各道工序进程、员工工作情绪等。若发生各种生产异常，其影响最终体现于生产进度无法按计划进行。跟单员在生产过程中要掌握生产异常情况，及时进行跟踪工作。

2. 生产质量监管

生产企业的生产经营活动是一个复杂的过程，由于受人、机、料、法、环境与检测等主客观因素的影响，往往会引起产品质量的波动，甚至会产生不合格品。为了保证出口产

品的质量，对生产过程中的各生产环节和生产过程，进行质量监管，严格把住质量关，是企业按标准、工艺、图样组织生产的要求，是确保国家利益和客户利益的需要，同时也是维护企业信誉和提高经济效益的需要。

生产制造过程质量监管的要求主要体现在以下几个方面：第一，要严格贯彻执行生产质量控制计划；第二，要保证工序质量处于控制状态；第三，要有效地控制生产节奏，及时处理质量问题，确保均衡生产。

生产过程的质量监管的主要环节是加强工艺管理，执行工艺规程；严格质量把关，强化过程检验；坚持文明生产和均衡生产；应用统计技术，掌握质量动态；加强不合格品的监控；验证状态的控制；建立健全工序质量的控制点；综合运用工序质量控制方法；生产过程的质量经济分析。

生产质量监管的具体步骤如下。

首先是进货检验。这是对外购品的质量验证，即对采购的原材料、辅料、外购件、外协件及配套件等入库前的接收检验。

其次是工序检验。其目的是在加工过程中防止出现大批不合格品，避免不合格品流入下道工序。

再次是完工检验。这是全面考核半成品或成品的质量是否满足设计规范标准的重要手段。

最后是推进和落实操作者自检、工人之间互检和专职检验人员专检制度，包括自检、互检、专检。

常用的出口产品质量检验方式有全数与抽样检验、计数与计量检验、理化与感官检验、破坏性与非破坏性检验、固定与流动检验、验收与监控检验、不合格品管理等。

在质量监管过程中对不合格品的管理要引起足够的重视。不合格品的确定有两种标准，一种是符合性标准，另一种是适用性标准。当生产过程的某个阶段出现不合格品时，决不允许对其做进一步的加工；对于不合格品本身，应根据不合格品管理程序及时进行标记、记录、评价、隔离和处置；对已作了标记和记录的不合格品，供方应在等候评审和最终处置期间应将其放置在特定的隔离区，并实行严格控制，以防在此之前被动用。对不合格品的处置方式一般有返工、返修、原样使用、降级与报废5种。

自我评价

完成情况及得分 评价项目	很好（5）	良好（4）	一般（3）	较差（2）	很差（1）	分项得分
为美国CC公司提供验厂报告						
下工厂对生产进度和生产质量进行监管						

任务四　加工成品出口

【操作步骤】

1. Ruby委托货代公司进行报检报关。
2. Ruby制单结汇并进行《加工贸易手册》的核销。

【操作分析】

一、加工成品出口的报检报关

加工成品出口报检与一般商品出口报检程序基本相同，要经过先申请再检验然后发证放行几个过程。商品出境时，应填制《出境货物报检单》，并提供下列单证：外贸合同或销售确认书或订单、生产单位出具的厂检结果单原件、检验检疫机构签发的《出境货物运输包装性能检验结果单》正本、出口的商业发票、出口的装箱单（重量单）、报检委托书、检验检疫机构认为需要提供的其他资料或单证（如产品说明书）。产地和报关地相一致的出境货物经检验检疫合格的，检验检疫机构出具《出境货物通关单》；产地和报关地不一致的出境货物，出具《出境货物换证凭单》或《出境货物换证凭条》，由报关地检验检疫机构换发《出境货物通关单》；出境货物经检验检疫不合格的出具《出境货物不合格通知单》。

加工成品出口报关时，应持登记手册，填好其中的出口成品登记栏，并填写《出口货物报关单》（进料加工专用粉红色）一式四份及其他有关单证向海关申报。出境地海关审核无误后，验放有关货物出口，并在登记手册和报关单上加盖印章后退交经营单位，作为今后合同核销的依据。

2011 年 6 月 15 日，宁波天一服装厂来电告之货物已经包装完毕，等待出运。6 月 16 日，Ruby 委托宁波一一货代公司向商检局报检，并同时制作出境货物报检单和报检委托书，并附上商业发票、装箱单等单据，如图 7-25 和图 7-26 所示。

中华人民共和国出入境检验检疫										
出境货物报检单										
报检单位（加盖公章）	宁波诚通进出口贸易公司					*编　号				
报检单位登记号	××××××××	联系人	Ruby	电话	88320320	报检日期	2011 年 6 月 16 日			
发货人	（中文）	宁波诚通进出口贸易公司								
	（外文）	NINGBO CHENGTONG IMPORT AND EXPORT CO.,LTD.								
收货人	（中文）	美国 CC 公司								
	（外文）	CC America, Corp.								
货物名称（中/外文）		H.S.编码	产地	数/重量	货物总值	包装种类及数量				
全棉女裙 COTTON LADY SKIRT		××××××××	宁波	25 000 件	170 000 美元	500 箱				
运输工具名称号码	船舶		贸易方式	加工贸易	货物存放地点	浙江省宁波市学府路 89 号				
合同号	2010CI088		信用证号				用途	其他		
发货日期	2011.6.26		输往国家（地区）	美国	许可证／审批号					
启运地	上海		到达口岸	纽约	生产单位注册号					
集装箱规格、数量及号码	1×40'FCL									
合同、信用证订立的检验检疫条款或特殊要求		标记及号码		随附单据（划"√"或补填）						

图 7-25　出境货物报检单

| | CC America
2010CI088
NEW YORK
Carton No.：1-500 | （√）合同
（　）信用证
（√）发票
（　）换证凭单
（√）装箱单
（√）厂检单 | （√）包装性能结果单
（　）许可/审批文件
（　）
（　）
（　）|

需要证单名称（划"√"或补填）		*检验检疫费	
（　）品质证书　　　__正__副	（　）植物检疫证书　　__正__副	总金额 （人民币元）	
（　）重量证书　　　__正__副	（　）熏蒸/消毒证书　　__正__副		
（　）数量证书　　　__正__副	（√）出境货物换证凭单　__正__副	计费人	
（　）兽医卫生证书　__正__副	（　）放行		
（　）健康证书　　　__正__副		收费人	

报检人郑重声明：	领 取 证 单		
1. 本人被授权报检。 2. 上列填写内容正确属实，货物无伪造或冒用他人的厂名、标志、认证标 志，并承担货物质量责任。	日期		
	签名		

注：有"*"号栏由出入境检验检疫机关填写。　　　　　　　　　　◆国家出入境检验检疫局制

图 7-25　出境货物报检单（续）

报 检 委 托 书

宁波出入境检验检疫局：

　　本委托人声明，保证遵守《中华人民共和国进出口商品检验法》、《中华人民共和国进出境动植物检疫法》、《中华人民共和国国境卫生检疫法》、《中华人民共和国食品卫生法》等有关法律、法规的规定和检验检疫机构制定的各项规章制度。如有违法行为，自愿接受检验检疫机构的处罚并负法律责任。

本委托人所委托受委托人向检验检疫机构提交的报检单和随附各种单据所列内容是真实无讹的。具体委托情况如下：

本单位将于	2011	年	6	月间进/出口如下货物：			
品　　名	全棉女裙						
数（重）量	25 000 件						
合 同 号	2010CI088						
信用证号							

特委托	宁波一一货代有限公司	（地址：宁波市鄞州区钱湖南路 500 号）				
代表本公司办理本批货物所有的检验检疫事宜，请贵局按有关法律规定予以办理						
委托单位名称（签章）：宁波诚通进出口有限公司			受委托单位名称　（签章）：宁波一一货代有限公司			
单位地址	浙江省宁波市学府路 9 号		单位地址	宁波市鄞州区钱湖南路 500 号		
邮政编码	××××××		邮政编码	××××××		
法人代表	颜容		法人代表	陈一一		
本批货物业务联系人	Ruby		本批货物业务联系人	×××		
联系电话（手机）	88320320		联系电话（手机）	88326788		
企业性质	私营有限责任公司		企业性质	私营有限责任公司		
日　期	2011	6 月 16 日	日　期	2011 年 6 月 16 日		

本委托书有效期至	2011	年	8	月	16	日

图 7-26　报检委托书

2011 年 6 月 21 日，商品检验通过后，商检局发给宁波诚通进出口贸易公司一张换证凭条，如图 7-27 所示。

出境货物换证凭条

转单号	490412515736768T		报检号	××××××××	
报检单位	宁波诚通进出口贸易公司				
品名	全棉女裙				
合同号	2010CI088		HS 编码	××××××××	
数（重）量	25 000 件	包装件数	500 箱	金额	170 000 美元

评定意见：
　　贵单位报检的该批货物，经我局检验检疫，已合格。请执此单到上海局本部办理出境验证业务。本单有效期截止于 2011 年 8 月 16 日。

商检局宁波鄞州分局 2011 年 6 月 21 日

图 7-27　换证凭条

在报检进行的同时，6 月 17 日宁波一一货代公司安排集装箱送到诚通进出口贸易公司，将货物装箱、封存，再送至上海港区集港。Ruby 制作了出口货物报关单和报关委托书（图 7-28 和图 7-29），并按照海关要求，填写《加工贸易手册》中《货物出口报关登记表》，同时填写《出口货物报关单》（进料加工专用粉红色）一式四份及其他有关单证向海关申报。

出口货物报关单

（进料加工专用粉红色）

出口口岸 上海海关 2200		备案号	出口日期 2011.06.23	申报日期 2011.06.20
经营单位 宁波诚通进出口贸易公司××××× ××××		运输方式 江海运输 YONGYUN，VOY. NO. 552S		提运单号 DES000789
发货单位 ××××××××××		贸易方式 加工贸易	征免性质	结汇方式 D/P
许可证号		运抵国（地区） 美国	指运港 纽约	境内货源地 浙江省宁波市
批准文号 338598888	成交方式 FOB	运费	保费	杂费 RMB*
合同协议号 2010CI088	件数 500	包装种类 纸箱	毛重（kg） 8 750	净重（kg） 8 370
集装箱号 ××××××××	随附单据 B：出境货物通关单编号 5670835		生产厂家 宁波诚通进出口贸易公司	
标记唛码及备注				

CC America
2010CI088
NEW YORK
Carton No.：1-500

图 7-28　出口货物报关单

项号	商品编码	商品名称、规格型号	数量及单位	最终目的国（地区）	单价	总价	币制	征免
01	××××	全棉印花女裙	25 000 件	美国	6.8	170 000	美元	

税费征税情况	

录入员 录入单位	兹声明以上申报无讹并承担法律责任	海关审单批注及放行日期（签章）
		审单 审价
报关员		征税 统计
单位地址	申报单位（签章）	查验 放行
邮编 电话 填制日期		

图 7-28   出口货物报关单（续）

进出口货物代理报关委托书

编号：

委托单位	宁波——货代有限公司	十位编码	733143××××
地 址	宁波市鄞州区钱湖南路 500 号	联系电话	0574-88326788
经办人	×××	身份证号	××××××××××××××
我单位委托	宁波——货代有限公司		

代理以下进出口货物的报关手续，保证提供的报关资料真实、合法，与实际货物相符，并愿承担由此产生的法律责任。

货物名称	全棉女裙	商品编号	×××××××××	件 数	25 000 件
重 量	8 750KGS	价 值	USD 170 000	币 制	USD
贸易性质	加工贸易	货物产地	浙江宁波	合 同 号	2010CI088
是否退税	是	船名/航次	YONGYUN，VOY. NO. 552S		
委托单位开户银行				账号	

随附单证名称、份数及编号：

1. 合同	1	份；	6. 机电证明		份、编号：
2. 发票	3	份；	7. 商检证	1	份；
3. 装箱清单	3	份；	8.		
4. 登记手册		本、编号： ；	9.		
5. 许可证		份、编号： ；	10.		

（以上内容由委托单位填写）

被委托单位		十位编码	
地 址		联系电话	
经 办 人		身份证号	
（以上内容由被委托单位填写）			
代理（专业）报关企业章及法人代表章		委托单位章及法人代表章	宁波诚通进出口贸易公司 ×××××××××
		2011 年 6 月 17 日	

图 7-29 报关委托书

同时，Ruby 向外汇管理局申领出口收汇核销单，并进行填制，如图 7-30 所示。

<table>
<tr><th colspan="2">出口收汇核销单
存根</th><th rowspan="2"></th><th colspan="4">出口收汇核销单</th><th rowspan="2">（出口单位盖章）</th><th colspan="3">出口收汇核销单
出口退税专用</th><th rowspan="2">未经核销此联不得撕开</th></tr>
<tr><td colspan="2">（浙）编号：527876666</td><td colspan="4">（浙）编号：527876666</td><td colspan="3">（浙）编号：527876666</td></tr>
<tr><td>出口企业</td><td>宁波诚通进出口贸易公司</td><td></td><td>出口企业</td><td colspan="3">宁波诚通进出口贸易公司</td><td>出口企业</td><td colspan="2">宁波诚通进出口贸易公司</td><td></td></tr>
<tr><td>单位代码</td><td>××××××××</td><td></td><td>单位代码</td><td colspan="3">××××××××</td><td>单位代码</td><td colspan="2">××××××××</td><td></td></tr>
<tr><td>出口币种总价</td><td>USD170 000</td><td rowspan="8">（出口单位盖章）</td><td></td><td>类别</td><td>币种金额</td><td>日期</td><td>盖章</td><td>货物名称</td><td>数 量</td><td>币种总价</td><td rowspan="8">未经核销此联不得撕开</td></tr>
<tr><td>收汇方式</td><td>D/P AT SIGHT</td><td rowspan="4">银行签注栏</td><td></td><td></td><td></td><td rowspan="4">（海关盖章）</td><td rowspan="3"></td><td rowspan="3"></td><td rowspan="3"></td></tr>
<tr><td>预计收款日期</td><td>2011.6.30</td></tr>
<tr><td>报关日期</td><td>2011.6.23</td></tr>
<tr><td>备注</td><td></td><td rowspan="2">全棉女裙</td><td rowspan="2">500 箱</td><td rowspan="2">USD170 000</td></tr>
<tr><td rowspan="3"></td><td rowspan="3"></td></tr>
<tr><td>海关签注栏</td><td colspan="3"></td><td>报关单编号</td><td colspan="2"></td></tr>
<tr><td>此单报关有效期截止到</td><td></td><td></td><td></td><td></td></tr>
<tr><td></td><td></td><td>外管局签注栏</td><td colspan="3"></td><td>外管局签注栏</td><td colspan="2"></td></tr>
<tr><td></td><td></td><td>年 月 日（盖章）</td><td colspan="3"></td><td>年 月 日（盖章）</td><td colspan="2"></td></tr>
</table>

图 7-30 出口收汇核销单

Ruby 将制作好的出口货物报关单和报关委托书连同商业发票、出口收汇核销单等报关单证，以及出境货物换证凭证一并寄给宁波——货代公司，委托其办理报检和报关手续。

2011 年 6 月 22 日，货代公司从商检局上海分局换取出境货物通关单，如图 7-31 所示。

中华人民共和国出入境检验检疫

出境货物通关单

1. 发货人： 宁波诚通进出口贸易公司		5. 标记及号码 CC America 2010CI088 NEW YORK Carton No.：1-500
2. 收货人： CC America, Corp.		
3. 合同/信用证号 C/N0 2010CI088	4. 输往国家或地区 美国	
6. 运输工具及名称： 船舶 YONGYUN，VOY. NO. 552S	7. 发货日期： 2011.6.24	8. 集装箱规格及数量 1×40'FCL
9. 货物名称及规格 全棉女裙	10. H.S.编码 ××××××××××	11. 申报总值 USD170 000 12. 数/重量、包装及种类 25 000 件 500 纸箱

13. 证明
上述货物业经检验检疫，请海关予以放行。 本通关单有效期至二 O 一一七月三十日 签字：   （盖章）   2011 年 6 月 22 日

14. 备注：

图 7-31 出境货物通关单

宁波——货代公司准备齐报关单证后向海关办理代理报关手续。宁波诚通进出口贸易公司于 2011 年 6 月 24 日收到了货代公司寄来的海运提单，货物正式出运。

二、制单结汇与手册核销

收到海运提单，备齐相关单证，经营单位就可以办理相关结汇事项了。进料加工合同到期后或最后一个月内，经营单位应持登记手册、《进料加工专用进口货物报关单》，填好《核销申请表》或《进口料件使用情况表》到主管海关办理合同核销手续。海关审核上述单证无误后，予以核销结案，签发《核销结案通知书》。同时，对开设银行保证金台账的合同，海关签发《银行保证金台账核销联系单》，经营单位凭此向原开设银行保证金台账的银行办理销账手续，退还保证金及利息。

Ruby 收到海运提单后，备齐其他单据，委托中国银行宁波分行收取货款，2011 年 6 月 30 日，Ruby 填写《核销申请表》（图 7-32），向海关申请手册核销。

	进料情况			总进	成品情况						结案情况			
审批进口料件	实际进料数量（第 n 页）				品名 1		品名 2			总耗合计	剩余料件	调出料件	剩余残次品及边角料数量	成品内销数量
（设备）名称					数量：		数量：							
规格、数量	P1-2	P3-4	P5-6	数量	单耗	总耗	单耗	总耗			数量	数量		

进料加工合同核销申请表

登记手册编号：　　　　　　　　　　　　　　　　　　　核销合同编号：

进口合同号：　　　　　　　　　　申请核销意见：

出口合同号：

进口料件总金额	生产单位（签章）	经营单位（签章）
出口料件总金额	年　月　日	年　月　日

注：本表用单面复写纸填写一式二份，核销申请表由经营单位填写，海关核销结案情况表由海关填写，海关核销结案签章后退给经营单位一份。

图 7-32　核销申请

　　Ruby 备齐所需相关资料，向宁波海关申请手册核销，海关签发了《银行保证金台账核销联系单》。Ruby 持《银行保证金台账核销联系单》到中国银行宁波分行办理台账核销。中国银行宁波分行核销后签发了《银行保证金台账核销通知单》。2011 年 7 月 25 日，宁波海关签发了《加工贸易合同核销结案通知单》。自此，Ruby 圆满完成本票进料加工业务的跟单工作。

 理论概述

一、《加工贸易手册》核销

　　《加工贸易手册》核销是指加工贸易单位在合同执行完毕后将《加工贸易手册》、进出口专用报关单等有效数据递交海关，由海关核查该合同项下进出口、耗料等情况，以确定征、免、退、补税的海关后续管理中的一项业务。

（一）递交的单证

1）经营企业填制的《加工贸易核销申请表》。

2）进出口执行完毕的《加工贸易登记手册》，包括分册、续册（电子账册、电子化手册企业除外）。

3）加工贸易专用进出口报关单（正本）。

4）已预录入的《加工贸易核销申请表》。

5）《加工贸易单耗申报单》（企业可选择在报核环节申报单耗时提供）。

6）海关按规定需要收取的其他单证和材料。

（二）工作流程

核销的具体工作流程如下：①企业报核；②经办人签收手册；③审核核销结案；④签发《银行保证金台账核销联系单》；⑤企业签收《银行保证金台账核销联系单》并送交银行；⑥企业将银行回执送交海关；⑦经办人出具《结案通知书》。

（三）工作时限

自受理企业报核之日起20个工作日发出台账核销联系单。

值得注意的是，①手册在合同有效期到期后一个月内必须向海关申请报核；②《加工贸易核销申请表》中需详细填写实际进口料件和出口成品的名称、数量、各种进口料件用于生产各项出口成品的实际单耗、进口总值及余料、边角料、废料等情况；③保税料件或者成品内销、深加工结转、放弃、退运等海关手续需在手册有效期内办结（报核后也可以补税）。

二、《出口货物报关单》的介绍

（一）适用范围

出口企业申请退税，均应于海关放行货物之日起15日内申领出口退税报关单。

（二）栏目填写规范

1）《出口货物报关单》（进料加工专用粉红色）所需填具的栏目与《出口货物报关单》（白色）的栏目一致，填写要求亦基本相同。

2）在报关单"贸易方式"栏上侧，应填注进料加工登记手册编号。

3）如果进料加工出口成品所用进口料件值少于加工出口成品原辅料总值的20%，应在"备注"栏内填明"进口料值低于20%"的字样。

4）进料加工所用进口料件的名称应在"备注"栏内填明。

三、加工贸易货物的报关流程

加工贸易货物的报关流程如图7-33所示。

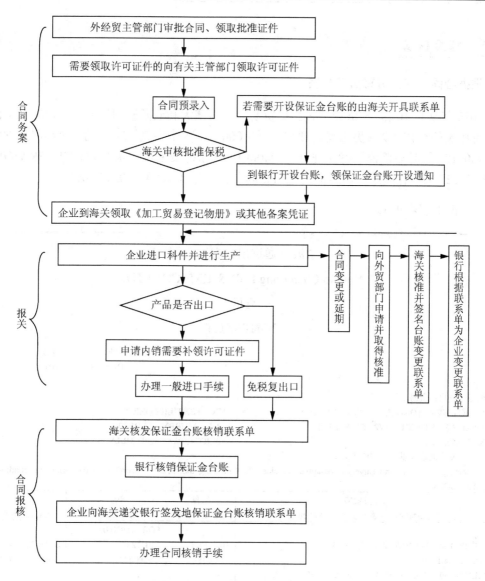

图 7-33 加工贸易货物的报关流程

 自我评价

完成情况及得分 评价项目	很好（5）	良好（4）	一般（3）	较差（2）	很差（1）	分项得分
委托货代公司进行报检报关						
制单结汇并进行加工贸易手册的核销						

 **课后训练**

一、根据合同内容，填写如下各表

2010 年 9 月 10 日，宁波诚通进出口贸易公司与澳大利亚西澳州的 UN 公司签订了出口纯涤纶服装的合作协议（男士夹克衫和裤子 1 000 套，男士夹克 15 000 套），合同号（NO.）：10JYI00910；同时与该公司签订进口 71 000m 100%涤纶染色布（100% POLYSTER WOVEN DYED FABRIC）作为生产面料的的进口合同，合同号（NO.）：10JYE00910。

　　1．出口合同如下。

宁波诚通进出口有限公司
Ningbo Chengtong IMP. & EXP. CO., LTD.

合同
CONTRACT

NO.：10JYI00910

Date：SEP 10, 2010

The Sellers:

宁波诚通进出口贸易公司

NINGBO CHENGTONG IMP. & EXP. CO., LTD.

NO 9 XUE FU STREET, YINZHOU STRICT,

NINGBO,CHINA

The Buyers:

UN　TEXTILE CORP.

222　MURRY　STREET

PERTH　WA. AUSTRILIA

下列签字双方同意按以下条款达成交易

The undersigned Sellers and Buyers have agreed to close the following transactions according to the terms and conditions stipulated below:

品名及规格 COMMODITY & SPECIFICATION	数量 QUANTITY	单价 UINT PRICE	金额 AMOUNT
		FOB SHANGHAI	
1.MEN'S 100% POLYSTER WOVEN SUIT （JACKET&PANT） 2.MEN'S 100% POLYSTER WOVEN JACKET	10 00SET 15 000SET	USD12.00 USD8.00	USD12 000.00 USD120 000.00
All charges except local charges are on applicant's account. （装运数量允许有 3%的增减） （Shipment quantity 3% more or less allowed）		TOTAL	USD132 000.00

总值

TOTAL VALUE: SAY TOTAL US DOLLARS ONE HUNDRED AND THIRTY TWO THOUSAND ONLY.

装运期限　　　　　　　目的港

SHIPMENT：MAR，2011　　DESTINATION：PERTH.WA.AUSTRILIA

付款方式　　　　　　　保险

PAYMENT：BY L/C　　INSURANCE FOB，CFR To be effected by The buyers

　　　　　　　　　CIF TO be effected by the sellers at 110% of invoice value covering all risks and war Risk

　　　　　　　　　as per China Insurance Clauses（CIC）.

一般条款

CENERALTERMS:

1．质地、重量、尺寸、花型、数量均允许合理差异，对合理范围内差异提出索赔，概不受理。

Reasonable tolerance in quality weight, measurements, designs and colors is allowed, or which no claims will be entertained.

2．买方对下列各点所造成的后果承担全部责任：（甲）使用买方的特定装潢，花型图案等；（乙）不及时提供生产所需的规格；（丙）不按时开信用证；（丁）信用证条款与售货确认书不相符合而不及时修改。

Buyers are to assumed full responsibilities for any consequences arising from:（a）the use of packing, designs or pattern made to order；（b）late submission of specifications or any other details necessary for the execution of this Sales Confirmation；（c）late establishment of L/C；（d）late amendment to L/C inconsistent with the provisions of this Sales Confirmation.

3．人力不可抗拒的事故造成延期或无法交货者，卖方不负任何责任。

Sellers are not responsible for late or non-delivery in the event of force majeure or any contingencies beyond Sellers，control.

4．凡对装运的货物质量提出索赔者，必须在货到目的港后 30 天内提出。

Claims, if any, concerning the goods shipped should be filed within 30 days after arrival at destination.

5．买方应在收到售货确认书后 10 天内签退一份给卖方，如在此期间内不提任何异议，本售货确认书即生效。凭买方订单或凭买方先前之确认而缮制的售货确认书，在发出后即生效。非经双方同意，不得更改和撤销。

Buyers should sign one copy of this Sales Confirmation and return it to sellers within 10 days after receipt. If nothing is proposed to the contrary with that time, this Sales Confirmation will be effective. Sales Confirmation, issued on the strength of buyers order or earlier confirmation, so immediately on its issuance, and subjected to neither modification nor cancellation, unless agreed upon by effective both parties.

宁波诚通进出口贸易公司

NINGBO CHENGTONG IMP. & EXP. CO., LTD.

顾 容

UN TEXTILE CORP.

JASON

2．进料合同如下。

宁波诚通进出口有限公司

Ningbo Chengtong IMP. & EXP. CO., LTD.

购货确认书

PURCHASE CONFIRMATION

NO.：10JYE00910

Date：SEP 10, 2010

The Sellers:

UN TEXTILE CORP.222 MURRY STREET PERTH WA.AUSTRILIA

The Buyers

宁波诚通进出口贸易公司

NINGBO CHENGTONG IMP. & EXP. CO., LTD.

NO 9 XUE FU STREET, YINZHOU STRICT,

NINGBO, CHINA

下列签字双方同意按以下条款达成交易：

The undersigned Sellers and Buyers have agreed to close the following transactions according to the terms and conditions stipulated below:

品名及规格 COMMODITY & SPECIFICATION	数量 QUANTITY	单价 UINT PRICE	金额 AMOUNT
100% POLYSTER WOVEN DYED FABRIC WIDTH:150CM,>180G/CBM 54076100.41 （装运数量允许有 5％的增减） （shipment quantity 5% more or less allowed）	71 000.00M	CIF SHANGHAI USD0.75 TOTAL	USD53 250.00 USD53 250.00

总值	
TOTAL VALUE：SAY US DOLLARS FIFTY THREE THOUSAND TWO HUNDRED AND FIFTY ONLY.	
装运期限	目的港
SHIPMENT：OCT，2010	DESTINATION：NINGBO，CHINA
付款方式	保险
PAYMENT：BY T/T	INSURANCE FOB，CFR To be effected by The buyers
	CIF TO be effected by the sellers at 110% of invoice value covering all risks and war
Risk as per China Insurance Clauses（CIC）.	
宁波诚通进出口贸易公司	
NINGBO CHENGTONG IMP. & EXP. CO., LTD.	UN TEXTILE CORP.JASON
顾客	

请根据上述信息完成进料加工贸易合同备案操作，填写如下各表：其中料件商品编码为5407610041，成品商品编码为6201939090。这笔业务诚通进出口贸易公司交给宁波天一服装厂加工。

加工合同备案申请表

备案申报编号：　　　　　　　　　　　　　　　　　　　　　主管地海关：

1. 经营单位名称	2. 经营单位编码
3. 经营单位地址	
4. 联系人	5. 联系电话
6. 加工企业名称	7. 加工企业编码
8. 加工企业地址	
9. 联系人	10. 联系电话
11. 外商公司名称	12. 外商经理
13. 贸易方式	14. 征免性质
15. 贸易国（地区）	16. 加工种类
17. 内销比例	18. 批准文号
19. 协议号	
20. 进口合同号	21. 进口总值
22. 币制	
23. 出口合同号	24. 出口总值
25. 币制	
26. 投资总额	27. 进口设备总额
28. 币制	
29. 进口口岸	30. 进口期限
31. 出口期限	
32. 申请人	33. 申请日期
34. 备注	
有关说明（不进电脑）	

进口料备案申请表

经营单位盖章：　　　　　　　　　　　　　　　　　　　　　　　　　　　进口合同号：

序号	商品编号	商品名称	规格型号	数量	单位	单价	总价	原产国
1								
2								
3								
4								

加工出口成品备案申请表

经营单位盖章：　　　　　　　　　　　　　　　　　　　　　　　　　　　出口合同号：

序号	商品编号	商品名称	规格型号	数量	单位	单价	总价	币制	消费国
1									
2									

二、根据合同内容，填写境外汇款申请书

宁波丝美服装有限公司于 2010 年 4 月 5 日签订了合同号为 2010SM007 的全棉女裙出口合同，并于 7 日与韩国 STAR 有限公司签订了合同号为 2010SM006 的印花全棉细布（克重≤100，棉≥85%，≥69 号）料件采购合同。宁波丝美服装有限公司与韩国 STAR 有限公司协商后，约定支付条款为"The buyer shall pay 100% of the sales proceeds to the seller by T/T against the fax of B/L"。通过提单审核和查询无误后，2010 年 4 月 9 日，宁波丝美服装有限公司向其开户行中国银行宁波分行办理普通电汇手续。STAR 有限公司的开户行为中国银行釜山分行，开户行地址为韩国釜山皇后路 70 号，账号为 12709870。宁波丝美服装有限公司授权签名人为冯建国，电话为 0574-22916719，组织机构代码为 779999999，用人民币购汇，人民币账号为 132323232，银行费用由汇款人承担。请填写下面的境外汇款申请书（有"略"处栏目无须填写）。

境 外 汇 款 申 请 书
APPLICATION FOR FUNDS TRANSFERS （OVERSEAS）

致： To:				日期 Date	
□电汇 T/T □票汇 D/D □信汇 M/T		发报等级 Priority		□电汇 Normal □电汇 Urgent	
申报号码 BOP Reporting No.（略）	□□□□□□　□□□□　□□　□□□□□□　□□□□				
20　银行业务编号 Bank Transaction Ref. No.（略）		收电行/付款行（略） Receiver/Drawn on			
32A　汇款币种及金额 Currency & Inter-bank Settlement Amount		金 额 大 写 Amount in Words			
其 中	现汇金额 Amount FX		账号 Account No.		
	购汇金额 Amount of Purchase		账号 Account No.		
	其他金额 Amount of Others		账号 Account No.		
50a　汇款人名称及地址 Remitter's Name & Address					

□对公组织机构代码 Unit Code□□□□□□□□□		□对私	□个人身份证号码 Indivudual ID No.
			□中国居民个人 Resident Individual
			□中国非居民个人 Non-Resident Individual
54/56a	收款银行之代理行（略）		
名 称 及 地 址 Correspondent of Beneficiary's Banker Name & Address			
57a	收款人开户银行名称及地址	收款人开户银行在其代理行账号 Beneficiary's Bank Account No.（略）	
Beneficiary's Bank Name & Address			
59a	收款人名称及地址	收款人账号 Beneficiary's Account No.	
Beneficiary's Name & Address			
70	汇款附言	只限 140 个字位	71A	国内外费用承担

70	汇款附言 Remittance Information（略）	只限 140 个字位 Not Exceeding 140 Characters	71A	国内外费用承担 All Bank's Charges If Any Are to Be Bone By
				□汇款人 OUR　□收款人 BEN□共同 SHA

收款人常驻国家（地区）名称及代码 Beneficiary Resident Country/Region Name & Code　韩国　　　410

请选择：□预付货款 Advance Payment□货到付款 Payment against Delivery□退款 Refund□其他 Others

交易编码（略） BOP Transaction Code	□□□□□ □□□□□	相应币种及金额（略） Currency & Amount		交易附言（略） Transaction Remark
是否为进口核销项下付款		□是□否　合同号		发票号（略）
外汇局批件/备案表号（略）			报关单经营单位代码（略）	□□□□□□□□□□
报关单号（略）		报关单币种及总金额（略）		本次核注金额（略）

银行专用栏 For Bank Use Only		申请人签章 Applicant's Signature	银行签章 Bank's Signature
购汇汇率 Rate @		请按照贵行背页所列条款代办以上汇款并进行申报 Please effect the upwards remittance subject to the conditions overleaf	
等值人民币 RMB Equivalent			
手续费（略） Commission			
电报费（略） Cable Charges		申请人姓名 Name of Applicant 电话 Phone No.	核准人签字（略） Authorized Person 日期（略） Date
合计（略） Total Charges			
支付费用方式（略）	□现金 by Cash □支票 by Check □账户 from Account		
核印 Sig.Ver（略）		经办 Maker（略）	复核 Checker（略）

三、根据相关信息制作验厂报告

新西兰的 APSM LIMITED 公司准备给上海天华国际贸易公司下一个 50000SETS 的 2 PCS HAMMER SET（两件套榔头）订单 NO. 47032，要求在签订合同后 30 天内交货。假设你是 APSM LIMITED 公司驻上海办事处的跟单员，在 2010 年 9 月 11 日到上海天华国际贸易公司的生产厂家嘉兴市新华五金制造有限公司进行验厂。

通过验厂得到以下信息：嘉兴市新华五金制造有限公司，成立于 2001 年，位于浙江省嘉兴市长水路 23 号，是一家独资私营企业，法人代表是厦华，总经理是李浩，现有管理人员 8 人，车间工人 100 人，质量管理人员 6 人，共有员工 156 人；该厂主要生产榔头、老虎钳、钢盒、保险箱等，其中主打产品是榔头、老虎钳；产品主要采用钢、铝的原材料，主要销往德国、英国、日本和美国，年出口量为 200 万美元，这 4 个国家分别占 40%、30%、20% 和 10%，主要客户是 B&Q, Comi 等；该厂有较强的生产能力，每天能生产 2 000 套的两件套榔头，有 125T、100T、63T、25T 4 种型号共 25 台金属加工设备（metal process machine），分别是拉伸机器（deep draw machine）、切割机（cut machines）、电焊机（welding machine），都在 2001 年购买，维护保养得很好该公司给人的总体印象是非常的清洁，组织管理很有序，生产工序也很有序，有操作说明，有独立的包装流水线；在质量管理方面，通过了 ISO9002-2000 的认证，共有 6 个能力较好的质量管理人员，有质量检测指示，有质量检测设备，并且都进行产前检验、过程检验和完工检验，每次检验都有检验记录；该厂自己有一个 2 000m^2 的仓库，情况良好、清洁、干燥。该厂的联系电话：0573-2522222，传真号码：0573-2555555，E-mail：email@uuutm，该项目的负责人和联系人是 TOM Li。

请根据以上信息制作如下验厂报告。

FACTORY EVALUATION

Manufacturer for Project-No _____

Project-Description _____

Factory _____

Supplier _____

Date of Factory Visit _____

Address _____

FACTORY:

Manufacturer Name _____

Country _____

City _____

Street _____

Telephone _____

Fax _____

E-mail _____

ORGANISATION

Factory Owner _____

General Manager _____

Company Status _____

Established _____

Person in charge for this project _____

PRODUCT STATUS:

Major Product Range _____

Specialist for _____

Major Material Range _____

Export Countries _____

Turnover Export _____

Country Ratio _____

Customer _____

TOTAL STAFF:
- Administration _____
- Production _____
- QC _____

Total: _____

EQUIPMENT:

Technical Equipment _____

Type of Machines _____

Technology & Age _____

GENERAL IMPRESSION:

Cleanness _____

Organisation _____

Production Process _____

Working Instructions _____

Packing _____

QUANLITY ASSURANCE:

ISO-Certification _____

Person in charge for QC _____

Test Instruction _____

Test equipment _____

QUANLITY CONTROL:

Incoming _____

Inline _____

Final _____

Documentation _____

WAREHOUSE:

Own Warehouse _____

Warehouse Capacity _____

Warehouse Conditions _____

四、问答题

1. 加工贸易下的进口货物有什么特点？
2. 请问海关对从事加工贸易的企业如何分类管理？
3. 哪些企业需要办理银行保证金台账？办理程序如何？
4. 加工贸易货物通关程序包括哪几个环节？

项目八　一般贸易进口跟单

 **项目导入**

宁波诚通进出口贸易公司拥有自营进出口权。该公司经理颜容与韩国 SAMSUNG 公司签订了一份进口合同（合同号：SMCT/2011016）。合同如图 8-1 所示。

SALES CONTRACT

NO.: SMCT/2011016　　　　　　　　　　DATE: 18 AUG., 2011

THE SELLER: SAMSUNG CORPORATION

　　　　　　SAMSUNG-PLAZA BUILDING 263, SEOHYEON-DONG,

　　　　　　BUNDANG-GU, SEONGNAM, GYEONGGI-DO, KOREA

　　　　TEL: 82-2-2145-2500　　　　FAX: 82-2-2145-2596

THE BUYER: NINGBO CHENGTONG IMP. & EXP. CO., LTD.

　　　　　NO. 9 XUEFU STREET, NINGBO,315010, CHINA

　　　　Tel: 0086-574-8820320　　　　Fax: 0086-574-8820320

COMMODITY:	WASTEPAPER
PACKING:	IN BULK
SHIPMENT:	LATEST 30 SEPTEMBER 2011 FROM ANY Korea PORT TO NINGBO, CHINA.
QUANTITY:	85MT NET
UNIT PRICE:	USD220/MT CFR NINGBO, CHINA
TOTAL AMOUNT:	USD18 700.00

　　　　　　SAY: U.S.D EIGHTEEN THOUSAND SEVEN HUNDRED ONLY.

　　　　　　MORE OR LESS 5% OF AMOUNT IS PERMITTED

VALIDITY OF L/C: L/C REMAINS VALID UNTIL 21 OCT 2011 NEGOTIATION

　　　　　IN Korea

PARTIAL SHIPMENT: NOT ALLOWED

TRANSSHIPMENT: ALLOWED

SHIPPING MARKS: SELLER'S MARK TO APPLY

L/C WILL BE OPENED DIRECTLY TO OUR BANK IN Seongnam:

Woori Bank

ADD: SEOHYEON-DONG 68, BUNDANG-GU, SEONGNAM, GYEONGGI-DO, KOREA

TEL：82-2-2145-1200

FAX: 82-2-2145-1222

SWIFT CODE:CMCIFRPP.

PAYMENT TERMS:

PAYMENT WILL BE BY TRANSFERABLE IRREVOCABLE DOCUMENTARY CREDIT PAYABLE AT 60 DAYS FROM B/L DATE AGAINST FOLLOWING DOCUMENTS PRESENTATION:

- FULL SET OF CLEAN ON BOARD MARINE B/L MADE OUT TO ORDER（ISSUED BY SHIPPING COMPANY OR SHIPPING AGENTS）.

图 8-1　进口合同

- COMMERCIAL INVOICE IN TRIPLICATE ISSUED BY BENEFICIARY.
- PACKING LIST IN TRIPLICATE ISSUED BY BENEFICIARY.
- BENEFICIARY'S CERTIFIED COPY OF FAX DISPATCHED TO THE ACCOUNTEES WITHIN 1 DAY AFTER SHIPMENT ADVISING THE NAME OF VESSEL, DATE, QUANTITY, WEIGHT AND VALUE OF THE SHIPMENT.

DOCUMENTS TO BE PRESENTED WITHIN 21 DAYS AFTER SHIPMENT AND WITHIN VALIDITY OF THE L/C.

L/C WILL BE OPENED AND RECEIVED IN Korea LATEST 04 SEP, 2011.

FORCE MAJEURE:

IN CASE OF LATE DELIVERY DUE TO FORCE MAJEURE, THE TIME OF SHIPMENT MIGHT BE DUELY EXTEND, OR ALTERNATIVELY A PART OR WHOLE OF THIS CONTRACT MIGHT BE CANCELLED. IN CASE THE ACCIDENT LASTS FOR MORE THAN 4 WEEKS, THE BUYER SHALL HAVE THE RIGHT TO CANCEL THE CONTRACT.

This contract is made in four original copies and becomes valid after signature, two copies to be held by each party.

Signed by:

THE SELLER:　　　　　　　　　　　**THE BUYER:**

SAMSUNG CORPORATION　　　　　　NINGBO CHENGTONG IMP. & EXP. CO., LTD.

Shaw White　　　　　　　　　　　　颜 客

图 8-1　进口合同（续）

　　合同签订后，经理将履行合同的任务交给了公司的外贸跟单员 Ruby，Ruby 接到任务后，按合同的要求开展了工作。为了达到这个目的，Ruby 应该掌握相关的外贸知识并具备相应的操作能力。

 知识目标

1. 掌握外贸进口合同主要条款与一般条款的含义。
2. 熟悉浙江外贸进口大类产品的贸易政策。
3. 熟悉主要的货款支付方式。
4. 了解货运及货运代理的相关业务知识。
5. 熟悉办理进口保险的相关业务知识。
6. 熟悉进口商品报检与报关的的相关政策及专业知识。
7. 熟悉办理进口核销的相关知识。
8. 了解仓储的相关业务知识。

 能力目标

1. 能够较准确地审查外贸进口合同。
2. 能够办理相关货物的进口批件。
3. 能够对外付汇（包括申请开立信用证、购汇等）。
4. 能够办理货运与进口保险。
5. 能够办理进口报检与报关手续。
6. 能够办理进口核销手续。

7．能够进行仓库管理。

1．培养良好沟通与表达能力。
2．培养良好的服务意识及团队合作精神。
3．培养认真仔细、真诚热情的工作作风。

任务一　审查外贸进口合同并办理进口批文
任务二　对外付汇
任务三　进口货物接收

任务一　审查外贸进口合同并办理进口批文

【操作步骤】

1．Ruby 翻译合同条款并整理关键要求。
2．Ruby 办理进口的相关批文。

【操作分析】

一、外贸进口合同审查

现在的合同从名称上看就有好几种，如有些名为"contract"（合同）、"sales contract"（售货合同）、"purchase confirmation"（购货确认书）、"sales order confirmation"（销售订单确认）等，有很多国外公司将 proforma invioce（形式发票）也视作合同。虽然各个公司的合同格式不尽相同，但都必须包括基本的内容：合同号，买方、卖方的详细信息，货物详细信息，付款方式，贸易术语，装货港，卸货港，最迟装运日，单据要求和一些附加条款等。若是信用证付款方式，还必须说明受益人、信用证有效日期及通知行。

这些条款里面要注意的内容如下。

第一，合同号是需要留意的，在审单中需要核对。

第二，买方、卖方的详细信息。最常见的有 buyer：买方公司名称、地址、电话、传真等。卖方就是 seller，同上。有些厂家买方会写"sold to:买方的详细信息"，卖方不写，关于卖方的详细信息一般在最上方中间或一侧。像 sales order confirmation 会写 ordered by ,deliver to（交付），一般都是买方。形式发票买方有时候会写 Messrs。

第三，付款方式。像 irrevocable 100% L/C at sight（不可撤销的 100%即期信用证）。 at sight（见单付款）就是即期信用证，100%即全部用信用证付款方式付款。远期的信用证也比较常见，irrevocable 100% L/C at 90 days after B/L date 是指接到海运提单后 90 天付款，100%不可撤销远期信用证。对于买方来讲，L/C at 90 days after sight 是指见到银行给买方的单据后 90 天付款，相比上一个，这个付款时间要晚很多，延迟付款时间有利于买方。T/T

付款是指电汇，非常便捷，利于卖方。进口时，T/T 先要在外汇管理局网上做预付款备案登记，然后带合同和外销发票去银行支付货款，支付金额必须与备案登记的一样，拿到进口报关付汇联后，将进口报关单与银行付汇水单核销。

第四，有些合同会附加其他要求。例如，Value and volume should be plus or minus 10%，指的是金额和货物数量上下浮动 10%。该条款一般都会有，根据买方卖方协商，数值有时会不同。常见的有上下浮动有 10%、15%、20%等。这句话还有其他的表达方式，如 More or less 10pct of quantity and amount are allowed，再如 On deck cargo and intermodal B/L allowed，指的是甲板货和联运提单是允许的。甲板货是指固定在露天甲板上运输的货物。有些产品由于本身的局限必须加上这一条，如木头、危险品及其他体积太大无法进入舱口的货物。联运提单是指承运人在装货港签发的中途得以转船运输而至目的港的提单。如果有可能转船，此项条款也是有必要加上去的。

第五，如果采用信用证支付，则合同中必须有通知行和地址，尤其是 SWIFT 号码，开立信用证时需要填写。如果是保兑信用证的话，一定要加上这句：Confirmation charges are for beneficiary's account（保兑费由受益人承担，即卖方承担）。保兑费金额很大，作为进口方，最好要求卖方承担。

第六，很多非正规合同都没有索赔和税款条款。如果有，一般描述如下：卖方提供的货物若数量短缺，或未按照等级要求，在货物抵达目的地后 90 天内买方有权向卖方书面提出索赔，否则索赔视为无效。货物需缴纳的所有税款在目的地由买方承担，在原产地由卖方承担。有时也会加一些不可抗力、争议等条款，视不同公司习惯而定。

Ruby 拿到进口合同后，对合同内容进行了审查，获得了如下信息。

1）进口合同号：SMCT/2011016。

2）商品名称：废纸。

3）商品数量：净重 85kt。

4）包装：散装，唛头由卖方负责。

5）价格：每公吨 220 美元 CFR 宁波，总价 18 700 美元。

6）运输：从韩国港口出发到宁波，最迟装运日期 2011 年 9 月 30 日，分批装运不允许，装运允许。

7）保险：我方（买方）负责。

8）支付方式：提单日期后 60 天付款的可转让不可撤销信用证（其中信用证应在 2011 年 9 月 4 日前开证，信用证有效期到 2011 年 10 月 21 日，要求信用证的通知行是位于韩国京畿道城南市的韩国友利银行）。

9）交单期：装运日期后 21 天并且在信用证的有效期内。

10）交单所附单据：全套海运提单、商业发票、装箱单及受益人证明。

11）不可抗力条款：一旦由于不可抗力导致无法按期交货，则可以将交货期延长或者解除全部或部分合同，一旦不可抗力事件的持续时间超过 4 周，则买方有权解除合同。

二、进口相关批文的办理

《中华人民共和国货物进出口管理条例》（国务院令［2001］第 332 号）第十一条提到，国家规定有数量限制的限制进口货物，实行配额管理；其他限制进口货物，实行许可证管理。第二十一条规定，进口属于自由进口的货物，不受限制。第二十二条规定，基于监测货物进口情况的需要，国务院外经贸主管部门和国务院有关经济管理部门可以按照国务院规定的职责划分，对部分属于自由进口的货物实行自动进口许可管理。

上面提到的配额管理和许可证管理都涉及进口批文的办理，若属于配额管理的范围，则由进口配额管理部门发放配额证明，若属于许可证管理的范围，则由进口许可证管理部门发放进口许可证。

进口配额证明的申请程序如下（以机电产品为例）。我国在机电产品进口方面的政策是鼓励进口先进技术设备、高科技产品，不鼓励进口一般加工设备和高档消费品，禁止进口危害国家安全和公民身心健康的机电产品。根据国家的产业政策和行业发展规划，对需适量进口以调节市场供应，但过量进口会严重损害国内相关工业发展的机电产品和直接影响进口结构、产业结构调整的机电产品，以及危及国家外汇收支地位的机电产品，列入配额产品目录，实行配额管理。

进口单位凡进口配额管理的机电产品，需填写《机电产品进口申请表》，向本地区、本部门机电产品进口管理机构提供有关文件和情况说明，由地区、部门机电产品进口管理机构转报国家机电进出口办审批，并颁发《进口配额证明》。进口单位取得配额证明向原对外贸易经济合作部领取《进口许可证》，海关凭《进口许可证》验放。

国家对实行进口配额管理以外的其他机电产品，实行非配额管理。其中对国内已开发或引进生产技术，需要加速发展的机电产品，列入特定产品目录，实行公开招标。国家机电进出口办按中标结果发放《进口证明》，海关凭《进口证明》验放。对其他非配额管理的机电产品，实行自动登记制。对实行自动登记制的非配额管理机电产品，由各地区、各有关部门机电产品进口管理机构实行登记管理。各进口单位应按规定向本地区、本部门机电产品进口管理机构领取登记表，并填写进口品种、数量、金额、国别等有关内容。

进口证明（包括配额证明）的有效期为一年。进口产品在有效期内有合理原因没有到货的，进口单位可向原发证明机关申请延期。

进口许可证的申请应当提交的文件如下。

1）《进口许可证申请表》。申请表（正本）需填写清楚并加盖企业公章，所填写内容必须规范。

2）申领企业的公函或申领人的工作证，代办人员应出示委托单位的委托函。

3）第一次办理进口许可证的申领单位，应提供商务部或省、市（自治区）外经贸部门出具的企业外贸经营权文件（复印件）。

4）进口合同、进口商品说明书等。

经营企业备齐上述材料后，向当地的进口许可证管理部门提交申请，申请符合要求的，发证机构会在收到申请之日起3个工作日内发放进口许可证。特殊情况下，最多不超过10个工作日。

Ruby 审核合同后，确定商品为废纸，废纸属于2011年自动进口许可证的范围，它的申请程序如下。

第一步，领取电子钥匙。企业（包括外商投资企业）申领进口目录、商品的自动进口许可证，均需领取电子钥匙。已有电子钥匙的，不需再领。

第二步，提交领证申请材料。通过商务部配额许可证事务局网站（http://www.licence.org.cn）的"企业网上申领平台"提交领证申请。

第三步，网上审核签发。当地的发证机关对企业网上提交的领证申请进行审核，一般在收到符合规定条件的领证申请10个工作日内办结。

第四步，递交书面材料，领取自动进口许可证。企业从网上下载已经审核的《自动进口许可证申请表》，并携带相关的书面材料，到当地的发证机关领取证书。

其中，需提交的书面材料包括①进口企业从事货物进出口的资格证书、备案登记文件等（以上证书、文件仅限公历年度内初次申领者提交）；②《自动进口许可证申请表》（加盖企业行政公章）；③货物进口合同；④属于委托代理进口的，应当提交委托代理进口协议（正本）；⑤对进口货物用途或者最终用户法律法规有特定规定的，应当提交进口货物用途或者最终用户符合国家规定的证明材料；⑥商务部规定的其他应当提交的材料；⑦外商投资企业如选择"外商投资企业进口"方式提交申请的，按照《外商投资企业自动进口许可管理实施细则》提供书面材料。

Ruby 准备好上述材料（自动进口许可证申请表如图 8-2 所示），于 2011 年 8 月 25 日向外经贸局递交了申请，9 月 5 日外经贸局就核发了《自动进口许可证》。

中华人民共和国 自动进口许可证 申请表						
1. 进口商： 代码：×××××× 宁波诚通进出口有限公司			3. 自动进口许可证申请表号：××××××××× 自动进口许可证号：			
2. 进口用户：			4. 申请自动进口许可证有效截止日期： 2012 年 8 月 25 日			
5. 贸易方式：一般贸易			8. 贸易国（地区）：韩国			
6. 外汇来源：银行购汇			9. 原产地国（地区）：韩国			
7. 报关口岸：宁波			10. 商品用途：生产用			
11. 商品名称：废纸 商品编码：×××××××× 设备状态：						
12. 规格、等级	13. 单位	14. 数量	15. 单价（币别）	16. 总值（币别）		17. 总值折美元
普通	公吨	85	220 美元	18 700 美元		18 700 美元
18. 总 计				18 700 美元		
19. 备注： 联系人： Ruby 联系电话：×××××××× 申请日期：2011-08-25			20. 签证机构审批意见：			

图 8-2 自动进口许可证申请

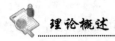 **理论概述**

一、进口合同的主要内容

1. 货物的品质规格条款

货物的品质规格是指商品所具有的内在质量与外观形态。品质条款的主要内容是品名、规格或牌名。合同中规定品质规格的方法有两种：凭样品和凭文字与图样法。在凭样品确定商品品质的合同中，卖方要承担货物品质必须同样品完全一致的责任。为避免发生争议，合同中应注明"品质与样品大致相同"。凭样品成交适用于从外观上即可确定商品品质的交易。凭文字与图样的买卖包括凭规格、等级或标准的买卖，凭说明书的买卖及凭商标、牌号或产地的买卖。对于附有图样、说明书的合同要注明图样、说明书的法律效力。

2. 货物的数量条款

数量条款的主要内容是交货数量、计量单位与计量方法。制定数量条款时应注意明确计量单位和度量衡制度。在数量方面，合同通常规定有"约数"，但对"约数"的解释容易发生争议，故应在合同中增订"溢短装条款"，明确规定溢短装幅度，如"东北大米 500kt，溢短装 3%"，同时规定溢短装的作价方法。

3. 货物的包装条款

包装是指为了有效地保护商品的数量完整和质量要求，把货物装进适当的容器。包装条款的主要内容有包装方式、规格、包装材料、费用和运输标志。制定包装条款要明确包装的材料、造型和规格，不应使用"适合海运包装"、"标准出口包装"等含义不清的词句。

4. 货物的价格条款

价格条款的主要内容有每一计量单位的价格金额、计价货币、指定交货地点、贸易术语与商品的作价方法等。为防止商品价格受汇率波动的影响，在合同中还可以增订黄金或外汇保值条款，明确规定在计价货币币值发生变动时，价格应作相应调整。

5. 货物的装运条款

装运条款的主要内容是装运时间、运输方式、装运地与目的地、装运方式及装运通知。根据不同的贸易术语，装运的要求是不一样的，所以应该依照贸易术语来确定装运条款。如果合同中定有选择港，则应定明增加的运费、附加费用应由谁承担。

6. 货物的保险条款

国际货物买卖中的保险是指进出口商按照一定险别向保险公司投保并缴纳保险费，以便货物在运输过程中受到损失时，从保险公司得到经济上的补偿。保险条款的主要内容包括确定投保人及支付保险费、投保险别和保险条款。在国际货物买卖中，保险责任与费用的分担由当事人选择的贸易术语决定，因此投保何种险别，以及双方对于保险有何特殊要求都应在合同中定明。此外，双方应在合同中定明所采用的保险条款名称，如是采用中国人民保险公司海洋货物保险条款，还是采用伦敦保险业协会的协会货物险条款，以及其制定或修改日期、投保险别、保险费率等。

7. 货物的支付条款

支付条款的主要内容包括支付手段、支付方式、支付时间和地点。支付手段有货币和汇票，主要是汇票。付款方式可以分为两种，一种是不由银行提供信用，但通过银行代为办理，如直接付款和托收；另一种是由银行提供信用，如信用证法。支付时间通常按交货与付款先后，可分为预付款、即期付款与延期付款。付款地点即为付款人或其指定银行所在地。

8. 货物的检验条款

商品检验指由商品检验机关对进出口商品的品质、数量、重量、包装、标记、产地、残损等进行查验分析与公证鉴定，并出具检验证明。检验条例主要内容包括检验机构、检验权与复验权、检验与复验的时间与地点、检验标准与方法及检验证书。在国际贸易中，检验机构主要有官方检验机构、产品的生产或使用部门设立的检验机构、由私人或同业协会开设的公证、鉴定行。检验权与复验权的归属，以及检验与复验的时间、地点，在国际货物买卖中，通常由当事人在合同中约定。检验的标准和方法，在国际贸易实践中，通常采用以下方法：按买卖双方商定的标准方法、按生产国的标准和方法、按进口国的标准和方法、按国际标准或国际习惯的方法。检验证书是检验机构出具的证明商品品质、数量等是否符合合同要求的书面文件，是买卖双方交接货物、议付货款并据以进行索赔的重要法律文件。应按照合同的具体约定出具符合合同要求或某些国家特殊法律规定的检验证书。

9. 不可抗力条款

不可抗力条款是指合同订立以后发生的当事人订立合同时不能预见的、不能避免的、人力不可控制的意外事故，导致合同不能履行或不能按期履行，遭受不可抗力一方可由此免除责任，而对方无权要求赔偿。一般来说，不可抗力来自两个方面：自然条件和社会条件。前者，如水灾、旱灾、地震、海啸、泥石流等；后者，如战争、暴动、罢工、政府禁令等。不可抗力是一个有确切含义的法律概念，并不是所有的意外事故都可构成不可抗力。有时当事人在合同中改变了不可抗力概念通常的含义，因此需要在合同中定明双方公认的不可抗力事故。

10. 仲裁条款

仲裁条款是双方当事人自愿将其争议提交第三者进行裁决的意思表示。仲裁条款的主要内容有仲裁机构、适用的仲裁程序规则、仲裁地点及裁决效力。在国际贸易实践中，仲裁机构、仲裁地点都由双方约定产生，仲裁程序规则一般由选择的仲裁机构决定，仲裁裁决的效力一般是一次性的、终局的，对双方都有约束力。凡订有仲裁协议的双方，不得向法院提起诉讼。

11. 法律适用条款

国际货物买卖合同是在营业地分处不同国家的当事人之间订立的，由于各国政治、经济、法律制度不同，就产生了法律冲突和法律适用问题。当事人应当在合同中明确宣布合同适用哪国的法律。

二、进口许可证的申领及填写

1. 申领所需文件和材料

1）各类进出口企业在申领进口许可证时，应向发证机关提供的一般文件和材料如下。

① 《进口许可证申请表》。申请表（正本）需填写清楚并加盖申领单位公章。所填写内容必须规范。

② 申领单位的公函或申领人的工作证，代办人员应出示委托单位的委托函。

③ 非外贸单位（指没有外贸经营权的机关、团体和企事业单位）申领进口许可证，需提供其主管部门（司、局级以上）证明。

④ 第一次办理进口许可证的申领单位，应提供原对外贸易经济合作部或经其授权的地方外经贸主管部门批准企业进出口经营权的文件（正本复印件）。

⑤ 外商投资企业第一次申领进口许可证需提供政府主管部门批准。还需提供该企业的批准证书和营业执照（复印件），由发证机关存档备案。

2）如果是一般贸易项下进口，还应分别提交以下材料。

① 配额管理进口商品：机电产品，应提交国家机电办签发的《进口配额证明》；一般商品，应提交国家计委授权的配额管理部门签发的《一般商品进口配额证明》。

② 非配额管理进口商品：粮食、植物油、农药、酒和彩色感光材料，应提交国家计委授权的进口登记部门签发的《特定商品进口登记证明》；碳酸饮料，应提交原国家经贸委签发的《进口证明》；军民通用化学品，应提交化学工业部（该部已于1998年被撤销）的批件，易制毒化学品应提交原外贸易经济合作部的批件。

3）外商投资企业申领进口许可证，还应分别提交以下文件和材料。

① 外商投资企业作为投资、自用而进口实行配额管理的一般商品，应提交各地外经贸主管部门批准的进口设备、物料清单；如进口实行许可证管理的特定登记商品，应提交各地外经贸主管部门批准的进口设备、物料清单。

② 外商投资企业为生产内销产品而进口实行配额管理的一般商品，应提交各地外经贸主管部门签发的《外商投资企业进口配额证明》；为生产内销产品而进口特定登记商品，应提交各地外经贸主管部门签发的《外商投资企业特定商品进口登记证明》。

③ 外商投资企业作为投资、自用和生产内销产品而进口成品油，应提交国家计委授权的进口配额管理部门签发的《一般商品进口配额证明》。

④ 外商投资企业为生产内销产品而进口配额管理的机电产品，应提交国家机电办签发的《进口配额证明》。

4）华侨、台湾、澳同胞捐赠项下商品申领进口许可证，还应分别提交以下文件和材料。

① 配额管理的一般商品进口，应提交国家计委授权的进口配额管理部门签发的《一般商品进口配额证明》。粮食、植物油、农药、酒和彩色感光材料进口，应提交国家计委授权的进口登记部门签发的《特定商品进口登记证明》。

② 国务院规定的实行限额管理的机电产品，应提交省、市侨办的批准文件。国务院未规定限额的属于许可证管理的机电产品，应提交国家机电办签发的《进口配额证明》。

5）其他贸易方式项下申请进口许可证，应提交的文件和材料如下。

① 其他贸易方式包括补偿贸易、边境小额贸易、利用国外政府贷款、国际组织或政府间无偿援助、经贸往来赠送、我国驻外机构及劳务承包调回、来料加工或进料加工及进口生产机电设备或因故转内销等。

② 配额管理的机电产品，应提交国家机电办签发的《进口配额证明》。

③ 配额管理一般商品，申请单位应提交国家计委授权的配额管理部门签发的《一般商

品进口配额证明》。粮食、植物油、农药、酒和彩色感光材料进口，应提交国家计委授权的进口登记部门签发的《特定商品进口登记证明》。

2. 填写规范

凡申领进口许可证的单位，应按以下规范填写进口许可证申请表。

1）进品商：应填写原外贸易经济合作部批准或核定的进出口企业名称及编码。外商投资企业进口也应填写公司名称及编码；非外贸单位进口，应填写"自购"，编码为"00000002"；如接受国外捐赠，此栏填写"赠送"，编码为"00000001"。

2）收货人：应填写配额指标单位，配额指标单位应与批准的配额证明一致。

3）进口许可证号：由发证机关编排。

4）进口许可证有效截止日期：一般为一年（另有规定者除外）。

5）贸易方式：一般贸易、易货贸易、补偿贸易、协定贸易、进料加工、来料加工、外商投资企业进口、国际租赁、国际贷款进口、国际援助、国际招标、国际展销、国际拍卖、捐赠、赠送、边境贸易、许可贸易等。

6）外汇来源：此栏的内容有银行购汇、外资、贷款、赠送、索赔、无偿援助、劳务等。外商投资企业进口、租赁等填写"外资"一栏；对外承包工程调回设备和驻外机构调回的进口许可证商品、公用物品，应填写"劳务"一栏。

7）报关口岸：应填写进口到货口岸。

8）出口国（地区）：即外商的国别（地区）。

9）原产地国：应填写商品进行实质性加工的国家、地区。

10）商品用途：可填写自用、生产用、内销、维修、样品等。

11）商品名称和编码：应按原外贸易经济合作部公布的实行进口许可证管理商品目录填写。

12）规格、型号：只能填写同一编码商品不同规格型号的 4 种，多于 4 种型号应另行填写许可证申请表。

13）单位：单位指计量单位。各商品使用的计量单位由原外贸易经济合作部统一规定，不得任意改动。合同中使用的计量单位与规定计量单位不一致时，应换算成统一计量单位。非限制进口商品，此栏以"套"为计量单位。

14）数量：应按原外贸易经济合作部规定的计量单位填写，允许保留一位小数。

15）单价（币值）：应填写成交时用的价格或估计价格，并与计量单位一致。

各类进出口企业领取进口许可证后，因故需要对进口许可证更改、展期时，应按以下规定办理：①申领单位因故需要更改进口许可证，应在有效期内进行，申领单位应填写进口许可证更改申请表，按表中要求填写清楚，连同原许可证第一、第二联交原发证机关；②更改进口商、收货单位、商品名称、规格和数量等内容的，需重新申领进口许可证；③进口许可证有效期要延期，申领单位一般应在有效期内提出申请并提供进口合同，如确签了进口合同的，发证机关可视情况给予延期，最长延期半年，延期后不得再展期，如在有效期内未签订合同，不得再申请展期。

申领单位如丢失许可证，应及时向发证机关和该证的所在口岸挂失。由发证机关审查确属丢失后按规定办理。

自我评价

评价项目＼完成情况及得分	很好（5）	良好（4）	一般（3）	较差（2）	很差（1）	分项得分
翻译合同主要条款与一般条款，并整理合同中的关键要点						
办理进口的相关批文						

任务二　对　外　付　汇

【操作步骤】

　　1．Ruby 申请办理列入《对外付汇进口单位名录》。

　　2．Ruby 向外汇局办理《进口付汇备案表》手续。

　　3．Ruby 到外汇指定银行办理开证或购汇手续。

【操作分析】

　　对外付汇流程一般情况下分为如下几个步骤：第一步，进口单位经商务部或其授权单位批准或备案取得进出口权，并取得中国电子口岸 IC 卡；第二步，进口单位持有关材料向注册所在地外汇局申请办理列入《对外付汇进口单位名录》；第三步，外汇局审核无误后，为进口单位办理《对外付汇进口单位名录》手续；第四步，进口单位付汇或开立信用证前，判断是否需到外汇局办理《进口付汇备案表》手续，如需要，持有关材料到外汇局办理进口付汇备案手续，领取进口付汇备案表；如不需要，进口单位持有关材料到外汇指定银行办理开证或购汇手续。

　　上面所述的几个步骤中有 3 个关键点，即办理列入《对外付汇进口单位名录》，办理《进口付汇备案表》手续，以及办理开证或购汇手续。

　　1．申请办理列入《对外付汇进口单位名录》

　　进口单位应当凭以下材料到所在地外汇局办理列入《对外付汇进口单位名录》手续：

　　①原外贸易经济部（委、厅）的进出口经营权的批件；②工商管理部门颁发的营业执照；③技术监督部门颁发的企业代码证书；④外汇登记证（外商投资企业）。

　　对于已经由国家外汇局分支局核准开立经常项目外汇账户的企业，在申请办理列入《对外付汇进口单位名录》时，无须再次提供进出口经营权备案登记表、工商营业执照及技术监督局代码证书等资料，可直接凭《经常项目外汇业务核准件》企业留存联（第三联）和进口单位名录登记申请书办理。不在名录上的进口单位不得直接到外汇指定银行办理进口付汇。

　　2．办理《进口付汇备案表》手续

　　进口付汇备案是外汇局依据有关法规，要求企业在办理规定监督范围内付汇或开立信用证前向外汇局核销部门登记，外汇局凭以跟踪核销的事前备案业务。不是所有的付汇都需要办理备案，只有进口单位在办理下列付汇或开立信用证业务时，需办理备案手续：①开立90 天以上（不含 90 天）的远期信用证；②信用证开立日期距最迟装运日期超过 90 天（不含 90 天）；③办理 90 天以上（不含 90 天）承兑交单的承兑业务；④提单签发日期距付汇日期超过 90 天（不含 90 天）的付汇交单业务；⑤付汇日期距预计到货日期超过 90 天的预付货款；⑥超过合同总额的 15％且超过等值 10 万美元的预付货款；⑦报关单签发日期距付汇日期超过 90 天（不含 90 天）的货到汇款业务；⑧境外工程使用物资采购的付款、开证业务；⑨转口贸易的付款、开证业务；⑩不在名录内企业付汇、开证业务；⑪"受外汇局真实性审核进口单位名单"内企业的付汇、开证业务；⑫经外汇局了解认为确系特殊情况的，有必要重点跟踪付汇业务。

在办理上述备案业务前，进口单位需对应报审已签发的预计到货日期在上月 1 日前的备案表的到货情况，否则，不予办理。进口单位在办理备案业务时，需对应提供下列单证：①进口付汇备案申请函（申请函内容应包含申请备案原因及备案内容）；②进口合同正本及主要条款复印件；③开证申请书（如备案原因为"远期信用证"，则该开证申请书上应有银行加盖的业务章）；④进口付汇通知单及复印件（如结算方式不为"托收"，则企业可不提供该单据）；⑤电汇申请书（如结算方式不为"汇款"，则企业可不提供该单据）；⑥进口货物报关单正本、复印件及 IC 卡（如备案原因不为"货到汇款"、"信用证展期"，则企业可不提供该单据及 IC 卡）；⑦结汇水单/收账通知单或转口所得的信用证（如备案原因不为"境外工程使用物资"、"转口贸易"，则企业可不提供该单据）；⑧预付款保函（如备案原因不为"90 天以上到货"、超过 15％且超过等值 10 万美元的预付货款，则企业可不提供该单据）；⑨进口付汇备案表；⑩特殊备案情况下，外汇局要求提供的其他凭证、文件。上述单据的内容必须真实、完整、清晰、准确。

进口单位在办理进口付汇备案业务时应根据不同的备案情况对应提供上述单据，并按照下列要求完成备案手续：①企业应提前 3 个工作日将有关单据交外汇局核销业务人员初审；②初审无误，审核人员将单据报送主管领导审批；③业务人员应于企业备案当日（或次日，"受外汇局真实性审核进口单位名单"内企业除外）将通过初审的单据报送主管领导审批，主管领导在次日（或第三日，"受外汇局真实性审核进口单位名单"内企业除外）将审批结果退审核人员，对于审批未通过的备案，审核人员需及时向企业讲明原因。④审批通过后，由审核人员通知企业（或由企业主动查询）备案结果，并将加盖"进口付汇核销专用章"的备案表及所附单证退还企业，同时，将备案表第四联及有关单证复印件一并留存、输机。

3. 办理开证或购汇手续

不同的支付方式下付汇手续的办理是不同的。

1）信用证。如果贸易进口以信用证方式结算，则进口单位凭进口合同、信用证开证申请书、信用证结算方式要求的有效商业单证、进口付汇备案表（或有）、进口许可证或登记表、进口证明（或有）及委托代理协议（或有）到银行直接办理付汇手续。

2）托收。如果贸易进口以托收方式结算，则进口单位凭进口合同、付款通知单（D/A、D/P 单）、跟单托收结算方式要求的有效商业单据、许可证、登记表及进口证明（或有）、进口付汇备案表（或有）及委托代理协议（或有）到银行直接办理付汇手续。

3）汇款。如果进口以预付货款方式结算，则进口单位凭进口合同、进口付汇核销单及形式发票等相关单证直接到外汇指定银行办理购付汇。如果贸易进口以货到付款方式结算，则进口单位凭进口合同、发票、正本进口报关单、提单、进口付汇核销单、许可证、登记表及进口证明（或有）、各种不同贸易方式及运输方式对应的凭证单据、进口付汇备案表（或有）及委托代理协议（或有）到银行直接办理。

如果是先支后收的转口贸易，那么进口单位凭有关经贸主管部门的核准业务书面批件、购货合同、售货合同、形式发票、买方开具的信用证或经国内银行核对密押的外方银行开具的付款保函、开证申请书及贸易进口付汇核销单（付汇时）到银行直接办理付汇手续。如果是保税区贸易进口，那么进口单位向境外支付货款凭《登记证》、贸易进口付汇核销单（代申报单）、正本进口货物报关单或海关货物进境备案清单，以及结汇、售汇及收付汇管理规定的相应有效凭证和商业单据办理付汇手续。

Ruby 取得中国电子口岸 IC 卡后，于 2011 年 8 月初持进出口经营权的批件、营业执照及企业代码证书向宁波外汇局申请办理列入《对外付汇进口单位名录》，外汇局审核无误后，为其办理了《对外付汇进口单位名录》手续。2011 年 8 月 18 日，合同签订后，由于合同中采用信用证方式支付，且不需到外汇局办理《进口付汇备案表》手续，因此 Ruby 持进口合同、信用证开证申请书、信用证结算方式要求的有效商业单证、进口许可证到中国银行宁波分行办理了开证手续，其中需要提供的开证申请书如图 8-3 所示。

IRREVOCABLE DOCUMENTARY CREDIT APPLICATIION	
TO: 中国银行宁波分行	**Date:26 , AUG , 2011**
Applicant NINGBO CHENGTONG IMP. & EXP. CO., LTD. NO. 9 XUEFU STREET, NINGBO,315010, CHINA Tel: 0086-574-8820320 Fax: 0086-574-8820320	L/C No. Contract No. SMCT/2011016
Beneficiary（full name and address） SAMSUNG CORPORATION, SAMSUNG-PLAZA BUILDING 263, SEOHYEON-DONG, BUNDANG-GU, SEONGNAM, GYEONGGI-DO, KOREA TEL: 82-2-2145-2500 FAX: 82-2-2145-2596	Date and place of expiry of the credit 21 OCT 2011, KOREA
	Advising Bank Woori Bank ADD: SEOHYEON-DONG 68, BUNDANG-GU, SEONGNAM, GYEONGGI-DO, KOREA TEL: 82-2-2145-1200 FAX: 82-2-2145-1222 SWIFT CODE:CMCIFRPP.
Partial shipments （ ）allowed（×）not allowed Transshipment （×）allowed（ ）not allowed	（ ）Issue by airmail （ ）With brief advice by teletransmission （ ）Issue by express delivery （×）Issue by teletransmission（which shall be the operative instrument）
Loading on board/dispatch/taking in charge at/from ANY KOREA PORT not later than 30 SEPTEMBER 2011 for transportation to NINGBO, CHINA	Amount （both in figures and words） USD18700.00 SAY: U.S.D EIGHTEEN THOUSAND SEVEN HUNDRED ONLY.
Description of goods: WASTEPAPER	Credit available with （ ）by sight payment （ ）by acceptance （ ）by negotiation （×）by deferred payment at 60 DAYS FROM B/L DATE against the documents detailed herein （ ）and beneficiary's draft for 100 % of the invoice value at on
Packing: IN BULK	（ ）FOB （×）CFR （ ）CIF （ ）or other terms

图 8-3 开证申请书

Document required（marked with×）：

1.（×）Signed Commercial Invoice in __3__ copies indication L/C No. and Contract No._____

2.（×）Full set of clean on board ocean Bills of Lading made out_____TO ORDER and（×）blank endorsed, marked "freight"（ ）to collect/（×）prepaid

3.（ ）Air Waybills showing "freight（ ）to collect /（ ）prepaid（ ）indicating freight amount" and consigned to

4.（ ）We normal issued by_____consigned to_____

5.（ ）Insurance Policy / Certificate in 1 copies for _____% of the invoice value showing claims payable in China in currency of the draft, blank endorsed, covering（ ）Ocean Marine Transportation /（ ）Air Transportation /（ ）Over Land Transportation（ ）All Risks, War Risks.

6.（×） Packing List / Weight Memo in __3__ copies indicating quantity / gross and net weights of each package and packing conditions as called for by the L/C.

7.（ ）Certificate of Quantity / Weight in copies issued by an independent surveyor at the loading port, indicating the actual surveyed quantity / weight of shipped goods as well as the packing condition.

8.（ ）Certificate of Quality in 1 copies issued by（ ）manufacturer /（ ）public recognized surveyor /（ ）.

9.（×）Beneficiary's Certified copy of cable / fax dispatched to the accountees within__1__days after shipment advising（×）name of vessel /（ ）flight No. /（ ）wagon No. , date, quantity, weight and value of shipment.

10.（ ）Beneficiary's Certificate Certifying that extra copies of the documents have been dispatched according to the contract terms.

11.（ ）Shipping Co's certificate attesting that the carrying vessel is chartered or booked by accountee or their shipping agents.

12.（ ）Other documents, if any.

Additional Instructions:

1.（×）All banking charges outside the opening bank are for beneficiary's account.

2.（×）Documents must be presented within__21__days after the date of issuance of the transport documents but within the validity of this credit.

3.（ ）Third party as shipper is not acceptable. Short Form / Blank Back B/L is not acceptable.

4.（×）Both quantity and amount__5__% more or less are allowed.

5.（ ）Prepaid freight drawn in excess of L/C amount is acceptable against presentation of original charges voucher issued by shipping Co / Air Line / or it's agent.

6.（ ）All documents to be for warded in one cover, unless otherwise stated above.

7.（ ）Other terms, if any.

Account No.,××××××	with （name of bank）
Transacted by:	（Applicant: name signature of authorized person）
Telephone No.:	（with seal）

图 8-3　开证申请书（续）

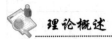

理论概述

一、申请开立信用证的基本要求

1）提供准确的开证路线（L/C guidance）。开证路线由受益人在订立合同后向申请人提供，通常包括 Payee's Name, Address and A/C No.（收款人姓名、地址和账号），Name and address of Payee's Bank（收款行名称、地址）等内容。

2）开证资料。首次到银行办理进口开证手续的企业应提交营业执照副本、企业有权从事外贸经营活动的文件原件、法人代表授权书、被授权人的签样、外汇局备案表等。

3）手续。递交有关合同的副本及附件、填写开证申请书（有的银行称开证承诺书）、缴纳保证金、支付手续费等。

4）按时开证。如合同规定开证日期，进口方应在规定期限内开立信用证；如合同只规定了装运期的起止日，则应保证受益人在装运期开始前收到信用证；如合同只规定最迟装运日期，则应在合理时间内开证，以使卖方有足够时间备妥货物并予出运，通常掌握在交货期前一个月至一个半月左右。

5）信用证的条件应单据化。进口方在申请开证时，应将合同的有关规定转化成单据。例如，合同以 CFR/CIF 条件成交，信用证应要求受益人在提交的清洁已装船提单上注明"运费已付"字样等。

6）银行单证中心的开证人员对开证申请人提交的有关文件进行审核，确认资料完整、符合规定后，通常按 SWIFT 规定的 MT700 格式将信用证开出。

7）各银行事先印制的固定格式申请书中凡涉及选择的的项目，一律在有关项目前打"×"表示选中。

8）除非有特殊要求和规定，信用证申请书原则上应以英文开立。

二、进口开证申请书的填制

1）DATE（申请开证日期）。在申请书右上角填写实际申请日期。

2）TO（致）。银行印制的申请书上事先都会印就开证银行的名称、地址，银行的 SWIFT CODE（银行国际代码）、TELEX NO.（电传号）等也可同时显示。

3）PLEASE ISSUE ON OUR BEHALF AND/OR FOR OUR ACCOUNT THE FOLLOWING IRREVOABLE LETTER OF CREDIT（请开列以下不可撤销信用证）。如果信用证是保兑或可转让的，应在此加注有关字样。开证方式多为电开（BY TELEX），也可以是信开、快递或简电开立。

4）L/C NUMBER（信用证号码）。此栏由银行填写。

5）APPLICANT（申请人）。填写申请人的全称及详细地址，有的要求注明联系电话、传真号码等。

6）BENEFICIARY（受益人）。填写受益人的全称及详细地址。

7）ADVISING BANK（通知行）。由开证行填写。

8）AMOUNT（信用证金额）。分别用数字和文字两种形式表示，并且表明币制。如果允许有一定比率的上下浮动，要在信用证中明确表示出来。

9）EXPIRY DATE AND PLACE（到期日期和地点），填写信用证的有效期及到期地点。

10）PARTIAL SHIPMENT（分批装运）、TRANSSHIPMENT（转运）。根据合同的实际规定打"×"进行选择。

11）LOADING IN CHARGE、FOR TRANSPORT TO、LATEST DATE OF SHIPMENT（装运地/港、目的地/港的名称，最迟装运日期）。按实际填写，如允许有转运地/港，也应清楚标明。

12）CREDIT AVAILABLE WITH/BY（付款方式）。在所提供的即期、承兑、议付和延期付款 4 种信用证有效兑付方式中选择与合同要求一致的类型。

13）BENEFICIARY'S DRAFT（汇票要求）。金额应根据合同规定填写为发票金额的一定百分比；发票金额的 100%（全部货款都用信用证支付）；如为部分信用证、部分托收时，按信用证下的金额比例填写。付款期限可根据实际填写即期或远期，如属后者必须填写具体的天数。信用证条件下的付款人通常是开证行，也可能是开证行指定的另外一家银行。

14）DOCUMENTS REQUIRED（单据条款）。各银行提供的申请书中已印就的单据条款通常为十几条。从上至下一般为发票、运输单据（提单、空运单、铁路运输单据及运输备忘录等）、保险单、装箱单、质量证书、装运通知和受益人证明等，最后一条是 OTHER DOCUMENTS，IF ANY（其他单据），如要求提交超过上述所列范围的单据就可以在此栏填写。例如，有的合同要求 CERTIFICATE OF NO SOLID WOOD PACKING MATERIAL（无实木包装材料证明）、CERTIFICATE OF FREE SALE（自由销售证明书）、CERTIFICATE OF CONFORMITY（合格证明书）等。申请人填制这部分内容时应依据合同规定，不能随意增加或减少。选中某单据后对该单据的具体要求（如一式几份、是否需要签字、正副本的份数、单据中应标明的内容等）也应如实填写，如申请书印制好的要求不完整应在其后予以补足。

15）COVERING/EVIDENCING SHIPMENT OF（商品描述）。商品描述的所有内容（品名、规格、包装、单价）都必须与合同内容相一致，价格条款里附带"AS PER INCOTERMS 2000"（按照 2000 国际贸易术语解释通则）、数量条款中规定"MORE OR LESS"或"ABOUT"、使用某种特定包装物等特殊要求必须清楚列明。

16）ADDITIONAL INSTRUCTIONS（附加指示）。该栏通常体现为以下一些印就的条款：ALL DOCUMENTS MUST INDICATE CONTRACT NUMBER（所有单据加列合同号码）；ALL BANKING CHARGES OUTSIDE THE OPENING BANK ARE FOR BENEFICIARY'S ACCOUNT（所有开证行以外的银行费用由受益人承担）；BOTH QUANTITY AND AMOUNT FOR EACH ITEM ×% MORE OR LESS ALLOWED（每项数量与金额允许×%增减）；THIRD PARTY AS SHIPPER IS NOT ACCEPTABLE（第三方作为托运人是不能接受的）；DOCUMENTS MUST BE PRESNTED WITHIN ××× DAYS AFTER THE DATE OF ISSUANCE OF THE TRANSPORT DOCUMENTS BUT WITHIN THE VALIDITY OF THIS CREDIT（单据必须在提单日后×××天送达银行并且不超过信用证有效期）。SHORT FORM/BLANK BACK/CLAUSED/CHARTER PARTY B/L IS UNACCEPTABLE（银行不接受略式/空白/不清洁/租船提单）。ALL DOCUMENTS TO BE FORWARDED IN ONE COVER, UNLESS OTHERWISE STATED ABOVE（除非有相反规定,所有单据应一次提交）。PREPAID FREIGHT DRAWN IN EXCESS OF L/C AMOUNT IS ACCEPTABLE AGAINST PRESENTATION OF ORIGINAL CHARGES VOUCHER ISSUED BY SHIPPING CO. / AIR LINE OR ITS AGENT（银行接受凭船公司/航空公司或其代理人签发的正本运费收据索要超过信用证金额的预付运费）。DOCUMENT ISSUED PRIOR TO THE DATE OF ISSUANCE OF CREDIT NOT ACCEPTABLE（不接受早于开证日出具的单据）。

如需要已印就的上述条款，可在条款前打"×"，对合同涉及但未印就的条款还可以做补充填写。

17）NAME, SIGNATURE OF AUTHORISED PERSON, TEL NO., FAX, ACCOUNT NO.（授权人名称、签字、电话、传真、账号等内容）。

完成情况及得分 评价项目	很好（5）	良好（4）	一般（3）	较差（2）	很差（1）	分项得分
Ruby 申请办理列入《对外付汇进口单位名录》						
Ruby 向外汇局办理《进口付汇备案表》手续						
Ruby 到外汇指定银行办理开证或购汇手续						
Ruby 到外汇局办理进口核销报审手续						

任务三 进口货物接收

【操作步骤】

1. Ruby 办理货运与进口保险。
2. Ruby 办理进口报检与报关手续。
3. Ruby 办理进口付汇核销手续。

【操作分析】

一、货运与进口保险

按 FOB 条件签订进口合同时，应由进口方安排船舶，如进口方自己没有船舶，则应负责租船订舱或委托货代办理租船订舱手续，当办妥租船订舱手续后，应及时将船名及船期通知卖方，以便卖方备货装船，避免出现船等货的情况。对数量大或重要物资的进口，如有必要，亦可请驻外机构就地了解、督促对方履约，或派人员前往出口地点检验监督。进口方对租船还是订舱的选择，应视进口货物的性质和数量而定。凡需整船装运的，则需租合适的船舶承运；小批量的或零星杂货，则大都采用订班轮舱位。

按 FOB 或 CFR 条件签订进口合同时，保险由进口方办理。进口商（或收货人）在向保险公司办理进口运输货物保险时，有两种做法，一种是逐笔投保方式，另一种是预约保险方式。

（一）逐笔投保方式

逐笔投保方式是进口商（或收货人）在接到国外出口商发来的装船通知后，直接向保险公司提出投保申请，填写《起运通知书》，并送交保险公司。保险公司承保后，即在《起运通知书》上签章，进口商（或收货人）缴付保险费后，保险公司出具保险单，保险单随即生效。

（二）预约保险方式

预约保险方式是进口商（或收货人）同保险公司签订一个总的预约保险合同，按照预约保险合同的规定，所有预约保险合同项下的按 FOB 及 CFR 条件进口货物的保险，都由该保险公司承保。预约保险合同对各种货物应保险的险别进行了具体规定，故投保手续比较简单。每批进口货物，在收到国外装船通知后，即直接将装船通知寄到保险公司或填制国际运输预约保险启运通知书，将船名、提单号、开船日期、商品名称、数量、装运港、目的港等项内容通知保险公司，即作为已办妥保险手续。保险公司则对该批货物负自动承保责任，一旦发生承保范围内的损失，由保险公司负责赔偿。

　　本项目中诚通进出口贸易公司与韩国 SAMSUNG 公司签订的合同采用的贸易术语是 CFR，所以 Ruby 不用负责货物运输，但是要负责保险。宁波诚通进出口贸易公司采用的是预约投保方式，所以 Ruby 只要将装船通知寄给保险公司即可。

二、进口商品的报检与报关

　　（一）进口商品报检

　　进口商品报检的主要流程如下。

　　第一，属于法定检验检疫入境货物的货主或其代理人向出入境检验检疫机构申请报检。

　　第二，进口单位提供有关的资料。

　　第三，检验检疫机构受理报检，审核有关资料，若符合要求，则受理报检并计收费用。

　　第四，签发《入境货物通关单》供报检人办理海关的通关手续。

　　第五，货物通关后，入境货物的货主或其代理人需在检验检疫机构规定的时间和地点到指定的检验检疫机构联系对货物实施检验检疫。

　　第六，经检验检疫合格，签发《入境货物检验检疫证明》并放行；经检验检疫不合格的货物签发《检验检疫处理通知书》；需要索赔的签发检验检疫证书。

　　（二）进口商品报关

　　进口货物到货后，由进口公司或委托货运代理公司或报关行根据进口单据填具《进口货物报关单》向海关申报，并随附发票、提单、装箱单、保险单、进口许可证及审批文件、进口合同、产地证和所需的其他证件。如属法定检验的进口商品，还须随附商品检验证书。货、证经海关查验无误，才能放行。具体步骤包括以下几方面。

　　（1）进口货物的申报

　　进口货物申报是指在进口货物入境时，由进口公司（收货人或其代理人），向海关申报、交验规定的单据文件，请求办理进口手续的过程。我国《中华人民共和国海关法》对进口货物的申报时限作了如下规定：进口货物的收货人应当自运输工具申报进境之日起 14 日内向海关申报。进口货物的收货人超过 14 日期限未向海关申报的，由海关征收滞报金。对于超过 3 个月还没有向海关申报进口的，其进口货物由海关依法提取变卖处理。如果属于不宜长期保存的货物，海关可以根据实际情况提前处理。变卖后所得价款扣除运输、装卸、储存等费用和税款后，尚有余款的，自货物变卖之日起一年内，经收货人申请，予以发还；逾期无人申请的，上缴国库。进口报关时除应提交进口货物报关单外，还应随附进口许可证和其他批准文件、提单、发票、装箱单、减税或免税证明文件。海关认为必要时，应交验买卖合同、产地证明和其他有关单证。如为《商检机构实施检验的进出口商品种类表》（以下简称《种类表》）内的商品、应受动植物检疫管制的进口货物或受其他管制的进口货物，在报关时还要交验有关部门签发的证明。

（2）进口货物的查验

海关以进口货物报关单、进口许可证等为依据，对进口货物进行实际的核对和检查，一方面是为了确保货物合法进口，另一方面是通过确定货物的性质、规格、用途等，以进行海关统计，准确计征进口关税。海关查验货物时，进口货物的收货人或其代理人应当在场，并负责搬移货物，开拆和重封货物的包装。海关认为必要时，可以径行开验、复验或者提取货样。

（3）进口货物的征税

海关按照《中华人民共和国海关进出口税则》的规定，对进口货物计征进口关税。货物在进口环节由海关征收（包括代征）的税费有进口货物关税、增值税、消费税、进口调节税、海关监管手续费等。

（4）进口货物的放行

进口货物在办完向海关申报、接受查验、缴纳税款等手续以后，由海关在货运单据上签印放行。收货人或其代理人必须凭海关签印放行的货运单据才能提取进口货物。

进口报关流程如图8-4所示。

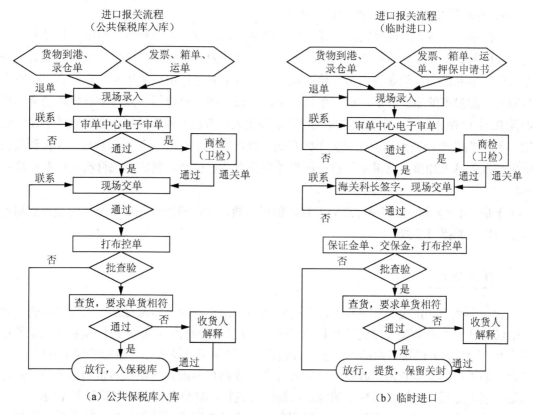

图8-4　进口报关流程

三、办理进口付汇核销手续

核销操作流程主要分为如下几个步骤：第一步，填写核销单，送外汇指定银行审核；第二步，外汇指定银行办理付汇核销单，按周向进口单位所在地外汇局报送；第三步，外汇指定银行留存备查；第四步，进口单位向外汇局办理核销报审手续；第五步，外汇局审查签章；第六步，外汇指定银行报送《贸易进口付汇统计月报表》。

这其中涉及进口单位的主要是填写核销单及办理核销报审手续两个步骤，核销单的填写在项目七中已经涉及，这里就不做具体介绍。下面重点介绍一下核销报审手续。

根据《贸易进口付汇核销监管暂行办法》规定，进口单位"应当在有关货物进口报关后一个月内向外汇局办理核销报审手续"。进口单位在办理到货报审手续时，需对应提供下列单据。

1）进口付汇核销单（如核销单上的结算方式为"货到付款"，则报关单号栏不得为空）。

2）进口付汇备案表（如核销单付汇原因为"正常付汇"，企业可不提供该单据）。

3）进口货物报关单正本（如核销单上的结算方式为"货到付汇"，企业可不提供该单据）。

4）进口付汇到货核销表（一式两份，均为打印件并加盖公司章）。

5）结汇水单及收账通知单（如核销单付汇原因不为"境外工程使用物资"及"转口贸易"，企业可不提供该单据）。

6）外汇局要求提供的其他凭证、文件。

进口单位需备齐上述单据，一并交外汇局进口核销业务人员初审；初审人员对于未通过审核的单据，在向企业报审人员明确不能报审的原因后退还进口单位；初审结束后，经办人员签字并转交其他业务人员复核；复核人员对于未通过审核的单据，在向企业报审人员明确不能报审的原因后退还进口单位；复核无误，则复核员签字并将企业报审的全部单据及 IC 卡留存并留下企业名称、联系电话、联系人；最后，外汇局将留存的报关单及企业 IC 卡通过报关单检查系统检验报关单的真伪。如无误，则将 IC 卡退进口单位，并在到货报审表和报关单上加盖"已报审"章；如报关单没有通过检查，则将有关材料及情况转检查部门。

于是，Ruby 填写核销单，送外汇指定银行审核，并在货物报关后一个月内到外汇局办理了进口核销报审手续。

 理论概述

进口商品分法定检验商品和非法定检验商品。法定检验进口商品是列入《种类表》及其他法律法规规定必须经过商检机构或者国家商检局、商检机构指定的检验机构检验的进口商品。除此以外的进口商品为非法定检验商品。这两类商品在办理报验手续上有所不同，法定检验进口商品到货后，收货人或其代理人必须向口岸或到达站商检机构办理进口商品登记手续，然后按商检机构规定的地点和期限向到货地商俭机构办理进口商品报验。

非法定检验进口商品到货后，由收用货部门直接办理进口通关手续。提货后，可按合同的约定自行检验，若发现问题需凭商检证书索赔的，应向所在地商检机构办理进口商品报验。

一、法定检验进口商品登记

法定检验进口商品登记要填写《种类表》内进口商品登记申请表，具体填写方法如下。

1）编号（NO.）：商检受理报验编号，由受理报验人员填写。

2）申请登记单位：填写申请登记单位全称并盖章。

3）登记日期：填写申请登记当天日期。

4）商品编号：填写 HS 编码 8 位数字。

5）数（重）量：按实际到货数（重）量填写，并加附计量单位。

6）进口日期：按《进口货物到货通知单》所列进口日期填写。

7）合同号：买卖双方签订的外贸合同的号码。

8）合同金额：合同中所列商品总价值，并加附货物名称。

9）贸易国别（或地区）：进口商品的出口国家（或地区）。

10）贸易方式："一般贸易"、"三来一补"、"边境贸易"或"其他"，填写其中方式之一。

11）收用货单位：填写收用货单位全称。

其中应提供的单据有《进口货物到货通知单》、进口货物报关单、合同、发票、提单/运单等。商检机构经审核、登记后，在报关单上加盖"已接受登记"印章。海关凭盖有商检机构"已接受登记"印章的报关单验放货物。对于经验放的货物，收用货部门应按有关规定及时向商检机构办理进口商品报验。

二、进口商品的报验

进口商品报检需要填写进口商品检验申请单，填写方法如下。

1）报验号：商检机构受理报验的编号，由受理报验人员填写。

2）报验单位盖章：填写报验单位全称，并加盖公章或报验专用章。

3）报验日期：填写报验当天的日期。

4）发货人：合同中的卖方。

5）受货人：合同中的买方。

6）品名规格：按合同、发票所列品名规格填写，如品名太多时，只填写主要品名即可。

7）合同号：买卖双方签订的合同编号。

8）发票号：所附国外发票编号。

9）HS 编码：填写《商品分类及编码协调制度》中所列该商品的 8 位编码。

10）报验数量：填写申请检验的数量，并注明计量单位名称。

11）报验重量：填写申请检验的重量，并注明净重/毛重及商品计重单位名称。

12）商品总价值：按合同或国外发票列明的货值填写，并注明货币名称。

13）运输：填写运输工具及运输方式（海运、空运、陆运等）。如该批货物是海运、经转运港运载的，应将船名、装运港、转运港、卸货港及目的港均填写清楚。

14）进口日期：填写《进口货物到货通知单》所列进口日期。

15）卸货日期：完成卸货的日期。

16）到厂日期：货物运至使用单位的日期。

17）索赔有效期：按合同规定的索赔期填写。

18）索赔有效期计算方法：从合同规定的起始日即进口日期或卸毕日期（不含当天）

起开始计算，到规定期限的最后一天止。如果截止日为国家法定假日时，则应顺延。例如，索赔期为 3 个月，进口日期为 8 月 3 日，索赔有效期就到 11 月 3 日止；如果索赔有效期为 90 天，索赔有效期就到 11 月 1 日止，因在此期间，有的月份为 31 天，计算时应注意。

19）质保期：即质量保证期，按合同规定日期填写。

20）包装情况：填写运输包装种类及包装情况是否完好。如有异状，应按实际情况填写。

21）标记及号码：按实际到货运输包装上所列标记（唛头）填写，如无标记则应填写"N/M"。

22）申请说明：申请人如有特殊要求应在此栏中加以说明。

报验项目不同，应提供的单据及资料也各异。品质、规格报验应提供的单据有：①贸易双方签订的合同；②国外发票；③提单或空运单等；④装箱单；⑤进口货物到货通知单；⑥国外品质证明；⑦使用说明书及有关标准与技术资料。残损鉴定报验，除需提供上面的①、②、③、④、⑤外，如为海运货物还应加附理货公司出具的理货残损单、海事报告、大副签证或保函；如为铁路运输的货物应加附铁路部门出具的商务记录；如为航空运输货物应加附空运部门出具的空运事故记录。数量、重量鉴定报验除需提供上面的①、②、③、④、⑤外，还应加附重量明细单或磅码单和理货清单。进口商品经收用货部门验收或其他部门检验的，应加附有关货物的验收记录、重量明细单或检验结果报告单。

三、进口商品报验的时间及地点

（一）报验时间的规定

报验人应在合同中列明的索赔有效期前不少于 1/3 的时间，向货物所在地商检机构报验。索赔期已近，来不及完成检验出证的，报验人必须预先向国外办理延长索赔期手续。

（二）报验地点的规定

外贸合同或运输契约规定进口商品检验地点的，应在规定的地点所在地商检机构报验。例如，合同规定凭卸货口岸商检机构出具的品质、重量检验证书作为计算价格、结算贷款的，就应向卸货口岸商检机构报验；大宗散装商品、易腐变质商品，如粮食、原糖、化肥、化工原料、农产品等进口商品，必须向卸货口岸或到达站商检机构报验；在卸货时，发现货物的外包装残损或短件的，必须向卸货口岸或到达站商检机构报验；由内地收货、用货的，货物在国内运输途中又不会发生变质、变量而包装又完好的进口商品可向到货地商检机构报验；

需结合安装调试进行检验的成套设备、机电仪产品及在口岸开件检验难以恢复包装的商品，应向到货地商检机构报验。

自我评价

完成情况及得分 评价项目	很好（5）	良好（4）	一般（3）	较差（2）	很差（1）	分项得分
Ruby 办理货运与进口保险						
Ruby 办理进口报检与报关手续						
Ruby 办理进口付汇核销手续						

课后训练

一、根据以下合同，回答下列问题

SALES CONTRACT

NO.: SMCT/2011013   DATE: MAR. 15TH, 2011

THE SELLER: SAMSUNG CORPORATION

           SAMSUNG-PLAZA BUILDING 263, SEOHYEON-DONG,

           BUNDANG-GU, SEONGNAM, GYEONGGI-DO, KOREA 463-721

           TEL: 82-2-2145-2500   FAX: 82-2-2145-2596

THE BUYER: NINGBO CHENGTONG IMP. & EXP. CO., LTD.

           NO. 9 XUEFU STREET, NINGBO,315010, CHINA

           Tel: 0086-574-8820320   Fax: 0086-574-8820320

This Contract is made by and between the Buyer and Seller, whereby the Buyer agree to buy and the Seller agree to sell the under-mentioned commodity according to the terms and conditions stipulated below:

Commodity & specification	Quantity	Unit price	Amount
HDPE GRADE NO.9004	204MT	CFR SHANGHAI USD937.00/MT	USD191 148.00
HDPE GRADE NO.3234	198MT	USD927.00/MT	USD183 546.00
TOTAL	402MT		USD374 694.00

TOTAL CONTRACT VALUE: SAY U. S. DOLLARS THREE HUNDRED SEVENTY FOUR THOUSAND SIX HUNDRED AND NINTY FOUR ONLY.

Both quantity and amount 1% more or less are allowed.

PACKING： 0.02 MT are packed in one export standard carton

MARKS:

Shipping mark includes SAMSUNG, S/C No., grade No., port of destination and carton No.

TIME OF SHIPMENT :

Not later than MAY.15., 2011

PORT OF LOADING AND DESTINATION:

From any Korea port to Shanghai.

Transshipment is allowed and partial shipment is allowed.

TERMS OF PAYMENT:

By irrevocable Letter of Credit at 90 days after B/L, reaching the seller not later than MAR.25TH, 2011 and remaining valid for negotiation in China for further 21 days after the effected shipment. In case of late arrival of the L/C, the seller shall not be liable for any delay in shipment and shall have the right to rescind the contract and /or claim for damages.

DOCUMENTS:

+ Signed Invoice in triplicate, indicating L/ C No. and Contract No.

+ Full set（3/3）of clean on board ocean Bill of Lading marked "freight prepaid" made out to order blank endorsed notifying the applicant.

+ Packing List in triplicate.

+ Certificate of Quality and Weight in 3 copies issued by manufacturer.

+ Beneficiary's Certified copy of fax dispatched to the applicant within 2 days after shipment advising the contract number, name of commodity, quantity, invoice value, bill of loading, bill of loading date, the ETA date and shipping Co.

CLAIMS:

In case discrepancy on the quality or quantity (weight) of the goods is found by the buyer, after arrival of the goods at the port of destination, the buyer may, within 30 days and 15 days respectively after arrival of the goods at the port of destination, lodge with the seller a claim which should be supported by an Inspection Certificate issued by a public surveyor approved by the seller. The seller shall, on the merits of the claim, either make good the loss sustained by the buyer or reject their claim, it being agreed that the seller shall not be held responsible for any loss or losses due to natural cause failing within the responsibility of Shipowners of the Underwriters. The seller shall reply to the buyer within 30 days after receipt of the claim.

LATE DELIVERY AND PENALTY:

In case of late delivery, the buyer shall have the right to cancel this contract, reject the goods and lodge a claim against the seller. Except for force majeure, if late delivery occurs, the seller must pay a penalty, and the buyer shall have the right to lodge a claim against the seller. The rate of penalty is charged at 0.5% for every 7 days, odd days less than 7 days should be counted as 7 days. the total penalty amount will not exceed 5% of the shipment value. The penalty shall be deducted by the paying bank or the buyer from the payment.

FORCE MAJEURE:

The seller shall not held responsible if they, owing to force majeure cause or causes, fail to make delivery within the time stipulated in the Contract or cannot deliver the goods. However, in such a case, the seller shall inform the buyer immediately by cable and if it is requested by the buyer, the seller shall also deliver to buyer by registered letter, a certificate attesting the existence of such a cause or causes.

ARBITRATION:

All disputes in connection with this contract or the execution there of shall be settled amicably by negotiation. In case no settlement can be reached, the case shall then be submitted to the China International Economic Trade Arbitration Commission for settlement by arbitration in accordance with the Commission's arbitration rules. The award rendered by the commission shall be final and binding on both parties. The fees for arbitration shall be borne by the losing party unless otherwise awarded.

This contract is made in four original copies and becomes valid after signature, two copies to be held by each party.
Signed by:

THE SELLER:	THE BUYER:
SAMSUNG CORPORATION	NINGBO CHENGTONG IMP. & EXP. CO., LTD.
Shaw White	颜 客

（1）翻译上面的进口合同，并整理合同中的关键要点。

（2）合同中进口商品需要办理什么进口批件？该批件有效期是多久？采用哪种管理模式？若第一次办理该进口批件，需要提交什么材料？

二、开立信用主实训

请根据第一题中的合同代表进口商向中国银行宁波分行申请开立如下信用证。

IRREVOCABLE DOCUMENTARY CREDIT APPLICATION

To:			Date:
Applicant		Beneficiary (full name, address etc.)	
Partial shipments （ ） allowed （ ） not allowed	Transshipment （ ） allowed （ ） not allowed	issued by （ ） teletransmission （ ） express delivery	
Loading on board/dispatch/ taking in charge at/from		Contract No. ： Credit Amount （both in figures and words）： Trade Term: （ ） FOB （ ） CFR （ ） CIF （ ） Others:	
Not later than For transportation to			

Description of goods:	Date and place of expiry:
	Credit available with （　）　by sight payment （　）　by acceptance （　）　by negotiation （　）　by deferred payment against the documents detailed herein （　）　and beneficiary's draft for 100 %　of invoice value at_____ drawn on issuing bank

Documents reauired: （marked with ×）

1.（　）Signed commercial invoice in__copies indicating L/ C No.　and Contract No.　SMST/24116

2.（　）Full set of clean on board Bills of Lading made out [ ] to order/ [ ] to the order of and blank endorsed, marked "freight [ ] prepaid/ [ ] to collect showing freight amount" notifying [ ] the applicant/ [ ]

3.（　）Air Waybills showing "freight [ ] prepaid/ [ ] to collect indicating freight amount" and consigned to.

4.（　）Insurance Policy/Certificate in 3 copies for 110 % of the invoice value showing claims payable in China in currency of the draft,blank endorsed, covering [ ] Ocean Marine Transportation / [ ] Air Transportation / [ ] Over Land Transportation）All Risks, War Risks. / [ ]

5.（　）Packing list / Weight Memo in 3 copies indicating.

6.（　）Certificate of Quantity/ Weight in_____copies issued by [ ] manufacturer / [ ] Seller / [ ] independent surveyor at the loading port, indicationg the actual surveryed quantity / weight of shipped goods as well as the packing condition.

7.（　）Certificate of Quality in_____copies issued by [ ] manufacturer / [ ] public recognized surveyor / [ ]

8.（　）Beneficiary's Certified copy of fax dispatched to the applicant within 2 days after shipment advising the contract number, name of commodity, quantity, invoice value, bill of loading, bill of loading date, the ETA date and shipping Co.

9.（　）Beneficiary's Certificate certifying that extra copies of the documents have been dispatched to the [ ] applicant/ [ ]

10.（　）Certificate of Origin in copies certifying.

11.（　）Other documents, if any.

Additional instruction:（marked with ×）

1.（　）All banking charges outside the opening bank are for beneficiary's account.

2.（　）Documents must be presented within 21 days after the date of issuance of the transport documents but within the validity of this credit.

3.（　）Third party as shipper is not acceptable, Short Form / Blank B/L is not acceptable.

4.（　）Both quantity and amount _____ % more or less are allowed.

5.（　）All documents to be forwarded in one lot by express unless otherwise stated above.

6.（　）Other terms, if any.

| For banks use only
Seal and / or Signature　　　checked by　（　　　）
L/C Margin　　　%　　　checked by　（　　　）
Credit Facility　　　　　checked by　（　　　）

Ent　（　　　）　Ver　（　　　）　App　（　　　）
　　　　　　　　　　Date: | 我公司承担本申请书背面所列责任及承诺，并保证按照办理。
（申请人名称及盖章）
RMB A/C No.
USD or　（　　　）　A/C No.
联系人：
电话： |

三、根据第一题的合同回答下列问题

（1）假如这是宁波诚通进出口贸易公司第一次做进口业务，请问其办理对外付汇需要什么手续？办理时需要提交什么材料？

（2）该合同的运输保险由谁办理？投保方凭什么办理保险？

（3）一般而言，我国进口商在办理保险时通常采取什么保险方式？该保险方式有什么特点？

（4）合同中规定船于 2011 年 5 月 15 日到达上海港，因种种原因，诚通进出口贸易公司于 2011 年 5 月 30 日才向港口报关，请计算该公司应该向海关缴纳多少滞报金？（假定 1 美元兑换 7 元人民币保险费是 200 美元）

四、请根据以下合同，回答下列问题

进 口 合 同

上海环球电讯有限公司

SHANGHAI GLOBAL POSTAL EQUIPMENT

地址：中国上海九江路 999 号

ADD：999 JIU JIANG ROAD SHANGHAI CHINA

TEL：0086-21-88888888　　　　　　　　FAX：0086-21-88888888

PURCHASE　CONTRACT

TO：KJU TELECOMMUNICATION INC.

FAX：001-3892-5625780　　　　　AT'TN：EXPORT SECTION

P/C No.：IMP-92-001521　　　　　DATE: DEC, 10TH, 2001

this contract is made by and between the buyers and the sellers, whereby the buyers agree to buy and the sellers agree to sell the under mentioned commodity according to the terms and conditions stipulated below:

QTY	DESCRIPTION	UNIT PRICE	TOTAL VALUE	PACKING
3 000 SETS	Digital distance measuring instrument	FOB Los Angeles USD300/SET	USD900 000	ONE SET PER CARON

SHIPMENT:

From Los Angeles to Shanghai.　500 sets shipped each month from January to June by sea.

INSURANCE:

To be covered by the buyer after shipment.

TERMS OF PAYMENT:

The buyer should open an irrevocable letter of credit through the Bank of China Shanghai branch in favour of the seller pay at sight.　The credit remains valid until the 21st July 2002 against following documents presentation:

-Full set of clean on board marine B/L made out to order.

-Invoice in 5 copies indicating contract number and shipping mark.

-Packing list in 2 copied issued by the manufacturers.

-Certificate of quality and quantity issued by the manufacturers.

-Beneficiary's certified copy of fax dispatched to the accountees within 1 day after shipment advising the name of vessel, date, quantity, weight and value of the shipment.

Quarantee of quality:

The seller guarantees that the commodity hereof is made of the best materials with first class workmanship, unused, and complies with the quality specification stipulated in this contract. The guarantee period shall be 24 months starting from the date on which the commodity arrives at the port of destination.

Claims:

Except those claims for which the insurance company or the owners of the vessel are liable, should the quality ,specifications or quantity be found not in conformity with the stipulations of the contract, within 90 days after the arrival of the goods at destination, the buyer can use the inspection issued by the China Import and Export Commodity Inspection Bureau to claim for replacement as compensation. all the expenses incurred shall be borne by the seller.

This contract is signed by both parties in two original copies, each party shall keep one copy.

THE BUYER Li lie	THE SELLER Peter white
SHANGHAI GLOBAL POSTAL	KJU TELECOMMUNICATION INC
EQUIPMENT CORP CHINA	U. S. A

（1）翻译下列条款。

1）SHIPMENT: From Los Angeles to Shanghai. 500 sets shipped each month from January to June by sea.

2）INSURANCE: To be covered by the buyer after shipment.

3）TERMS OF PAYMENT: The buyer should open an irrevocable letter of credit through the Bank of China Shanghai branch in favour of the seller pay at sight. the credit remains valid until the 21st July 2002 against following documents presentation:

4）Guarantee of quality: The seller guarantees that the commodity hereof is made of the best materials with first class workmanship, unused, and complies with the quality specification stipulated in this contract. The guarantee period shall be 24 months starting from the date on which the commodity arrives at the port of destination.

5）Claims: Except those claims for which the insurance company or the owners of the vessel are liable, should the quality ,specifications or quantity be found not in conformity with the stipulations of the contract, within 90 days after the arrival of the goods at destination, the buyer can use the inspection issued by the China Import and Export Commodity Inspection Bureau to claim for replacement as compensation. all the expenses incurred shall be borne by the seller.

（2）根据合同填写以下进口许可证申请表。

中华人民共和国进口许可证申请表

中华人民共和国进口许可证申请表第一联（正本）

1. 进口商：　　　　代码：××××××		3. 自动进口许可证号：×××××		
2. 收货人：		4. 申请自动进口许可证有效截止日期： 　　×××年　　××月　　××日		
5. 贸易方式：		8. 贸易国（地区）：		
6. 外汇来源：		9. 原产地国（地区）：		
7. 报关口岸：		10. 商品用途：		
11. 商品名称：　　　　　　　　商品编码：××××××××××				
12. 规格、等级	13. 单位	14. 数量	15. 单价（币别）	16. 总值（币别）	17. 总值折美元

18．总　计						

19．领证人姓名：	20．签证机构审批（初审）：
	终审：
联系电话：	
申请日期：	
下次联系日期：	

（3）上海环球电讯有限公司跟单员陈明通过查询，进口该产品需办理进口许可证和进口商检。请把下列右边各进口环节的英文代码，按步骤填入左边横线上。

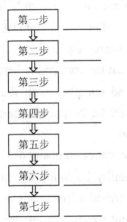

A　银行开立L/C
B　进口商办理报检手续
C　办理保险
D　进口商办理许可事项
E　进口商申请开立L/C
F　进口商办理进口外汇核销
G　进口商办理报关手续

（4）请回答下列关于进口报关的相关问题。

1）进口货物基本通关程序包括哪几个环节？

2）一般进口货物的报关申报期限有何规定？

3）什么是进口转关？进口转关运输货物的通关程序如何？

参 考 文 献

李泽尧. 2002. 跟单员工作手册[M]. 广州：广东省出版集团.

童宏祥. 2011. 国际贸易跟单员实务[M]. 3版. 上海：上海财经大学出版社.

王忠宗. 2001. 采购管理实务[M]. 广州：广东经济出版社.

温则平. 2012. 服装检验与跟单[M]. 北京：高等教育出版社.

肖旭，范越龙. 2009. 外贸跟单综合实训[M]. 北京：高等教育出版社.

张海燕，肖旭. 2008. 进出口跟单操作[M]. 北京：高等教育出版社.

中国国际贸易学会商务专业培训考试办公室. 2009. 外贸跟单理论与实务[M]. 北京：中国商务出版社.

http://jm.ec.com.cn.

http://bbs.fobshanghai.com/

http://www.lawtime.cn/info/hetong/

http://www.kui.cc/gendanyuan/fudao/

http://www.qnr.cn/waimao/gdy/fudao/czsw/

http://www.233.com/gdy/fudao/shiwu/1

http://www.gdy.net.cn/